Study of Administrative Law on Public Utility Franchise

公用事业特许经营的行政法治研究

高俊杰 著

法律出版社 LAW PRESS · CHINA
北京

图书在版编目(CIP)数据

公用事业特许经营的行政法治研究 / 高俊杰著. -- 北京 : 法律出版社, 2023
ISBN 978 - 7 - 5197 - 7650 - 3

Ⅰ. ①公… Ⅱ. ①高… Ⅲ. ①公用事业－特许经营－经济法－研究－中国 Ⅳ. ①D922.294.4

中国国家版本馆 CIP 数据核字(2023)第 038766 号

公用事业特许经营的行政法治研究
GONGYONG SHIYE TEXU JINGYING DE XINGZHENG FAZHI YANJIU

高俊杰 著

策划编辑 李天一
责任编辑 李天一
装帧设计 贾丹丹

出版发行 法律出版社
编辑统筹 辞书·融出版编辑部
责任校对 王晓萍　王语童
责任印制 吕亚莉
经　　销 新华书店

开本 A5
印张 12　**字数** 303 千
版本 2023 年 5 月第 1 版
印次 2023 年 5 月第 1 次印刷
印刷 北京建宏印刷有限公司

地址:北京市丰台区莲花池西里 7 号(100073)
网址:www.lawpress.com.cn
投稿邮箱:info@lawpress.com.cn
举报盗版邮箱:jbwq@lawpress.com.cn

销售电话:010 - 83938349
客服电话:010 - 83938350
咨询电话:010 - 63939796

书号:ISBN 978 - 7 - 5197 - 7650 - 3　**定价**:78.00 元

凡购买本社图书,如有印装错误,我社负责退换。电话:010 - 83938349

序

《公用事业特许经营的行政法治研究》是高俊杰博士在其博士学位论文的基础上潜心修定而成。公用事业特许经营是政府转移公共职能的重要途径,也是公私合作在公共服务领域的主要体现。健全和完善公用事业特许经营制度对实现社会公共治理主体多元化,创新社会协同、公众参与的社会治理模式,以及推进国家治理体系和治理能力现代化都具有重要意义。

俊杰对公私合作问题的关注,始于其 2010 年在北大法学院申请硕博连读时所撰写的读博计划——《公有公共设施致害的国家赔偿责任研究》。彼时,我在日本国立大学新泻大学法学部担任教授(为期一年),主要通过 QQ、电子邮件和国际电话等方式与学生们进行学业上的沟通和交流。审阅其读博计划后,我建议她在政府职能转移的前提下讨论行政机关对公有公共设施致害是否仍应承担侵权责任的问题。在正式攻读博士学位阶段，俊杰继续对政府公共职能转移的相关行政法问题展开深入研究，并最终将公用事业特许经营的行政法规制确定为博士论文的研究对象，在更广泛层面上关注公私合作对传统行政法带来的挑战。

市政公用事业涉及供水、供电、供气、供热、通信、城市固体垃圾处理等众多行业，各行业的市场运作不乏特性，也决定了政府对不同行业的规制不尽相同。为避免挂一漏万，以便全面剖析公用事业特许经营对传统行政法学的冲击，本书着眼于公用事业特许经营的共性，从我国公用事业特许经营制度的立法与实践出发，同时结合供水、煤电、燃气、供热等某些特定公用事业领域实施特许经营的典型个案，讨论了行政法如何积极正面回应公用事业特许经营给行政法理论带来的新问题，并借此实现自我革新。例如，公用事业特许经营作为政府转移公共职能的典型方式，对传统公私法二元划分提出了何等的挑战？行政机关将原本隶属于自身的公共服务任务转移给私人主体承担，有何理论支撑？行政机关将公共服务任务转移给私人主体之后，是否会引发原本公法性质的责任遁入私法领域？私人主体承接原本属于行政机关的公共服务任务，是否需要以及在多大程度上需要一并接受原本只有行政机关才需要接受的公法监督？这给我国当前的行政主体理论、行政组织法的架构和行政诉讼的受案范围带来了怎样的影响？在私人提供公用事业服务过程中，若一味追求利益最大化而导致公共利益受损或者消费者权益受损时，是否有必要科予行政机关某种责任，以防止其背离“公益代表人”之职？等等。对于上述问题，作者给出了她的答案。

2014 年博士毕业之后，俊杰到深圳大学法学院任教，期间对行政法基础理论、行业自治和教育行政法领域的问题多有关注，也取得了不错的成绩。我一直鼓励和建议她尽早将博士学位论文修改出版,但她秉着精益求精的精神对其博士学位论文不断加以完善,几经修改,终于得以呈现给读者,我由衷地为她感到高兴。至于本书观点是否恰当,能在多大程度上丰富完善行政法学理论研究以及指导公用事业特许经营的实践,还有待于读者的评阅和时间的检验。

为学不易。作为老师,我期待俊杰能够一如既往地热爱学术,或在既有的研究领域不断深耕,或开辟新的研究领域,并取得更丰厚、更优质的学术成果。

是为序。

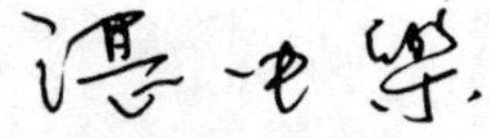

于北京大学博雅西园

目 录

绪　论

公用事业特许经营是公用事业领域公私合作的常见制度安排,其内容十分宽泛,不仅与宪法学、行政法学上的权力分工、政府体制、基本人权等议题密切相关,而且涉及经济学对市场体制和成本收益的分析,同时还牵连国家学对国家目的、国家任务、基本国策和基本经济制度等的探讨。公用事业涉及供水、供电、供气、通信、城市固体垃圾处理等众多行业,各行业的市场运作不乏特性,也决定了政府对不同行业的规制不尽相同。为全面地剖析公用事业特许经营对传统行政法学的冲击以及行政法学的能动回应,并避免挂一漏万,本书将着眼于公用事业的共性展开研究。本书从我国特许经营制度立法与实践的出发,同时结合某些特定公用事业行业实施特许经营的典型个案,来讨论公用事业特许经营市场准入、运营、退出等基本环节中行政法的作用,以期勾画出一幅行政法作用于公用事业特许经营的基本图景。这里仅就本书的研究背景、研究意义、研究方法和基本思路等问题做些必要说明。

第一节　选题背景和研究意义

20 世纪 80 年代末,政府主导、行政垄断、政企不分、政府财政资金紧缺造成的公用事业服务供需矛盾日益加重。为解决这一问题,公用事业领域开始了市场化改革的破冰之旅。1985 年国务院转发原城乡建设环境保护部(现住房和城乡建设部)《关于改革城市公共交通工作的报告》(已失效),明确提出城市公共交通要依靠市场走多家经营的道路,从而拉开了公用事业市场化改革的序幕。与此同时,地方上也在其他公用事业领域开始了市场化的摸索实践,1985 年由深圳市政府控股(负责提供土地和运营的燃料)、香港合和实业有限公司参股(负责筹集电厂的建设资金)兴建的广东省沙角 B 电厂项目即为典型。该项目中,双方约定该项目建成后先由香港合和实业有限公司全权运营 10 年。1995 年,港方将电厂全部无偿地移交给广东省政府,广东省政府则以 14 亿元将这部分股权拍卖,加之 10 年间的税收和红利,政府财政获得巨大收益。[1] 此后,我国公用事业特许经营在地方摸索实践与中央政策指导的双向促动下逐渐完善,但进展相对缓慢。

2002 年 12 月,原建设部(现住房和城乡建设部)颁布《关于加快市政公用行业市场化进程的意见》指出,要“采取公开向社会招标的形式选择供水、供气、供热、公共交通、污水处理、垃圾处理等

---

〔1〕 参见《不为人知的珠三角最大污染源——沙角电厂》,载奥一报料网 2015 年 12 月 16 日,http://baoliao.oeeee.com/index/show/id/124424.html。

市政公用企业的经营单位，由政府授权特许经营"，引发了我国公用事业特许经营改革的一次浪潮。这次改革将公用事业特许经营推广至各类市政公用事业领域，并且在提升公用事业产品和服务的供给质量与效率、促进公用事业产业发展、减轻政府财政压力、增加政府税收等方面发挥了积极作用。以自来水行业和燃气行业为例，笔者根据国家统计局公布的数据梳理了自2002年至2011年我国城镇居民的用水和用气情况，其结果显示用水普及率和燃气普及率[1]在整体上呈逐年上升趋势，从一个侧面表明特许经营对于实现公用事业普遍服务的积极价值（见表0－1）。就促进经济增长而言，自来水行业和燃气行业的利润状况大幅提高就是例证，尤其是燃气行业，在10年间的利润增长了300多倍（见表0－2）。

表0－1　2002～2011年全国城镇居民用水、燃气普及率

单位：%

项目	2002年	2003年	2004年	2005年	2006年	2007年	2008年	2009年	2010年	2011年
用水普及率	77.9	86.2	88.8	91.1	86.7	93.8	94.7	96.1	96.7	97.0
燃气普及率	67.2	76.7	81.5	82.1	79.1	87.4	89.6	91.4	92.0	92.4

资料来源：《中国统计年鉴》（2002～2011年，中国统计出版社）。

---

[1] 根据《中国统计年鉴》的说明，用水普及率指城市用水人口数与城市人口总数的比率，计算公式为城市用水人口数/城市人口总数×100%；燃气普及率则指城市使用燃气的人口数与城市人口总数的比率，计算公式为城市用气人口数/城市人口总数×100%。

表 0－2 2002～2011 年全国自来水行业、燃气行业的利润总额

单位:亿元

项目	2002年	2003年	2004年	2005年	2006年	2007年	2008年	2009年	2010年	2011年
自来水行业利润总额	3.85	1.51	5.09	8.60	24.24	30.89	27.07	25.35	60.25	72.03
燃气行业利润总额	－1.51	6.47	8.66	14.30	29.83	75.52	125.37	177.47	253.97	314.48

资料来源:《中国统计年鉴》(2002～2011 年,中国统计出版社)。

上述成绩是对公用事业特许经营模式的积极肯定,也是进一步深化和发展公用事业改革的动力。党的十八届三中全会通过的《中共中央关于全面深化改革若干重大问题的决定》指出,“允许社会资本通过特许经营等方式参与城市基础设施投资和运营”,2014 年 10 月 24 日召开的国务院常务会议也指出“在更多领域向社会投资特别是民间资本敞开大门”,“积极推广政府与社会资本合作(PPP)模式,使社会投资和政府投资相辅相成”[1],则再次将基础设施领域的特许经营改革推向高潮。2014 年以来,财政部以超过 8000 亿元的总投资先后在污水处理、垃圾焚烧、市政交通等领域推出两批共 232 个 PPP 示范项目,以期通过发挥国家示范项目的引导作用带动地方 PPP 改革的全面推进。据财政部统计,截至 2016 年 8 月,全国拟采用 PPP 模式的储备项目已经达到 10,313 个,总投资预计超过 12.3 万亿元,已落地的总投资超过 1.4 万亿元。[2] 截至 2021 年 6 月底,财政部政府和社会资本合作中心网显示,政府与

---

〔1〕《李克强主持召开国务院常务会议(2014 年 10 月 24 日)》,载中国政府网,http://www.gov.cn/guowuyuan/2014－10/24/content_2770316.htm。

〔2〕参见财政部政府和社会资本合作中心编著:《PPP 示范项目案例选编》(第 1 辑),经济科学出版社 2016 年版,“序言”。

社会资本合作投资运营的领域已经远远超出了市政公用事业，在乡村振兴、文化旅游、环境治理等方面得以广泛运用。[1]

作为公私合作的一种特殊形式，特许经营具有可以减轻财政负担、提供优质高效服务等优点，但是学者们也普遍地认识到行政机关与私人投资方在特许经营项目中的合作目标差异，即政府旨在利用私人技术优势和资金优势以及经济管理优势实现公用事业服务的高效供给，而私人则希望通过获得在投资领域的市场竞争优势或者完全垄断来获取尽可能多的利润。私人逐利的本质给公用事业特许经营带来诸多实践层面的问题。例如，公用事业服务价格上扬加重了城市低收入群体的生活负担、公用事业服务的连续性难以维持、特许经营权人为追求高额商业回报而忽视服务质量、私人投资者在公用事业服务过程中“撇奶皮”[2]导致公用事业服务难以普遍化以及环境污染、资源浪费[3]等。除此之外，在公

---

[1] 根据财政部政府和社会资本合作中心网“项目集萃”栏目内容概括得出，参见 http://www.cpppc.org/xmjc.jhtml。

[2] 所谓“撇奶皮”，也称为“撇脂”，即“仅仅挑出牛奶温热之后上面那层富有脂肪的部分”，用来比喻新进入企业优先选择收益性高的地区或者服务领域，而忽视偏远地区、消费量低的居住区域或者低收益服务项目。参见[日]植草益：《微观规制经济学》，朱绍文等译，中国发展出版社 1992 年版，第 204 页。

[3] 例如，为减少火电污染，国家发改委先后出台了脱硫电价、脱硝电价和除尘电价等一系列环保政策，允许排放达标的企业享受相应的环保电价优惠。然而，山东省物价局于 2016 年 11 月 23 日对华能、华电、国电、大唐、华润等发电集团作出的处罚表明，许多火电企业非但不能达到环保标准，甚至在利益的驱逐下享受着环保电价来超标排放，对大气造成严重污染。参见马世杰、王东：《巨额罚单揭露雾霾背后惊人真相?》，载北极星大气网，https://mhuanbao.bjx.com.cn/mnews/20170113/803455.shtml。

用事业市场化改革初期,国有资产流失也是一个非常普遍的问题。[1]

公用事业特许经营的实践引发学理上的高度关注。在多元的理论研究中,行政法学研究对于规范我国公用事业市场化改革以及引领改革向着增进公共福祉的方向发展应担当重要的任务,诸如,公私法二元分化的前提下,政府将原本隶属于自身的公共服务任务转移至私人主体的正当性何在?政府将公共服务任务转移给私人主体之后,其自身又应在公共服务供给过程中扮演什么角色?私人主体承接原本属于政府的公共服务任务之后,是否应一并承接隶属于政府的公法责任?换言之,公共服务任务向私人转移是否混淆了公私法原本的界限,并使公法的手臂向私人领域延伸?传统的行政主体理论如何因应私人主体受公法约束带来的行政组织法革新?在我国行政合同诉讼制度尚不完善的前提下,一旦公私双方在合作过程中出现争议,应如何解决?在公用事业市场化改革的过程中,如何确保消费者的有效参与,从而防止改革中的公

---

〔1〕 公用事业市场化改革初期,由于我国公用事业市场化改革的初衷在于通过吸纳非公有制资本缓解政府的财政压力,因而往往片面强调特许经营的融资功能。在这种急功近利的心态下,地方政府甚至不惜以高额固定回报率来吸引民营资本和外国资本,造成了大量国有资产的流失。例如,在成都第六自来水厂项目中,外方投入资金1.06亿美元,年固定回报率为12%,在18年期限内,即便不以复利计算,中方也须归还2.29亿美元;在上海大场水厂项目中,上海市向泰晤士水务公司承诺了15%的固定回报率,2006年上海市水务资产公司以数亿元资金收回大场水厂,一次性付清包括剩余15年的建设补偿金在内的费用;在沈阳第八水厂项目中,沈阳市政府向外方承诺18.2%的平均回报率,合作期限为30年,而合作不到3年,沈阳市政府就以人民币1.5亿元的股权转让价格回购了第八水厂,并同意中法水务作为第一至第八水厂的运营技术顾问。在这一过程中,中法水务不仅获得了以回报率18.2%计的巨额固定回报,还利用股权转让净赚人民币2500万元,并成功转型为8个水厂长达10年的运营技术顾问(总收入为人民币5000万元)。参见余晖、秦虹主编:《公私合作制的中国试验》,上海人民出版社2005年版,第25页、第139页。

私共谋、利益寻租和腐败,并使改革的成果惠及全体民众,尤其是低消费群体?政府和私人投资者在特许经营制度中各自承担怎样的责任?诸如此类的问题都是有待行政法学深入挖掘的重要课题,“行政法学自己提出问题并自己解决问题的时代已经走到了它的尽头……”[1]行政法需要通过对这些新问题和新挑战的积极正面回应实现自我革新。本书旨在对上述议题予以回应。

就公用事业特许经营的制度实践而言,本书预设的价值包含以下三个方面:第一,提高政府规制效率,降低公用事业经营的经济和社会成本,提升社会整体经济效益;第二,建立政府和私人投资方的良好合作伙伴关系,防止国有资产流失,保护公共利益;第三,明晰公用事业特许经营制度安排下的消费者权益保护机制,确保公用事业以合理的价格获得安全、可靠的公用事业服务,实现公用事业服务的普遍化和优质化。

第二节　研究范围的限定:经营性公用事业

“公用事业的概念虽是最基本的,但法律却从未给它下过定义。”[2]在学理研究中,以是否需要使用者付费为标准,可将公用事业区分为两类:一类是具有非竞争性和非排他性的非经营性公用事业,使用者无须支付对价,典型的如防洪、消防、城市公园和绿地等公共安全及环卫事业;另一类是需要支付对价方可使用的经营性公用事业,典型的如供水、供电、供气、供热、城市公共交通、城

[1] Joseph P. Tomain & Sidney P. Shapiro, *Analyzing Government Regulation*, Administrative Law Review, Vol. 49, 1997, p. 380.

[2] [法]让·里韦罗、[法]让·瓦利纳:《法国行政法》,鲁仁译,商务印书馆2008年版,第439页。

市生活垃圾处理和污水处理等市政公用事业。防洪、消防、城市公园和绿地等公共安全及环卫事业无须使用者付费,其运营成本基本靠政府财政支持,即使政府将这类公益性事业交由私人主体承担,也主要是通过政府购买服务的形式且不允许私人主体在从中营利。反观供水、供电、供气、供热、城市公共交通、城市生活垃圾处理和污水处理等市政公用事业,虽然属于生活必需品,但其运营成本很大一部分来自使用者的付费,因而其具有营利性,一旦私人主体获得特许经营权,则获得了某种形式的财产权。上述不同导致政府对二者予以规制时在侧重点、规制模式、规制手段等方面存在诸多差异,不可混为一谈。本书仅探讨与经营性公用事业特许经营相关的行政法问题。

一、经营性公用事业的特性

第一,经营性公用事业是提供基础性公共服务的,交通、电力、能源、通信等公共产品和服务是居民的基本必需品,是保证社会经济生活正常运转的基础。第二,经营性公用事业通常具有资本密集型、不可储存性、生产时间地点的特定性,以及与消费者紧密相关性等特征。[1] 第三,广泛的社会生产生活需求使经营性公用事业通常呈网状分布,由大量的彼此勾连且相互影响的管道、线路等构成,以便公共通用,因而沉淀成本巨大。第四,经营性公用事业的规模经济和沉淀成本要求投资需具有持久性和稳定性,为吸引投资,"公用企业通常被授予特许经营权并在特许地域范围内独家

〔1〕 See Sanford V. Berg & John Tschirhart, *Natural Monopoly Regulation*: *Principles and Practice*, Cambridge University Press, 1988, p.3.

经营"[1]。第五,经营性公用事业总是出现在"竞争不能够实现的地方"[2],需求调控价格的普通市场竞争机制对其不起作用,必须由政府规制作为确保竞争的替代机制。

就法律属性而言,经营性公用事业具有两大基本属性:公益相关性和公权相关性,前者是指经营性公用事业与公共利益相关,目的是通过公共服务满足公共需求;后者则是指经营性公用事业与公权力活动相关,或由公权力提供或受公权力规制。这两大基本属性在《韦氏英文大辞典》对"public utility"的定义中都得到了印证,即"提供某种基本的公共服务并且接受政府管制的行业"[3]。就公益相关而言,经营性公共事业旨在提供满足社会生活和经济生产所需求的基本公共产品,因而负有普遍服务义务,服务对象不应因年龄、性别、财产、职业、种族、所处区域等受到区别对待。就公权相关而言,公用事业因其高昂的沉淀成本和自然垄断特性长期以来被认为是公共部门的专属责任;然而,公共部门在提供公用事业方面的无效率日渐凸显之后,便将公用事业的经营权通过排他性特许授予私人主体,并对其经营予以全面规制,"在这里,公共规制这只看得见的手替代了亚当·斯密那只看不见的手,以保护消费者免受高昂的费用、产量限制、服务恶化和不平等歧视等"[4]。

---

〔1〕 Keith M. Howe & Eugene Rasmussen, *Public Utility Economics and Finance*, Prentice-Hall, 1982, p. 2.

〔2〕 Alfred Edward Kahn, *The Economics of Regulation*: *Principles and Institutions*, MIT Press, 1988, p. 13.

〔3〕 *Webster's Unabridged Dictionary*, Radom House, 1998, p. 1563.

〔4〕 Charles F. Phillips, Jr., *The Regulation of Public Utilities*: *Theory and Practice*(3rd ed.), Public Utilities Reports, Inc., 1993, p. 3.

二、相关概念区分

为了进一步明晰经营性公用事业的内涵，有必要将公用事业与学理上、立法上存在的其他相关概念予以区分。相关概念主要是指基础设施、公共事业、公共设施等。

(一)公用事业和基础设施

美国经济学家尼尔斯·汉森(Niles M. Hansen)于1965年在最广泛的意义上将基础设施划分为经济性基础设施和社会性基础设施，[1]该划分一直被沿用至今。澳大利亚学者阿尔及(Argy)等人在此基础上，又进一步提出硬基础设施和软基础设施的划分，前者是指以不动产为载体的有形投资，后者是指不依附任何载体的无形投资。根据这种分类，硬经济性基础设施主要是指公路、桥梁、航空设施、公共交通、供水、废水处理、内河航道、港口、水源、固体废弃物与有害废弃物的处置设施等为居民生活和社会发展提供物质基础的系统和设施；软经济性基础设施则包括职业培训、金融制度、研发促进、技术转让、出口支援等。硬社会性基础设施包括医院设施、养老机构、教育和培训设施、儿童保健设施和监狱管理设施等；软社会性基础设施包括各类社会保障系统、各种社区服务和环保机构。[2] 1994年以“为发展提供基础设施”为主题的《世界发

[1] Niles M. Hansen, *Unbalanced Growth and Regional Development*, Economic Inquiry, Vol. 4, No. 1, 1965, p. 3 – 14.

[2] 参见[英]达霖·格里姆赛、[澳]莫文·K.刘易斯：《公私合作伙伴关系：基础设施供给和项目融资的全球革命》，济邦咨询公司译，中国人民大学出版社2008年版，第19～20页。

展报告》则将基础设施主要指向硬经济性基础设施。[1] 同时,在西方学者的研究范畴内,公用事业和这类硬经济性基础设施是互为通用的,如世界银行和美国佛罗里达大学公用事业研究中心的报告中就有"公用事业基础设施及服务"[2]的用法。

在我国,基础设施是法律文本中经常使用的概念,且我国立法并未区分基础设施与经营性公用事业,二者经常互为通用。例如,《防震减灾法》第70条第1款规定:"地震灾后恢复重建,应当统筹安排交通、铁路、水利、电力、通信、供水、供电等基础设施和市政公用设施,……"《国民经济和社会发展第十二个五年规划纲要》也提出,"……全面提升交通、通信、供电、供热、供气、供排水、污水垃圾处理等基础设施水平,……"。

(二)公用事业与公共事业

据笔者考据,"公共事业"一词最较早出现在我国1954年《宪法》的第58条,即"地方各级人民代表大会在本行政区域内,保证法律、法令的遵守和执行,规划地方的经济建设、文化建设和公共事业,审查和批准地方的预算和决算,保护公共财产,维护公共秩序,保障公民权利,保障少数民族的平等权利"。1982年《宪法》第

---

〔1〕 具体包括:(1)电力、电信、自来水、卫生设施与排污、固体废弃物的收集与处理以及管道煤气等公共设施;(2)公路、大坝和灌溉以及排水渠道等公共工程;(3)城市与城市之间的铁路、城市交通、港口和水路以及机场等其他交通部门。参见世界银行:《1994年世界发展报告:为发展提供基础设施》(电子版),毛晓威等译,中国财政经济出版社1994年版,第2页。

〔2〕 Mark A. Jamison & Stanford V. Berg, *The Regulation of Utilities Infrastructure and Services*, The World Bank and the Public Private Infrastructure Advisory Facility (PPIAF), 2004.

99条再次使用了公共事业的概念,[1]而后在《地方各级人民代表大会和地方各级人民政府组织法》第12条中也有所体现。[2] 这表明,公共事业在我国是一个宪法概念,地位十分重要。

有论者认为,公共事业与公用事业等同,"所谓公共事业,也称为公用事业,是指供电、供水、供气、供热、环卫、邮政、电信、消防和公共交通等为公众提供公共产品、公共服务或由公众使用的业务或行业"[3]。另有论者认为,公共事业涉及的基本领域要广于公用事业,除一般意义上的公用事业外,还涵盖公共教育、公共卫生、公共科学研究与技术应用、文化与体育、人口资源与环境保护等。[4] 还有学者指出,公共事业在我国主要是指没有生产收入的非营利的社会公益工作,从事公共事业的部门属于事业单位法人;而公用事业则是由受政府规制的企业法人来具体承担的,具有生产收益性。[5]

本书认为,公共事业与公用事业虽然都提供公共服务,但是具体侧重有别。公用事业兼具公共性和营利性双重特征,而公共事业则一般不以营利为目的;公用事业的直接目的主要在于提高社会生产率、促进经济发展,公共事业的目的则主要在于改善福利民

---

〔1〕《宪法》第99条第1款规定:"地方各级人民代表大会在本行政区域内,保证宪法、法律、行政法规的遵守和执行;依照法律规定的权限,通过和发布决议,审查和决定地方的经济建设、文化建设和公共事业建设的计划。"

〔2〕如《地方各级人民代表大会和地方各级人民政府组织法》(2022年修正)第12条第1款第3项规定,乡、民族乡、镇人民代表大会"根据国家计划,决定本行政区域内的经济、文化事业和公共事业的建设计划和项目"。

〔3〕石佑启、曾鹏:《公共事业民营化的行政法规制》,载《武汉大学学报(哲学社会科学版)》2012年第5期。

〔4〕参见单学勇:《论中国公共事业管理的内涵价值与体制构建》,载《经济研究参考》2003年第91期。

〔5〕参见席恒:《公与私:公共事业运行机制研究》,商务印书馆2003年版,第49~51页。

生,如提高教育水平、改善医疗保险。公用事业在外延上更接近于硬经济性基础设施,而根据我国《事业单位登记管理暂行条例实施细则》第4条,公共事业在外延上则还包括社会性基础设施。[1]

(三)公用事业与公共设施

公共设施这一概念在我国既有的法律规范中存在狭义、广义和最广义之分:狭义的公共设施是指提供公用事业产品和服务的各种设施。例如,《突发事件应对法》第45条第4项认为交通、通信、供水、排水、供电、供气、供热等属于公共设施。[2] 再如,《建筑法》第42条第2项也将公共设施指向道路、管线、电力、邮电通讯等设施。[3] 广义的公共设施是指国家为了公共利益的需要而建造的各种设施、设备。例如,《治安管理处罚法》第33条用公共设施来指称油气管道设施、电力电信设施、广播电视设施、水利防汛工程设施或者水文监测、测量、气象测报、环境监测、地质监测、地震监测等设施。[4] 最广义的公共设施还包括一切在公共场所设置的供不特定人使用的设施、设备。例如,我国《固体废物污染环境防治法》第53条将"机场、码头、车站、公园、商场、体育场馆等"界定为"公共设施、场所"。[5]

---

[1] 《事业单位登记管理暂行条例实施细则》(2014年1月24日修订)第4条规定:"本细则所称事业单位,是指国家为了社会公益目的,由国家机关举办或者其他组织利用国有资产举办的,从事教育、科研、文化、卫生、体育、新闻出版、广播电视、社会福利、救助减灾、统计调查、技术推广与实验、公用设施管理、物资仓储、监测、勘探与勘察、测绘、检验检测与鉴定、法律服务、资源管理事务、质量技术监督事务、经济监督事务、知识产权事务、公证与认证、信息与咨询、人才交流、就业服务、机关后勤服务等活动的社会服务组织。"

[2] 参见《突发事件应对法》第45条第4项。

[3] 参见《建筑法》(2019年修正)第42条第2项。

[4] 参见《治安管理处罚法》(2012年修正)第33条第1项。

[5] 参见《固体废物污染环境防治法》(2020年修订)第53条第1款。

在学理上,公共设施所指向的范围更为广泛,不仅包括一切供公众所使用的设施、设备,而且包括行政主体自身使用的行政公产,如政府办公大楼等;不仅包括人工构筑物,还包括自然物,如河川、水湾;不仅指向不动产,而且不排除动产,如警车、枪支、警犬等。因此,无论是在立法上还是学理上,公用事业和公共设施都属于两个完全不同的概念。主要区别在于,公用事业通常指的是一种公共服务活动,要由人力、财力、物力等多种要素有机结合在一起才能完成;而公共设施则单纯地指向物的要素。就实现公用事业服务所需要的设施而言,其外延也要远远小于公共设施。

三、公用事业的行政法学定位

厘清上述概念旨在明确公用事业在行政法学上的定位。在我国,行政法学研究对公用事业予以关注大概是与其对公私合作、民营化等问题的关注同步的,起步较晚,公用事业在行政法学研究中的定位亟待明确。对此,同为大陆法系的德国、日本、法国的经验值得借鉴。尽管三国历史、经济、文化、法律制度传统不同,行政法学对公用事业的研究程度亦有所差异,但都将公用事业置于行政组织法中予以讨论。说明如下。

在德国的学理研究中,公用事业构成行政组织法的重要内容,属于间接国家行政的范畴。所谓间接国家行政是指"国家不通过自己的行政机关自行执行行政任务,而是授权或者委任其他法律上具有权利能力的组织执行"[1]。汉斯·J. 沃尔夫(Hans J. Wolff)等学者认为公用事业公私合作或者私有化的安排是"作为

---

〔1〕 [德]哈特穆特·毛雷尔:《行政法学总论》,高家伟译,法律出版社2000年版,第546页。

资源优化及其控制手段的行政组织法”，是“行政组织私有化”的体现，认为“合作导向的国家行政组织法不拘泥于公法的形式，相互融合的总体法律思想也适用于组织法，国家享有广泛的合作自由和组织选择自由，在公共任务不断变化的情况下，它们的着眼点应当是行政活动的效率和优化”。[1]

在日本，公用事业同样属于行政组织法的一部分，但被纳入地方自治法范畴，属于“为了处理个别事务（如粪便处理、水道、港湾等）而设置的特别地方自治团体”，或者是“综合地实施普通地方公共团体所进行的地域开发事业（住宅、工业用水道、道路、水道等），受相关普通地方公共团体的委托而设立的事业体”，享有一定自治权的同时要受到国家行政的干预。[2]

在法国，学者让·里韦罗（Jean Rivero）等则区分了组织意义上的公用事业和实际活动意义上的公用事业，认为“公用事业在组织机构意义和实际活动意义两方面是有区别的”：公用事业在组织机构意义上属于专门行政法人，在表现形式上可以为国营企业，也可以是经委托或者授权经营公用事业的私人机构；在实际活动意义上，公用事业则属于行政机关的行为，“可以由政府直接单独经营，也可以委托私法人负责日常经营，政府只介入几个主要环节。在十分必要的情况下，政府也可将公用事业的全部经营管理权限委托或授予私人，政府仅仅保留对私人经营活动的监督权”，但无论

〔1〕 参见［德］汉斯·J. 沃尔夫、［德］奥托·巴霍夫、［德］罗尔夫·施托贝尔：《行政法》（第3卷），高家伟译，商务印书馆2002年版，第367页以下。

〔2〕 参见［日］盐野宏：《行政组织法》，杨建顺译，北京大学出版社2008年版，第89页以下。

何种形式,政府的实际权力在公用事业管理中始终存在。[1]

"他山之石,可以攻玉。"就我国而言,将公用事业法纳入行政组织法范围进行研究是相对理想的模式,也符合当前行政组织理论的革新趋势。一方面,近年来,行政组织法的研究不再限于对行政机关及公务员制度(行政机关实现公共任务的人的手段)的描述和注释,已经开始关注并重视行政机关实现公共任务的物的手段,即公物。从前文的概念区分可知,公用事业是有关主体提供公共服务的人及物的手段的综合体,与德国法上营造物之概念如出一辙,属于行政组织法研究的应有范畴。另一方面,随着社会行政的兴起,仅将行政机关、被授权组织、受行政委托的主体作为公法约束对象的传统行政法理论受到诸多质疑与挑战,实际承担公共治理职能的第三部门应接受公法约束成为共识,"对第三部门的公共治理活动,公法规范显然比私法更能够妥善地保护成员的利益"[2]。在公用事业领域,公用事业服务的公共任务属性并不因其转移给私人主体承担而有所变化,相反,承担公用事业服务的私主体因承担了公共治理职能而成为行政组织法关注的对象,进而受到整个行政法学总论的关注。

第三节 研究现状:比较法的考察

公用事业特许经营的本质是允许私人主体参与传统上被认为只能由国家来承担的公共任务,是公私合作理念在公用事业领域

[1] 参见[法]让·里韦罗、[法]让·瓦利纳:《法国行政法》,鲁仁译,商务印书馆2008年版,第一卷第二编、第二卷第二编,详见第262~266页、第295~302页、第442页、第450页。

[2] 余凌云:《行政法讲义》(第3版),清华大学出版社2019年版,第159页。

的具体实践。以公私合作这一理念指导公用事业改革自20世纪70年代末于大西洋两岸发酵,继而迅速在西方发达国家蔓延,并在20世纪90年代之后逐渐为发展中国家所接受。时至今日,私人参与公用事业服务已经成为世界各国普遍采取的制度。与此同时,私人参与公用事业服务这一现象也受到世界范围内学术研究的普遍关注,因而有必要从比较法的视角对既有研究予以评述。

一、域外考察

英国、美国、德国、法国等国家是世界上最早进行公共行政革新和公用事业改制的国家,因而对私人参与公用事业的研究也较为深入,并形成相对成熟的理论体系架构,值得学习和借鉴。

(一)英国法

自20世纪90年代中期至今,英国的许多学者对如何有效规制公用事业以实现经济效率与社会公正之间的平衡表现出极大的关切。托尼·普洛斯(Tony Prosser)教授在其1997年出版的专著《法律与规制者》(*Law and Regulators*)一书中,从公用事业民营化改革产物之一的新兴规制机构切入,以公职律师(public lawyer)的眼光讨论了公用事业规制的正当性,阐述了有关公用事业规制的基础性问题,包括什么是规制,为什么要对公用事业进行规制、英国规制机构的发展的四个阶段(19世纪末和20世纪初的规制、国有化时期的规制、民营化时期的规制以及英国加入欧盟以后的规制)、公用事业的民营化造成的规制革新以及普通法的因应等问题,并从历史和现状分别阐释了英国电信、燃气、水务、电力、交通运输、航空业和独立广播事业七个公用事业部门的规制进路。[1]

---

[1] See Tony Prosser, *Law and the Regulators*, Clarendon Press, 1997.

理查德·罗林斯(Richard Rawlings)和卡罗尔·哈洛(Carol Harlow)教授的著作《法律与行政》(*Law and Administration*)第3版,在对第2版的有关内容予以完善和修正的基础上,重点阐释了由公用事业改革所引发的英国行政法发展新趋势,包括"更好规制""风险规制""规制机构和责任性""外包""特许经营""公私合作""鼓励私人投资行动"等诸多问题。这些问题集中地表明了英国公用事业规制的重大趋势,即公用事业规制的重心由一味追求经济效率开始转向对社会公平问题的关注,由单纯强调放松规制转而倡导更加规制,尤其注重对消费者的保护。[1]

晚近许多的研究还表明,英国公法学者对国家借助公用事业服务义务私人化而遁入私法表示颇为担忧。例如,彼得·莱兰(Peter Leyland)、戈登·安东尼(Gordon Anthony)、保罗·克雷格(Paul Graig)等在以下问题上基本达成了一致的观点:公用事业服务义务转由私人承担之后,与公用事业服务相关的传统上由国家承担的公法义务如平等、理性、公开、问责等也应一并转移至私人部门;与此同时,国家并不能借此推卸其公法责任,尤其是法院不应固守以往的"机构主义"进路来确定司法审查的受案范围,而应该更多地考虑功能主义要素,即行为后果是否涉及公共利益,以便对提供公用事业服务的私人机构进行司法审查。[2]

(二)美国法

在美国,以市政服务合同外包为主要形式的公用事业市场化

---

[1] See Carol Harlow & Richard Rawlings, *Law and Administration*, Cambridge University Press, 2009, Chapter 6 - 9.

[2] 参见[英]彼得·莱兰、[英]戈登·安东尼:《英国行政法教科书》(第5版),杨伟东译,北京大学出版社2007年版,第9章;[英]保罗·克雷格:《公法与对私权力的控制》,载[新西兰]迈克尔·塔格特编:《行政法的范围》,金自宁译,中国人民大学出版社2006年版。

改革于20世纪80年代中期得以普遍实施,并在克林顿政府时期达到巅峰。这一现象吸引了大批学者的关注,在此需要特别提及的几位学者是E.S.萨瓦斯(Emanuel S. Savas)、朱迪·弗里曼(Jody Freeman)、J.格里高利·西达克(J. Gregory Sidak)和丹尼尔·F.史普博(Daniel F. Spulber)。

E.S.萨瓦斯是民营化的早期拥趸者之一,被誉为美国的民营化之父。萨瓦斯对民营化的倡导最早始于20世纪70年代。当时,他本人作为纽约市政官员为改善市政服务的成本收益比,建议采用与私人公司的签约务实政策,打破市政府的垄断。1971年他发表《论市政垄断》呼吁在公共服务中引进竞争;1982年出版《公共部门的民营化:如何缩小政府》,企图引起人们对民营化这一全新理念的重视;1987年出版《民营化:改善政府的要径》,该书系统、翔实地向读者展示了民营化所取得的飞速进展,并为其1999年出版新作《民营化与公私部门的伙伴关系》提供资料基础,后者主要介绍了不同形式的民营化应如何实施以及民营化过程中的各种障碍应如何克服,该书确立了萨瓦斯作为"全美民营化领域最具活力和创造性学者之一"的地位。[1]

朱迪·弗里曼是对私人参与公共治理研究做出了突出贡献的学者。2000年左右,她在美国具有较大影响力的期刊上发表了一系列文章,将研究聚焦于公共职能"外包"和契约治理实践对行政法的影响及相关理论争议。她认为,公共职能外包引发了政府治理模式由传统命令强制方式向契约协商方式的转变,她所发表的几篇文章以其所熟悉的环境管制为研究对象,阐述了协商制定规

〔1〕 参见[美]E.S.萨瓦斯:《民营化与公私部门的伙伴关系》,周志忍等译,中国人民大学出版社2002年版,第14页、"序言"第14~15页。

则、许可及其实施过程。同时,她强调合作和契约模式非但不忽视责任性,反而更加强调责任性,这种责任是一种整体性的责任,既包括公共机构对公民的人权责任和对私人合作方的诚信责任,也包括私人主体在承担公共职能过程中应承担的公法责任。通过这些文章,弗里曼教授希冀确立一种以人权为目标、以公私合作为内容、以协商观念代替行政机关为中心的等级行政观念、以责任性和正当性为依归的行政法新模式。[1]

J. 格里高利·西达克和丹尼尔·F. 史普博的研究成果集中体现在二人于 1997 年合作出版的《美国公用事业的竞争转型:放松管制与管制契约》一书中。该书利用了大量美国电信、电力等网络型公用事业行业改革的实证资料,阐释了公用事业领域的放松规制、规制契约、征收补偿、规制与竞争等诸多重要问题。[2]

本书从契约的角度说明在放松规制的过程中应遵循什么样的原则才可以实现市场的有效竞争,有助于推动网络型公用事业规制改革,以及对公用事业规制的研究。

(三)德国法

在德国,联邦、各州和地方团体等不同层面于 20 世纪 80 年代后期开始实施各种"瘦身国家"化的改革措施。德国宪法学者厄斯

---

〔1〕 See Jody Freeman, *Extending Public Law Norms Through Privatization*, Harvard Law Review, Vol. 116, 2003; *Regulatory Negotiation and the Legitimacy Benefit*, New York University Environmental Law Journal, Vol. 60, No. 9, 2000; *The Contracting State*, Florida State University Law Review, Vol. 28, No. 155, 2000; *The Private Role in Public Governance*, New York University Law Review, June, 2000; *Private Parties, Public Functions and the New Administrative Law*, Administrative Law Review, Vo1. 52, 2000; *Collaborative Governance in the Administrative State*, UCLA Law Review, Vol. 45, No. 1, 1997.

〔2〕 [美]J. 格里高利·西达克、[美]丹尼尔·F. 史普博:《美国公用事业的竞争转型:放松管制与管制契约》,宋华琳等译,上海人民出版社 2012 年版。

特·福斯多夫(Ernst Forsthoff)和汉斯·彼得斯(Hans Peters)等于第二次世界大战后提出的“辅助性原则”这一理念为私人参与提供公用事业服务提供了理论上的支撑。[1] 然而,逐利是私人投资公用事业的初衷,因此在“瘦身国家”改革的过程中,参与公共服务的私人主体为追求私利最大化而导致其行为偏离公共利益目标的现象也普遍存在,由此引发学者们开始关注政府在公用事业任务移交私人之后应承担的“辅助”义务及其内容。“担保行政”“规制行政”等概念应运而生,并被认为“实际上是协调行政和监控行政,是行政任务私有化或者公共任务松动化的相应表现形式”[2],旨在讨论政府公共职能向私人主体转移之后,政府是否对公共服务的供应仍承担责任,以及承担何种责任。与此同时,因政府与私人合作的载体主要表现为政府向私人采购并与之签订行政协议,这一过程的法律属性及“双阶段理论”得到了广泛的探讨。[3]

(四)法国法

在法国,特许制度对于市政公用事业的发展举足轻重。学者让·里韦罗(Jean Rivero)和让·瓦利纳(Jean Waline)合著的《法国行政法》一书用专编介绍了法国的公用事业法律制度,并着重对作为公用事业主要运营方式的特许经营制度进行了探讨。书中指出,法国的公用事业特许经营是这样一种经营方式:一个公法人通过与私人主体签订契约的方式,将某些公用事业出让给私人主体

[1] 陈新民:《公法学札记》,法律出版社2010年版,第75~76页;陈新民:《德国公法学基础理论》,山东人民出版社2001年版,第238页。

[2] [德]汉斯·J.沃尔夫、[德]奥托·巴霍夫、[德]罗尔夫·施托贝尔:《行政法》(第1卷),高家伟译,商务印书馆2002年版,第32页、第90页。

[3] 参见[德]哈特穆特·毛雷尔:《行政法学总论》,高家伟译,法律出版社2000年版,第350~351页。

并授予私人主体在相当长的时间内对该公用事业享有特许经营权,私人主体在公法人授予的特许经营期限内可以从用户那里获得报酬,同时应承担与公用事业服务相关的责任。其中,契约的最终表现形式体现为特许证,双方通常在特许证中约定彼此的权利(力)、义务和职责,因该特许证履行引发的纠纷受行政法支配,遵循行政契约的基本原理。[1] 与此同时,法国行政法领域对于行政协议的广泛讨论为公用事业特许制度的实际运作提供了十分重要的理论指引,相关内容囊括了行政协议的性质、政府与私人主体权利(力)义务及责任、协议终止及解除、相关争议的解决以及其他问题。

二、我国的研究状况

自2002原建设部(现住房和城乡建设部)发布《关于加快市政公用行业市场化进程的意见》(建城〔2002〕272号)以来,以公用事业民营化、公私合作、特许经营等为主题的研究无论是在经济学、管理学、行政学还是法学等相关学科领域都成为热潮。单就行政法学科而言,自公用事业市场化改革推行至今,理论上对于公用事业特许经营的讨论大致集中在以下几个方面。

第一,公用事业特许经营给行政法学研究带来的新挑战及其因应。例如,有学者认为,行政法学的基本理念应当实现由控制行政权向增进公共福祉转变;行政法学研究的视角应当实现由过分关注总论和司法审查向重视分论和行政过程的正当性转变;行政法学研究应当放弃固守体系完整性和逻辑自洽性的传统,通过与

〔1〕 参见[法]让·里韦罗、[法]让·瓦利纳:《法国行政法》,鲁仁译,商务印书馆2008年版,第437~487页。

其他社会学科的对话与交流实现自身的重构。[1] 还有学者关注到公用事业改革对公私法二元划分带来的挑战,在分析公用事业的经济特征和社会意义的基础上,认为公用事业规制的法域归属在本质上是私法性质的,但是从政府作为公用事业规制者的视角来看又具有十分明显的公法表现,因而提出公用事业规制的理念定位是"与私法自治和谐共生的公法强制"。[2] 还有学者关注到公用事业市场化对私人主体法律地位的影响,认为当传统上属于公共部门的任务转移至私人承担,为了防止责任机制的缺失导致私人主体侵犯公民合法权益,私人主体也要一并履行与其承担的任务相适应的行政法责任,尤其是行政法上的正当程序义务和信息公开义务。[3] 此外,还有学者从司法审查的视角探讨了如何将提供公用事业的私人主体纳入行政诉讼的适格被告范围,建议我国尽快吸纳"公共职能"标准,扩展现有的行政诉讼受案范围。[4]

第二,消费者弱势群体的保护和公用事业服务普遍化。这主要是指,公用事业市场化之后,低消费群体不仅无法分享改革收益反而在改革中承担了不合比例的负担。公民有权获得合理的、非

---

〔1〕 参见章志远:《公用事业特许经营及其政府规制——兼论公私合作背景下行政法学研究之转变》,载《法商研究》2007 年第 2 期。

〔2〕 参见邢鸿飞、徐金海:《论公用事业的法律调整:法域归属与理念定位》,载《法学杂志》2009 年第 8 期;邢鸿飞:《政府特许经营协议的行政性》,载《中国法学》2004 年第 6 期;邢鸿飞:《论政府特许经营协议的契约性》,载《南京社会科学》2005 年第 9 期。

〔3〕 参见高秦伟:《美国行政法中正当程序的"民营化"及其启示》,载《法商研究》2009 年第 1 期;高秦伟:《私人主体的信息公开义务美国法上的观察》,载《中外法学》2010 年第 1 期;高秦伟:《私人主体的行政法义务?》,载《中国法学》2011 年第 1 期等。

〔4〕 参见杨欣:《变革与回应:民营化的行政法研究》,中国政法大学 2006 年博士学位论文,第 150 ~ 176 页;李嘉娜:《市政公用事业监管的行政法研究》,中国政法大学出版社 2012 年版,第 316 ~ 317 页。

歧视的、负担得起的公用事业服务,同时负担能力有缺陷的公民能够获得满足生存之必需程度的供应保障,属于公民的经济社会性权利。国家有义务保障公民在获得公用事业基本服务方面的上述权利,尤其是通过产业监管体制的合理设计,防止民营化以后国家责任"避难至私法",从而保障社会弱势阶层在改革中的合法权益,尤其是基本的公用事业服务权。[1] 在这一问题上,还有学者借助德国法上的"生存照顾"理论和"辅助性原则",论证了在公用事业服务转移至私人主体提供之后,国家仍负有义务保障公民能够享有公用事业基本服务权,满足和维系基本的生活需求。为了实现这一目标,国家应当对私人营业自由进行必要的限制。与此同时,公用事业市场化改革的初衷就是改善公用事业服务的效率,因此不宜对私人营业自由做过多的限制。总体而言,公用事业规制应当遵循利益平衡原则,兼顾效率取向的经济性利益和公平取向的社会性利益,基于比例原则的考虑,在确保最低限度普遍服务的基础上以对营业自由的最小侵害为限,并最终实现公共利益的最大化。[2]

第三,公用事业特许经营过程中社会监督和公众参与问题。例如,有学者指出,公众参与机制的缺乏是我国公用事业特许经营监管失利的重要原因,我国当前公众参与公用事业特许经营监管存在制度化程度低和组织化程度低、参与方式单一化和参与阶段片面化等主要问题。通过有序、有效的公众参与提升监管实效是推进我国公用事业特许经营改革的必由之路,因此公用事业特许经营各个环节都应当允许充分的公众参与。[3] 还有学者从保障

[1] 参见骆梅英:《基于权利保障的公用事业规制》,浙江大学2008年博士学位论文,第10~11页。

[2] 参见李嘉娜:《市政公用事业监管的行政法研究》,中国政法大学出版社2012年版,第141~157页。

[3] 参见章志远、李明超:《公用事业特许经营中的公众参与监管制度研究》,载《河南司法警官职业学院学报》2010年第2期。

消费者合法权益的角度切入，指出强化公用事业市场化改革过程中公众参与能够保障公民获得一个合理的、基本的、最低限度供应的公用事业服务。在公用事业服务转移至私人部门之后，国家对公民获得优质高效的公用事业服务负有保障义务，健全的公众参与机制应当包括多个有机衔接的制度架构，即以利益组织化和信息开放为条件的参与基础性制度，以均衡的利益代表、平等有效的协商、理性负责的选择为条件的参与程序性制度，以“公益代表”、专家知识、司法审查等为主要内容的参与支持性制度等，这是促使国家履行这一义务的关键。[1]

第四，公用事业规制立法问题研究。整体而言，我国公用事业特许经营立法存在立法位阶低和形式合法性缺失两大突出问题。长期以来，我国公用事业立法存在公用事业特许经营设定权被滥用、公用事业特许经营范围界定不清、特许经营申请者范围设置过窄、市场准入方式不规范、审批制度设计不尽合理、特许经营期限延长规则不一、价格形成机制不健全、监管体制尚未理顺，以及争端解决机制不明确等诸多困境。[2] 有学者指出：完整的公用事业法是调整和规范公用事业及其利用关系的法律规范的总称，由公用事业基本法、公用事业规制法、公用事业企业法和部门公用事业法等构成；公用事业立法应当遵循公共利益原则、规制独立原则、有限竞争原则和公共治理原则，分别对应的目标是公用事业规制

---

〔1〕 参见周游：《担保行政：公用事业公法治理模式探析》，苏州大学2011年博士学位论文，第121～145页。

〔2〕 参见章志远、李明超：《公用事业特许经营立法问题研究——以若干地方性法规为分析样本》，载《江苏行政学院学报》2009年第6期；章志远、李明超：《我国公用事业特许经营的法律困境及其消解》，载《河北科技大学学报(社会科学版)》2011年第2期。

权的统一性、规制机构的规范运行、公用事业的健康发展，以及消费者的权益保护；我国的公用事业立法应当在综合考虑我国公用事业发展现状和公用事业法制基本框架的基础上，尽早制定出涵盖公用事业产业政策、政府规制、实现机制、社会利益和法律责任等内容的统一的公用事业促进法。〔1〕

第五，与特许经营协议相关的系列问题。近年来，围绕着公用事业特许经营协议的法律性质及效力、政府一方的行政优益权以及特许经营协议的纠纷解决途径等问题，学术界和实务界展开广泛探讨。〔2〕就公用事业特许经营协议的性质而言，主流观点认为应将特许经营协议界定为“行政机关为了实现行政管理或者公共服务目标，与公民、法人或者其他组织协商订立的具有行政法上权利义务内容的协议”〔3〕，并主张其权利义务内容、法律救济途径、相关纠纷的审查方式、举证责任、赔偿责任等均有其特殊性。民事契约论者则因政府机关一方与私人处于不平等地位而担心将 PPP 协议界定为行政协议会给政府滥用权力大开方便之门，从而破坏 PPP 的创新性，坚持认为“只有涉及行政许可（审批）的特许经营才是行政法意义上的特许经营，不能将广义 PPP 概念下基础设施和

〔1〕 参见邢鸿飞、徐金海：《公用事业法原论》，中国方正出版社 2009 年版，第 30 页、第 52 页、第 151～233 页、第 382～402 页。

〔2〕 2018 年 6 月 2 日，由最高人民法院行政审判庭行政审判案例研究基地、浙江大学公法与比较法研究所和耶鲁大学法学院蔡中曾中国中心主办，由国家“2011 计划”司法文明协同创新中心以及浙江大学光华法学院政府与社会资本合作研究中心协办的“政府与社会资本合作协议纠纷解决国际研讨会”就重点关注了“公私合作中 PPP 协议的认定”“PPP 协议中的行政机关的权力”“PPP 协议无效和可撤销的认定”“基于 PPP 协议的纠纷解决机制”四个问题。参见《“政府与社会资本合作协议纠纷解决国际研讨会”顺利举行》，载微信公众号“行政审判案例研究基地”2018 年 6 月 5 日，https://mp.weixin.qq.com/s/Eg6ptVvWCuVtEi417KGXpQ。

〔3〕《最高人民法院关于审理行政协议案件若干问题的规定》第 1 条。

公用事业领域的'特许经营合同'理解为《行政诉讼法》及其相关司法解释规定的'特许经营协议'"。[1]

特许经营协议的纠纷解决是学理争论另一焦点。国家发展和改革委员会(以下简称国家发改委)网显示,自 2015 年 10 月至 2017 年 3 月,国家发改委围绕 PPP 和特许经营立法召开了数次学术研讨会和专家论证会。在国家发改委法规司 2017 年 3 月举办的"特许经营协议争议解决"国际研讨会上,学者围绕特许经营协议争议解决一致认为"要在行政诉讼之外,为仲裁裁决留出空间"。[2] 于安教授则指出,理论分歧的原因根本在于特许经营协议的双重性,并在比较英法德等国政府特许经营制度实践的基础上指出,我国在特许经营协议争议解决方式的选择上,"现在面临的问题在于是否要继续按照投资人的主体特殊性和投资人的倾向性利益保护需求来决定,还是回归传统的法律制度设计的平等原则,来处理当事人的利益保护和考虑公私利益的平衡"[3]。

此外,随着政府与社会资本合作相关立法工作的逐步推进,政府在公私合作关系中应享有什么权力,承担何种义务,以及私人在提供公用事业产品和服务过程中给第三人造成损害的政府是否应承担赔偿责任等问题也开始受到学者的关注。许多学者都提到在公用事业服务转移给私人供给之后,为避免私人一味追求私人利

---

[1] 参见贾康:《PPP 合同定性为"行政协议"将颠覆 PPP 创新根基》,载《中国招标》2020 年第 1 期。

[2] 《国家发展改革委法规司举办特许经营协议争议解决国际研讨会》,载中华人民共和国国家发展和改革委员会网,https://www.ndrc.gov.cn/fzggw/jgsj/fgs/sjdt/201703/t20170331_1107032.html。

[3] 于安:《论政府特许经营协议》,载《行政法学研究》2017 年第 6 期。

益而损害公共利益,政府应当对私人行为予以必要的规制和监督。[1] 学者杜仪方在《公私协作中国家责任理论的新发展——以日本判决为中心的考察》一文中,以日本判决为中心,考察了公私协作中国家是否要对受害人承担国家赔偿责任,以及公法赔偿与私法赔偿可否并存的问题。[2] 孙铭宗在《论 PPP 模式下国家赔偿责任的归属——以日本最高法院裁判为例》一文中,同样结合日本最高法院裁判探讨了"因私主体执行公任务发生侵权案件时,其国赔责任究竟如何归属,与公部门自己执行有无不同?例如私主体在兴建公共设施过程中导致路过民众受伤,或是独居老人在政府委托经营的养老机构中被虐待致死,究竟应由公部门还是受托私主体担任国家赔偿的义务机关,其判断标准为何"[3]等重要问题,该研究值得进一步关注和推进。

总体来说,受我国公用事业市场化改革起步晚、历时短的影响,我国行政法学现阶段对公用事业特许经营的理论研究滞后于改革的发展,对我国公用事业特许经营的具体制度构建影响不足。基于现有理论研究的不足和行政法学对于公私合作制或民营化研究所担当的时代任务,本书以我国公用事业特许经营实践的经验事实为主要素材展开研究,试图推进行政法学对现实世界的有效回应和自我革新,并希冀对我国公用事业市场化的改革与发展有所助益。

---

〔1〕 参见梁凤云:《公私合作协议的公法属性及其法律救济》,载《中国法律评论》2018 年第 4 期。

〔2〕 参见杜仪方:《公私协作中国家责任理论的新发展——以日本判决为中心的考察》,载《当代法学》2015 年第 3 期。

〔3〕 孙铭宗:《论 PPP 模式下国家赔偿责任的归属——以日本最高法院裁判为例》,载《财经法学》2017 年第 1 期。

第四节 研究方法

本书所采用的研究方法具有以下特点。

第一,科际整合方法。公用事业特许经营不仅仅是一个法学问题,还涉及经济学、行政学、政治学、管理学等多个学科领域。其中,规制经济学是对公用事业研究做出最多贡献的学科,它所提出的自然垄断理论、公共利益理论、规制俘获理论等对公用事业规制发挥了积极的指导作用,值得法学领域尤其是行政法学研究学习和借鉴。除理论上的借鉴意义外,不少经济学人对我国公用事业市场化改革的实践予以了充分的关注,揭示了我国公用事业领域的改革进程、现状及其困境,他们的研究成果以及研究中所使用的鲜活案例也为行政法学的研究提供了丰富的素材。[1]

就法学内部而言,公用事业法是民法、经济法和行政法相互交叉的法学门类:行政法学希望通过对公用事业的有效规制促进公共福祉,经济法学侧重于对公用事业反垄断规制的研究,民法学则关切市场化改革之后公用事业的产权划分,彼此之间可以互通有

---

〔1〕 现阶段,经济学领域研究的主要成果有余晖、秦虹主编:《中国城市公用事业绿皮书 No.1——公私合作制的中国试验》,上海人民出版社 2005 年版;周耀东:《中国公用事业管制改革研究》,上海人民出版社 2005 年版;济邦咨询公司编著:《基础设施与公用事业民营化的中国实践》,学林出版社 2007 年版;陈干全:《公共服务民营化及其政府管理研究》,安徽人民出版社 2008 年版;张昕竹主编:《中国城市公用事业绿皮书 No.2——城市化背景下公用事业改革的中国经验》,知识产权出版社 2008 年版;王广起:《公用事业的市场运营与政府规制》,中国社会科学出版社 2008 年版;陈明:《中国城市公用事业民营化研究》,中国经济出版社 2009 年版;曹现强等:《市政公用事业改革与监管研究》,中国财政经济出版社 2009 年版;周建亮:《城市基础设施民营化的政府监管》,同济大学出版社 2010 年版;龚利:《基础设施项目政府担保激励作用研究》,经济科学出版社 2011 年版;王学庆等:《市政公用事业改革与监管》,光明日报出版社 2012 年版等。

无。同时,公用事业特许经营作为公私合作的典型制度安排,其有效运行既需要平等、参与、公开、责任等公法原则的规范,也需要意思自治、诚实信用等私法精神的引导。这要求"未来的行政法学研究应当在科际整合的背景下以更加自信的姿态积极主动地参与学科对话"[1]。

第二,比较研究方法。"一切认识、知识均可溯源于比较。"[2]公用事业特许经营根源于公私合作理念,是世界范围内公用事业市场化的典型制度安排。由于经济发展水平、社会文化传统、法律制度等各方面的差异,各国对公私合作伙伴关系的理解和所采用的模式亦有所不同。但是,许多国家都在公用事业市场化改革的进程中积累了丰富的经验,其中尤以英国的鼓励私人投资行动、美国的重塑政府和政府扁平化运动、德国的"瘦身国家"行动以及法国的市政公用事业特许经营等为典范。正所谓"他山之石,可以攻玉",借鉴其他国家和地区的成功经验和失败教训可以在一定程度上保障我国的公用事业市场化改革更加顺利。

第三,规范实证与社会实证相结合的方法。在法学研究方法中,规范实证主要是通过对法律规范这种语言现象进行语义分析和逻辑分析来探究法律规范的实体内容及其自身合法性,社会实证则是通过对法律运行实践的考察来判断法律规范在社会生活中的实效。在存在既定法律规范的前提下,"从法定的逻辑秩序到法律运行的实践秩序展开……是一个从法律的规范事实到法律的社会事实转换的过程",所以,社会实证在本质上仍然是围绕着法律

---

〔1〕 参见章志远:《公用事业特许经营及其政府规制——兼论公私合作背景下行政法学研究之转变》,载《法商研究》2007 年第 2 期。

〔2〕 [德]K. 茨威格特、[德]H. 克茨:《比较法总论》,潘汉典等译,法律出版社 2003 年版,"德文第二版序"。

展开的实证,与规范实证在整体上是统一的。[1] 公用事业特许经营是一个极富实践意义的论题,在我国公用事业市场化改革过程中有大量代表性成功案例,如北京地铁四号线的成功运营、鸟巢的成功运营等,当然也不乏失败案例。除此之外,我国目前从中央到地方有大量不同效力层级的法律规范(尽管整体上效力位阶不高)对公用事业特许经营作出制度性安排。所以,从行政法的视角对公用事业特许经营进行研究,既要注重对现有规范的梳理,也不能脱离具体实践。只有将法律规范和实践案例相结合,去发现应然和实然之间的差距,才能对制度革新提出真正有价值的建议。

第五节 研究框架

本书分为六部分展开叙述。

第一章,“公私合作:公用事业供给的全球革新”。本章认为,20 世纪 70 年代末和 80 年代初,普遍性的国内政府财政负担和经济全球化的驱动引发了全球性的公用事业革命,而公用事业的竞争性和公共性这种复合性质决定了这场改革最终采取了公私合作模式。与此同时,随着在经济学、管理学和法学等诸领域发展出公共物品理论、公共选择理论、新公共管理理论和公共治理理论等,为公用事业领域的公私合作提供了强有力的理论基础。在世界范围内,由于经济发展水平、社会文化传统、法律制度等各方面的差异,各国对公私合作伙伴关系的理解和所采用的具体模式亦有所不同,其中以英国的鼓励私人投资行动、美国的重塑政府和政府扁平化运动、德国的“瘦身国家”行动、法国的市政公用事业特许经营

[1] 参见谢晖:《论规范分析方法》,载《中国法学》2009 年第 2 期。

等为典型,我国则选择了特许经营模式。

第二章,“公用事业政府规制的缘由、目标与革新”。本章认为,以规制对象为标准,公用事业规制可以分为经济性规制和社会性规制:前者是指政府在市场准入和退出、产品或者服务的价格、质量、普遍服务的可获得性以及企业的财务会计等行为方面对市场主体加以规制;后者则是政府以保障劳动者和消费者的安全健康、环境资源的可持续发展等为目的对企业活动所进行的规制。在公用事业供给责任由政府向私人转移的大背景下,规制行政作为传统给付行政模式的替代机制,应运而生。相应地,政府的直接服务义务转变为确保公用事业服务的普遍化,通过纠正无效率或不公正市场运作实现社会总体经济福利的优化,以及通过加强对环境污染的规制促进资源环境的可持续发展等,从而保障公共利益的实现。随着公用事业制度安排的变化,各国公用事业规制模式也在不断地进行调适和革新,主要表现为从单一的经济性规制向兼顾社会性规制的转变。相比较而言,我国公用事业市场化改革起步较晚,对改革存在理念和认识上的误区、立法的滞后以及公用事业规制体系的不健全导致了政府规制的缺失。

第三章,“公用事业政府规制的基本工具:特许经营协议”。本章指出,特许经营协议作为公用事业市场化后政府规制特许经营权人提供公用事业产品和服务的主要工具,既有政府部门单方行使权力的行政性,又吸纳了民事合同中协商、对话的特征,兼具了公法权力性和私法对等性的双重优势,在促进社会公共利益的同时,不忽视对特许经营权人私人利益的保障,但整体上仍呈现公益优先的色彩。因此,宜将公用事业特许经营协议在整体上视为行政合同。公用事业特许经营协议的有效性取决于其协议双方适格且政府一方必须职权合法、公用事业特许经营协议订立的程序合法、特许经营协议内容不得违背法规范的强制性规定三个公法性质的要素以及协议内容属于双方合意这一私法性质的要素。尽管公用事业特许经营协议纠纷纳入了行政诉讼的受案范围,但在具体的法律适用问题方面,则既要适用行政法上对权力行为设定的规则,又要适用民法上有关协议有效性的规定,行政法官在个案中应有意识地适用民法条款解决相关实体问题。同时,在纠纷解决途径上,不宜绝对排除替代性的解决途径(如协商、调解、仲裁或者行政内部处理等)的适用。

第四章,"公用事业政府规制:主体、内容及程序"。就规制主体而言,公用事业特许经营的规制主体无疑是多元的,政府规制在多元规制中的地位并非首要的,但发挥着最根本的、最核心的"元规制"作用,即确保其他规制与政府规制在目标上的一致性,尤其是不得偏离公共利益目标。在规制内容方面,公用事业市场准入是政府对公用事业特许经营进行规制的首要环节,其本质是对市场资源进行合理有效的配置,其基本手段是公开招投标,可以通过对招投标程序作出明确的、可操作性的规定来提高政府规制效率;政府对公用事业运营的规制是公用事业规制的核心事项,包括普遍服务规制、价格规制、质量规制,以及环境安全规制等主要内容;公用事业市场退出规制则关系到经济安全和市场秩序、消费者能否获得持续稳定的公用事业服务,以及特许经营权人必要的经济自由权。就规制程序而言,公用事业规制是过程性行为,不同阶段的规制程序制度设计有所差异,即市场准入阶段因侧重于对私人投资主体的选择,程序上应坚持"公平、公开、竞争、择优";市场运营阶段的程序规制会因具体规制事项及其规制目标差异而导致规制程序的较大差异,如价格规制通常需要听证,而环境规制则以专业的环境评估报告为必经程序;市场退出规制则以确保公用事业服务的连续性为首要原则。

第五章,“政府规制的延伸:特许经营权人的公法义务”。本章旨在探讨特许经营权人在公用事业运营过程中应承担的行政法义务。本章首先从获取公用事业服务是基本人权、公用事业的公共职能属性,以及私法规制的固有缺陷三个角度揭示为何要求特许经营权人承担行政法义务;其次,本章论述了特许经营权人承担的行政法义务主要是平等原则、正当程序原则和信息公开,并应以不侵犯其必要的经济自由为限;最后,本章以英国司法审查中的“功能主义”进路以及美国司法审查的“国家行为”理论为借鉴,提出应吸纳公共职能因素来完善我国的行政主体理论,从而为将行政法义务的主体扩张至公用事业特许经营权人提供必要的理论支持。

第六章,“对规制的规制:公用事业特许经营中的政府责任”。本章认为,一方面,政府作为假定的公共利益代言人,其规制公用事业特许经营的根本原因在于防止市场失灵,尤其是防止享有特许经营权的私人主体基于“理性经济人”的逐利动机而放弃普遍服务义务,从而有损公共利益。另一方面,由于组成政府部门的官员作为理性经济人也有可能为谋取个人或部门政治利益、经济利益而懈怠或滥用职权,从而导致政府偏离其公共利益代言人身份。因此,市场失灵的存在需要政府对公用事业特许经营加以规制,而为防止政府失灵也需要建立必要的责任机制来规制政府。其中,要求政府在违反规制义务时承担行政责任和刑事责任,要求政府领导成员在公用事业服务突发事件中承担政治责任,要求政府就规制私人营运中的侵权或违约行为承担赔偿责任,要求政府在其行为构成“规制征用”时承担补偿责任以及政府在怠于履行规制义务时造成公众、消费者损失扩大时承担赔偿责任等,对督促政府部门恰当地履行规制职责显得不可或缺。

第一章

公私合作:公用事业供给的全球革新

自20世纪初行政国家、福利国家诞生伊始,至20世纪70年代末,由政府独立投资、建设、经营并独立承担风险仍然是各国在公用事业产品和服务供给方面采取的普遍模式。这是因为,作为使社会公众普遍受益的公共物品,公用事业的营建具有所需资金庞大、投资周期较长、收益甚微等特点,以至于以追逐营利为目的的私人部门唯恐避之不及。即便私人部门愿意承担,巨额的投资也只能使其力不从心。与此同时,“市场失灵”的存在,也使得人们普遍担心私人部门经营公用事业会有损公众利益,故而长期以来私人部门参与公用事业的制度安排只能作为政府经营公用事业的一种例外存在,很是鲜见。自20世纪70年代末 80 年代初期始，一场席卷全球的公共行政改革自大西洋两岸发酵，并迅速在世界范围内蔓延，改革的结果之一便是在公用事业领域建立公私合作伙伴关系。

第一节　公用事业公私合作的动因与理论基础

自 20 世纪 70 年代末 80 年代初以来，民营化在世界范围内都备受青睐，成为提供公用事业产品和服务的主要方式。在民营化进程不断深化的过程中，民营化的弊端即私人逐利与公用事业产品和服务的公共物品属性之间的张力也日益显现。就世界范围内而言，各国基于对民营化弊端之反思，逐渐采取公私合作伙伴关系修正模式作为公用事业部门的主导性制度安排。

一、从民营化到公私合作

美国民营化大师 E. S. 萨瓦斯认为，“广义而言，民营化可以界定为更多依靠民间机构，更少依赖政府来满足公众的需求”[1]。朱迪·弗里曼认为，民营化只是私人部门参与公共物品供给的一切现象的统称，“并不是一个严密的术语；学者们用它来描述迥异的现象，从出售政府资产，到放松规制，到商品和服务供应的合同外包”[2]。理论界通常将民营化划分为实质民营化（或真正民营化）和功能民营化（或部分民营化）两类，前者是指私人以自己名义独立经营与行政任务相当的事业；后者则是指私人接受政府的“委

〔1〕 Emanuel S. Savas, *The Key to Better Government*, Chatham House Publishers, 1987, p. 3.

〔2〕 Jody Freeman, *Private Parties, Public Functions and the New Administrative Law*, Administrative Law Review, Vol. 52, 2000, p. 822.

托”或通过其他方式与政府共同提供公共服务。

民营化以后,公用事业服务由政府直接生产并提供转变为企业生产、政府间接提供,公众不仅可能需要对原本“免费”的公用事业服务支付对价,而且面临随时涨价和歧视性定价的风险,甚至可能由于私人主体“撇奶皮”的行为而无法获得有效的公用事业服务。随着私人主体追求个人利益最大化使得效率和公平之间的矛盾日益彰显,民营化的弊病促使各国寻求公用事业改革的更优策略,既能确保公用事业产品的竞争性以提高效率,同时又能够有效地实现普遍公共服务,确保公共利益。20 世纪 90 年代,英国经过反思彻底民营化所造成的种种不良后果,率先在世界范围内提出公私合作的理念,即在公共服务中引入私人部门的资金和技能优势,同时公共部门通过法律规制或者政策性引导避免私人部门因追逐私利而置公用事业的公共性于不顾。这一理念在有影响力的国际组织的大力推广下,得到了世界主要国家和地区的响应,“其部分原因是西方援助国和国际机构的压力,它们对先前资助过的国有企业的不良表现失去耐心。东亚新兴工业化国家和地区依靠私营企业和市场导向取得了举世瞩目的经济奇迹,它们为那些错误地依赖国有企业从而不断落后的发展中国家树立了榜样”〔1〕。

什么是公私合作?学者詹镇荣认为,公私合作在最广泛意义上“一般被理解为一个集合概念,泛指所有公部门与私部门共同处理事务之情形”〔2〕。E. S. 萨瓦斯则指出:“我们可以从三种意义上使用公私合作伙伴关系这一术语。首先是广义界定(这多少有些

---

〔1〕［美］E. S. 萨瓦斯:《民营化与公私部门的伙伴关系》,周志忍等译,中国人民大学出版社 2002 年版,第 15 页。

〔2〕詹镇荣:《民营化法与管制革新》,台北,元照出版有限公司 2005 年版,第 5 页、第 7 页。

夸张),指公共和私营部门共同参与生产和提供物品和服务的任何安排,合同承包、特许经营、补助等符合这一定义;其次,它是指一些复杂的、多方参与并被民营化了的基础设施项目。再次,它指企业、社会贤达和地方政府官员为改善城市状况而进行的一种正式合作。……"[1]达霖·格里姆赛(Darrin Grimsey)和莫文·K. 刘易斯(Mervyn K. Lewis)则从较为狭义的角度理解公私合作,认为"PPP项目的结果是:在达成合同项目下,私营实体为公共基础设施提供服务"[2]。尽管上述定义各有侧重,但是无一例外地强调了公私合作的最基本特征,即政府一方和私人主体基于各自的利益需求,共同致力于公共服务的目标并合理地分配双方的风险和责任,其结果是私人成为公共服务的提供者,而政府部门则由公共产品的直接提供者转变为规制者和担保者。

不可否认,公私合作与民营化有着千丝万缕的联系。二者本质上都是传统属于公共部门的职责向私人主体转移;二者在形式上也有重合之处,这表现为在功能民营化领域,国家只是借助私人主体的力量完成特定行政任务,私人仅处于行政辅助地位却不替代国家行政任务,故而是一种典型的公私合作。然而,公私合作与民营化的区别也是显而易见的。

首先,从公用事业项目的所有权归属上看,公私合作与彻底的民营化有本质区别。尽管民营化和公私合作都强调更多地依靠私人,更少地依赖政府,但是,"与民营化将服务或企业的所有权转交

---

〔1〕[美]E. S. 萨瓦斯:《民营化与公私部门的伙伴关系》,周志忍等译,中国人民大学出版社2002年版,第105页。

〔2〕[英]达霖·格里姆赛、[澳]莫文·K. 刘易斯:《公私合作伙伴关系:基础设施供给和项目融资的全球革命》,济邦咨询公司译,中国人民大学出版社2008年版,第5页。

给私人部门不同,公私伙伴关系的目标是在将投资与效率引入系统的同时保持政府的所有权"[1]。以特许经营为例,尽管特许经营存在诸多模式,但无论何种模式的特许经营,其最终的结果都是所有权移交政府。有学者指出,大约在2000年,"在经过近20年的民营化后,一方面,多数的国家的民营化的过程都已大部分完成;另一方面,基于管制和契约要求,以及保持国有和政治责任的公共偏好,政府仅存较难出售的资产,是以民营化的脚步也逐渐趋缓。……各国为解决财政困难和对公共建设的需求,莫不致力于寻求民营化的替代方案,特许权的授予即应运而生"。[2]

其次,从任务对象上看,民营化的适用范围相对广泛,而公私合作并不适用于那些私人享有完全经济自主权的领域。如图1-1所示:中心圆A区表示由国家独占、私人部门绝对不能介入的任务,中环B区表示可以由国家和私人协力完成的任务,外环C区则表示由私人部门享有完全自主权的领域,在此领域国家无权干涉。那么,在社会任务的谱系中,除中心圆A区外的区域,都是民营化可以发挥作用的空间,而公私合作伙伴关系只能在中环B区实施,不能僭越A区和C区。在此意义上,公私合作也可以被视为民营化的特殊类型。

---

[1] Nicholas Awortwi, *Getting the Fundamentals Wrong*: *Woes of Public-Private Partieships in Solid Waste Collection in Three Ghanaian Cities*, Public Administration and Development, Vol.24, Issue.3, 2004, p.213-224.

[2] 参见王文宇:《行政判断与BOT法制——以ETC案及京站案为例》,载《月旦法学杂志》2007年第142期。

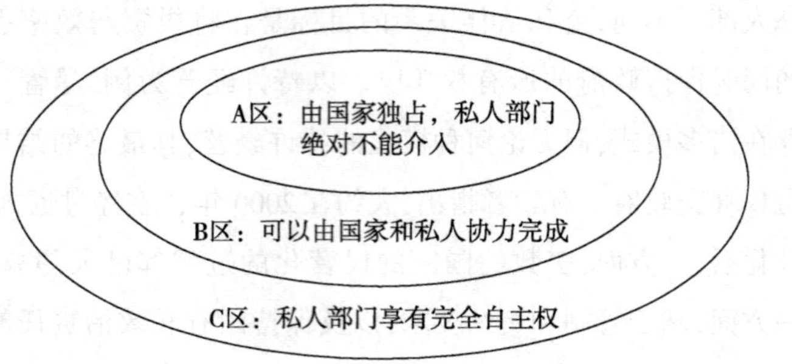

图1－1　民营化和公私合作的适用范围

再次，从规制强度上看，私人主体在公私合作中受到更多的规制。与民营化强调私人部门在公用事业服务中的独立作用不同，公私合作更注重政府与私人部门在公用事业服务中的长期合作关系。民营化以后的公用事业规制主要是“由法定的规制机构或者不可兼得的市场力量产生的”，而“公私合作伙伴关系是公共部门和私营部门之间的正式业务安排，这种业务活动的性质、要求的结果、服务支付的费用以及各方一般的权利与义务，在合同或者特许经营协议中都有非常详细的规定”，因此，规制是“细则明确的合同产生的直接结果”。[1] 此外，民营化一般没有期限限制，而公私合作伙伴关系通常具有一定的期限，公用事业特许经营权即典型的定期许可。

最后，从形成方式上看，二者略有不同。民营化强调政府从公用事业领域逐渐淡出而私人部门逐渐进入的单向过程，是私人力量向公共领域的浸入；而公私合作伙伴关系在理论上则存在两种可能：一是和民营化一样的路径，二是与民营化相反的路径，即因公权力浸入原本由私人部门经营的服务领域而形成。

---

〔1〕 参见［英］达霖·格里姆赛、［澳］莫文·K. 刘易斯：《公私合作伙伴关系：基础设施供给和项目融资的全球革命》，济邦咨询公司译，中国人民大学出版社2008年版，第55页。

二、公用事业供给革新的现实动因

20 世纪 80 年代,受资本主义经济危机影响,以减轻国家任务、削减政府开支为目标的政府再造运动席卷西方各国,公用事业的供给由公共部门向私人部门转移成为各国政府再造的共有举措之一。笔者认为,诱发这场全球性制度革命的动因除却国内和国际两个层面压力,更为深层次的驱动力源于竞争性和公共性的复合性质所造成的公用事业供给"瓶颈"。

(一)国内层面:垄断势力、低效率和财政压力

受给付行政理念影响,20 世纪 70 年代以前,无论是在计划经济国家还是传统的市场经济国家,公用事业的投资、建设、运营和维护大多完全由政府一力承担。鉴于公用事业不仅关涉民众日常生活需求的方方面面,而且投资周期长、经营风险大、收益见效慢,加之市场失灵的存在和人们认知水平有限,由政府对公用事业采取垄断经营成为当时基本的制度安排。行政垄断具有明显的负面性,即政府承担了国有企业建设和运营过程的全部成本,而企业则利用其较之于政府的信息优势而有意维持和扩大亏损以便索取更多的补贴。[1] 在此情形之下,各国公用事业部门无一例外地表现出低效率,这不仅表现为既有的供给能力难以满足公民日益增长的消费诉求,而且长期的巨额亏损所造成的财政负担使得政府无力扩大投资以提高供给能力。

与政府财政日益拮据恰恰相反,民众的个体经济力量却日渐富足,他们对教育、医疗、住房、退休保障及其他物品和服务的支付

---

[1] 参见余晖、秦虹主编:《公私合作制的中国试验》,上海人民出版社 2005 年版,第 3 页、第 59~60 页。

能力也日益提高,他们对这些服务的需求远远超出了政府的供给能力。同时,随着个体经济力量的增长,更多的人可以通过市场机制而不必依赖国家的社会保障来满足其对物品和服务的需求。[1]“更多的人相信,他们可以通过在相互竞争的公、私组织之间的投资而非纳税的方式,更有效地管理好子女的教育和自己的医疗卫生,也许还能从中获得更好的回报。”[2]就公用事业而言,尽管投资周期长、资金需求量大,但是私人更看重这一行业所带来的稳定收入和充沛现金流,这对于私人投资具有强烈的吸引力。

概言之,在公用事业领域,政府对于摆脱服务低效和财政压力具有强烈渴望,结合民众对公用事业的消费诉求日益增长、私人部门的投资冲动,共同引发了一场以公私合作制为主要内容的制度变迁。[3]

(二)国际层面:经济全球化和区域经济一体化

在科技创新以及市场整合的狂澜之下,国际资本的快速流动以及跨国投资的需求增长成为普遍的现象,给各国经济造成挑战的同时带来巨大的发展契机。各国再也不能继续保持孤立的个体状态,只有积极主动地融入国际社会、建立和发展市场经济,才能求得长足的生存发展。随着国际经济竞争愈演愈烈,在行政垄断体制下已近僵化的国有企业因欠缺发展活力,而对于来自国内以及国际的经济竞争显得捉襟见肘。为了迎接经济全球化所带来的

---

〔1〕 参见[美]E. S. 萨瓦斯:《民营化与公私部门的伙伴关系》,周志忍等译,中国人民大学出版社2002年版,第7页。

〔2〕 Nathan Clazer, *The Limits of Society Policy*, Harvard University Press, 1988, p. 126.

〔3〕 参见余晖、秦虹主编:《公私合作制的中国试验》,上海人民出版社2005年版,“序言”第2页。

挑战和契机,各国必须进一步深化市场经济体制改革、健全市场经济制度,以充分发挥市场在优化配置资源方面的主导作用,一项重大举措则是在原本由国家垄断的公用事业领域采取出售国有资产、合同承包、特许经营等措施使政府逐渐淡出。

与此同时,区域经济一体化和某些国际组织也在很大程度上对公用事业市场化改革起到了推波助澜的作用。以欧盟为例,各成员国为了减少财政赤字和促进区域经济一体化,必须遵守《马斯特里赫特条约》。该条约第104条规定,"共同体机构或团体、中央政府、地区地方或其他公共权力机构,受公法支配的其他团体或成员国公共事业向ECB或成员国中央银行的透支便利或其他形式的信贷便利将受到禁止"以及"共同体机构或团体、中央政府、地区及地方的或其他当局、受公法支配的其他团体或成员国的公共事业非出于谨慎考虑而采取的介入金融机构的任何特权措施将受到禁止"。同时,作为其附件的《关于欧洲中央银行体系和欧洲中央银行章程的议定书》第21条第1款也规定:"根据本条约的第104条,不得由欧洲中央银行和各国中央银行提供有利于共同体组织或机构、中央政府、地区、地方或其他政府当局、其他公法机构或成员国的公共企业透支或其他任何类型的信用便利,也不得由欧洲中央银行或各国中央银行直接从他们那里买进债券。"这些规定意味着各成员国的国有企业原则上不得获得共同体在经济上的资助。这些措施无疑加速了低效的国有企业进行市场化改革的进程。

(三)不能完全自由化:公用事业兼具公共性和营利性

公用事业部门既服务公共利益,也追求盈利。电力、天然气、供水、通信、交通运输等产业系保障人们衣食住行所必需,具有非排他性和非竞争性,因而需要确保任何人都可以获得无差别的、可负担起的公用事业服务。除此之外,公用事业部门为维持日常运营,必须具有独立的盈利目标,为利润最大化进行有效率地资源配置,没有一定的利润,公用事业就无法吸引投资。公用事业的公共性和营利性之间存在一定的冲突:欲确保公共服务的普遍性,企业的盈利幅度必然受到限制;而企业欲追求利润最大化,则实现公共服务的普遍性一定会受到影响。

单纯的"国有化"模式能实现公用事业的普遍性却无法保证公用事业供给应有的效率,而单纯的市场价格机制能提高公用事业的供给效率但却有碍公用事业服务普遍性的实现。因此,公用事业领域的改革必得寻求一种兼具公共部门和私人主体的优势,同时又可以屏蔽二者劣势的制度安排。公私合作伙伴关系恰恰可以在最低限度内符合这一要求,其基本的制度安排是,由私人主体充分发挥其在资金、技术、管理等方面的优势,向消费者提供高效优质的公用事业服务和产品;政府一方则在公用事业市场准入、产品和服务的价格和质量等方面对私人主体的经营行为进行必要的监督,从而确保公共利益不因私人逐利行为而受到损害。

三、公用事业供给革新的理论基础

在各国公用事业市场化改革不断深化的过程中,公共物品理论、公共选择理论、新公共管理理论和公共治理理论等理论兴起,为私人部门参与公用事业建设与经营提供了强有力的理论支撑。

(一)公共物品理论

公共物品理论是经济学上的重要理论。萨缪尔森·P. A. (Samuelson P. A.)认为公共物品的基本特征就是任何人都可以消费,且任何人对该物品的消费并不会随着他人对该物品的消费而减少。[1] 换言之,公共物品的消费是非竞争性、非排他性的,任何人消费公共物品并从中获益并不会影响他人对该物品的消费并减少其从中获得的效用,同时任何人在消费公共物品时不能排除他人对这一物品的消费(付费与否则在所不问),或者排除的成本很高。公共物品理论认为,很少有物品像国防那样属于纯粹的公共物品。"事实上,大多数物品都落在纯粹个人消费物品和纯粹共同消费物品构成的连续体之内,就像落在排他性和非排他性构成的连续体之内一样。"[2] 这类物品即准公共物品,对于某一准公共物品来说,随着消费数量的不断增加,消费量超出物品的最大容量之后,该物品就会变得拥挤,最终导致"公用地悲剧"。[3]

如果采取通过排他的技术降低物品的公共性,如由市场来提供,向消费该物品的人们收费,则有可能避免"公用地悲剧"。历史表明,在 19 世纪许多公共事务如图书馆、教育、警察、邮局等主要由私人部门提供,到了 20 世纪随着福利国家的诞生,这些服务和项目才逐渐转变为政府的公共职能。R. H. 科斯(R. H. Coase)通过追溯英国灯塔系统的历史演变过程,发现在 17 世纪时私人开始建立灯塔并收取费用,到 1820 年的时候所有提供服务的 46 座灯塔中

---

[1] See Samuelson P. A., *The Pure Theory of Public Expenditure*, The Review of Economics and Statistics, Vol. 36, No. 4, 1954, p. 387 – 389.

[2] [美]E. S. 萨瓦斯:《民营化与公私部门的伙伴关系》,周志忍等译,中国人民大学出版社 2002 年版,第 48 页。

[3] 在一块向所有人开放的牧场,由于额外放牧一头牛的部分成本转嫁给从事牧业的群体,收益则归属牧民本人,因此,每个牧民为了追求自身利益最大化,都有不断增加自己畜群的动机,最终导致该牧场因过度放牧而恶化,由此构成"公用地悲剧"。Garrett Hardin, *The Tragedy of the Commons*, Science, Vol. 162, No. 3859, 1968, p. 1243 – 1248.

只有24座属于不列颠灯塔管理当局，且这24座中有12座是由私人建造的。由此，科斯认为，如果政府部门能够明确产权并允许其自由转让，则市场机制就可以有效解决公共物品的外部性问题，对于市场失灵等问题政府也无须直接插手。[1] 有学者进而提出，对于公共物品的提供而言，“在公共部门和私营部门之间不存在二选一的问题。在基础设施项目中，通过整合公共资源和私有资源便可获得市场机制的大量收益”[2]。

(二)公共选择理论

“公共选择理论假定私人都是利益寻租者，致力于以牺牲更大的公共利益为代价追求自身的利益。”[3]根据这一理论，无论是政府还是市场，在公共服务产生和提供的过程中都会失灵。就市场而言，信息不对称和外部性会导致市场对公共物品供给的失灵。政府欲有效实施干预政策，纠正市场失灵，必须同时满足以下两个条件：第一，政府能够全面掌握公众的偏好；第二，政府的干预政策完全反映公众的利益。然而，理性经济人假设也认为政府官员在制定各项行政政策时总是伺机谋取个人利益，从而导致政府失灵。[4] 因此，公共选择理论提出将市场竞争机制引进政府乃至整个政治领域，从而打破政府在公共行政领域对公共产品供给以及对生产成本信息的垄断。“如果一项事务，由私人干比政府干好，

---

[1] See R. H. Coase, *The Lighthouse in Economics*, Journal of Law and Economics, Vol. 17, No. 2, 1974, p. 357 – 376.

[2] [英]达霖·格里姆赛、[澳]莫文·K. 刘易斯：《公司合作伙伴关系：基础设施供给和项目融资的全球革命》，济邦咨询公司译，中国人民大学出版社2008年版，第30页。

[3] Jody Freeman, *Private Parties, Public Functions and the New Administrative Law*, Administrative Law Review, Vol. 52, 2000, p. 813.

[4] 参见林晓言：《基础设施的民营化》，方志出版社2005年版，第7页。

那么就应该由私人干;如果由政府干比由私人干好,那么就可以由政府干;如果私人和政府干得一样好,也应该由私人干"[1],"哪里有竞争,哪里就会取得较好的结果,增强成本意识,提供优质服务"[2]。

根据公共选择理论,公共服务供给应当在政府管制下,采取政府和私人共同合作的模式,从而实现二者的优势互补。E. S. 萨瓦斯认为,"'治理'一词源于希腊语 kybern,其含义是'掌舵'。政府的角色是掌舵,而不是划桨。提供服务——不论是修马路还是航空服务,都是在划桨,而政府对此并不在行"。[3] "如果政府可以和私人企业签订比较完备的合同,那么私人生产的公共物品将比政府更有效率。即使政府与私人企业签订的合同并不完备,私人企业也会迫于竞争的压力不断提高产品质量,并且通过努力建立自己良好的信誉,最终取得更好的社会绩效"[4]。除此之外,公用事业是社会生产和生活的基础,是支持社会生产生活的命脉,政府将公用事业委托给私人主体之后,有责任对其进行绩效监督和契约管理,以确保社会生产和生活的稳定。

(三)新公共管理理论

20 世纪中期以来,西方国家普遍运用凯恩斯主义经济学指导

---

〔1〕 毛寿龙、李梅:《有限政府的经济分析》,上海三联书店 2000 年版,第 101 页。

〔2〕 [美]戴维·奥斯本、[美]特德·盖布勒:《改革政府:企业精神如何改革着公营部门》,上海市政协编译组、东方编译所编译,上海译文出版社 1996 年版,第 57 页。

〔3〕 [美]E. S. 萨瓦斯:《民营化与公私部门的伙伴关系》,周志忍等译,中国人民大学出版社 2002 年版,第 7 页。

〔4〕 Andrei Shleifer, *State Versus Private Ownership*, The Journal of Economic Perspectives, Vol. 12, Issue. 4, 1998, p. 133 - 150.

国家经济活动,试图依靠政府作用来弥补市场之不足。随着政府财政支出不断扩大,自20世纪六七十年代开始,西方资本主义国家纷纷陷入经济滞胀和政府入不敷出的困境。为了缓解政府经济负担,这些国家开始大幅提高税收和公共服务的费用,而政府公共服务的效率和质量却每况愈下。以美国为例,自20世纪70年代末以来,"在一次又一次的选举中,在一个又一个的问题上,美国人民一直要求政府多出业绩少收赋税。但是在1990年和1991年的经济衰退中,美国领导人还在为老一套的选择辩论不休:是要更少的服务呢还是要更多的税收?[1]"极高的赋税和极差的公共服务引起社会普遍不满,在巨大的财政压力和民怨载道的双重压力下,这些国家掀起了一场"旨在推行绩效管理、强调顾客至上与服务意识、在政府管理中引进竞争与市场机制的政府改革运动"[2]。

隐含在这一改革背后的则是新公共管理(New Public Management,NPM)理论。它以自由经济思想、新制度经济学和公共选择经济学等为理论基础,认为国家和政府作为非市场力量,会扭曲社会资源的有效配置。高税收将资源从"创造财富"的私营部门转移到"消费财富"的公共部门,妨碍经济增长和削减社会福利。只有让市场进行资源的最佳配置,让消费者和生产者决定福利的供给和需求,才能促进社会和经济的繁荣。因此,它强调自由市场的价值,主张公共部门效仿私营主体的管理方法和竞争机制,同时主张在社会资源配置方面用市场过程取代政治或政府过程。这意味着

---

〔1〕 [美]戴维·奥斯本、[美]特德·盖布勒:《改革政府:企业精神如何改革着公营部门》,上海市政协编译组、东方编译所编译,上海译文出版社1996年版,第1~2页。

〔2〕 罗豪才、宋功德:《软法亦法——公共治理呼唤软法之治》,法律出版社2009年版,第35页。

政府管理或者政府治理将更加注重市场竞争机制以改善公共服务的效率和质量。[1] 通过在公用事业领域建立公私伙伴关系来满足公众需求,无疑符合新公共管理理论的要义。

(四)公共治理理论

治理是不同社会主体为实现共同目标所进行的协商对话,它"是有共同的目标所支持的,这个目标未必出自合法的正式规定的职责,而且它也不一定需要依靠强制力量要求别人服从。它既包括正式的政府机制,同时也包含非正式、非政府的机制"[2]。协商对话的过程也是"使相互冲突的或不同的利益得以调和并且采取联合行动的持续的过程"[3]。通过各主体之间的协商对话,治理"将不同公民的偏好意愿转化为有效的政策选择,将多元社会利益转化为统一行动,并实现社会主体的服从"[4]。

有学者指出,基于协商对话之特性,公域之治的公共治理应由开放的公共管理元素和广泛的公众参与元素整合而成,二者缺一不可。公共治理模式旨在实现程序正义与实体正义的统一、治理过程与治理绩效的统一、形式理性与实质理性的统一。这个公域并非局限于公共权力的运作领域,而是囊括公共关系覆盖的整个公共领域。就治理主体而言,公共治理模式主张所有的公共关系

---

[1] See Linda Kaboolian, *The New Public Management: Challenging the Boundaries of the Management vs. Administration Debate*, Public Administration Review, Vol. 58, No. 3, 1998, p. 189 – 193.

[2] [美]詹姆士·N.罗西瑙:《没有政府的治理》,张胜军、刘小林等译,江西人民出版社2001年版,第5页。

[3] 俞可平:《治理和善治:一种新的政治分析框架》,载《南京社会科学》2001年第9期。

[4] Beate Koch & Rainer Eising, *The Transformation of Governance in the European Union*, Rout ledge, 1994, p. 14.

主体都是治理主体，不仅包括各类公共权力主体，还包括如私人组织以及公民个人等权利主体，各种治理主体在公域之治中扮演着不同角色，平等参与公共治理过程，各展其长、各得其所，形成多元治理格局。在治理方式上，公共治理模式主张依照公域之治的实际需要，在进行综合性成本—收益分析的基础上，按照先非强制后强制，先双方协商后单方强制，先自治后他治，先市场后社会、再政府的选择标准，实现治理方式的多元化、民主化和市场化，通过博弈实现均衡，借助程序正义实现实体正义，并通过实现实体正义来体现程序正义。[1] 允许私人部门介入公用事业领域，并以平等主体的地位与公共部门发展契约关系和公私伙伴关系，是一种协商的、自治的、市场优先的制度安排体现。

第二节　公用事业公私合作的域外模式

在19世纪，英国公共卫生运动的卓越领导者埃德温·查德威克(Edwin Chardwick)提出了“合同管理”的思想。查德威克主张在公共卫生领域，“政府，代表社会，将买下竞争供给者的权利，并通过投标的程度，签订出租提供公共物品唯一权利的合同”[2]，这是现在公私合作制的雏形。就世界范围来看，近现代公用事业领域的公私合作则是在各国公共行政改革过程中兴起的，其中，尤具代表性的是英国的鼓励私人投资行动、美国的重塑政府和政府扁

[1] 参见罗豪才、宋功德：《公域之治的转型——对公共治理与公法互动关系的一种透视》，载《中国法学》2005年第5期。

[2] [美]小罗伯特·B.埃克伦德、[美]罗伯特·F.郝伯特：《经济理论和方法史》(第4版)，杨玉生、张枫林等译，中国人民大学出版社2001年版，第180~182页。

平化运动、德国的“瘦身国家”行动、法国的市政公用事业特许经营等。

一、英国:鼓励私人投资行动

1979年,玛格丽特·希尔达·撒切尔(Margaret Hilda Thatcher)开始在英国抛弃国家干预主义,铁腕推行国有企业的民营化并推行经济结构改革,以期通过尝试新的“自由市场经济”和非官僚化的制度变革实现新的政府治理模式。[1] 当时的英国政府坚信,“民营化政策之所以能够获得发展,是因为对自然垄断行业实施私人所有制并予以规制要优越于国有制”[2],要求所有的地方建筑和公共建设项目实行公共部门与民营部门公开竞标,实行大规模的市场化。[3] 截至1990年撒切尔夫人卸任首相职务,超过2/3的英国国有企业已经完成民营化。[4] 有学者认为,英国铁路行业于20世纪90年代中期开始推行私有化改革,很可能是英国私有化运动达到顶点的标志。[5]

彻底的私有化运动成绩显著,但是负面后果也极为明显,出现了许多类似私人垄断、歧视性定价、“撇奶皮”等排他性行为,造成了居民尤其是低消费人群承担了一个不合比例的负担。至20世

〔1〕 See P. Tompson, *Public Sector Management in a Period of Radical Change*: 1972－1992, *Change in the Civil Service*, ed. FN. lynn, London, 1994, p. 33－38.

〔2〕 Tony Prosser, *Law and the Regulators*, Clarendon Press, 1997, p. 45.

〔3〕 参见周建亮:《城市基础设施民营化的政府监管》,同济大学出版社2010年版,第11页。

〔4〕 See Matthew Bishop & John Kay, *Does Privatization Work? Lessons from the UK*, Centre for Business Strategy, London Business School, 1988, p. 5－6.

〔5〕 参见[英]彼得·莱兰、[英]戈登·安东尼:《英国行政法教科书》(第5版),杨伟东译,北京大学出版社2007年版,第66～68页。

纪90年代以后,这种负面作用迫使英国对全面私有化政策进行反思和修正,进而提出了一个新的理念,即公私合作关系。具体而言,撒切尔政府首先在1989年废除严格限制私人资本投资公共资产的规定,鼓励地方当局引入私人投资者进行城市建设。[1] 1992年,英国提出PFI(Private Finance Initiative)的概念以鼓励私人投资公共事业服务,与全面私有化不同的是,PFI允许政府通过与私人签订长期合同在核心公共服务领域引入私人投资及其管理优势以提高公共服务效率,同时又要求政府采取必要措施规范私人投资行动并保障公共利益。1996年英国开始推行"公私合作关系方案"(Public Private Partnership Program)并成立专门辅导地方政府引进私人资金的私人财务小组(Private Finance Panel)。次年,英国在国家层面成立财政部工作小组(Treasure Taskforce),并在检视PFI的执行成效后正式将PFI更名为PPPs(Public - Private Partnerships)。[2]

根据济邦咨询公司的研究,PFI自推出至2012年,已经成为英国最常见的PPP类型,在诸多公用事业领域得到了运用,超过700个项目完成融资,总投资额达547亿英镑。除此之外,PFI在实操中也存在许多需要改进之处,其中,社会资本的超额收益、政府契约缺乏灵活性以及政府疏于监管的问题最为人所诟病。2012年,针对PFI的缺点,卡梅伦政府出台了新的PF2模式,但是截至2018

---

[1] 城市发展公司本身就是公私合作伙伴关系组织,有权享有土地,开设工厂,并对城市建设和环境等领域进行投资。See Colin Campbell, *Does Reinvention Need Reinvention? Lessons from Tmncated Managerialism in Britain,* Governance, Vol. 8, No. 4, 1995, p. 479.

[2] 参见李训民:《公法契约之控制——从公私合伙架构谈起》,载《行政法学研究》2012年第1期。

年,只有6个PF2项目完成融资,另外有两个项目正在筹备中,效果不彰。2018年10月29日,英国政府在官网上发布《2018年预算报告》(Budget 2018)并宣布不再使用PF2模式进行基础设施和公共服务采购。PFI/PF2模式退出英国公用事业领域,并不代表英国政府未来不再采用PPP模式提供公用事业产品和服务。英国财政大臣哈蒙德明确提出,英国未来6000亿英镑的基础设施投资计划中,将有一半的资金源于社会资本,考虑到英国脱欧的影响,政府可能会在新的财政政策确定之后,制定新的PPP模式,回归更为广义的政府与社会资本合作方式,从而提高公共服务的供给效率和质量。[1]

二、美国:市政服务合同外包

由于美国几乎没有严格意义上的国有化阶段,加之其独一无二的政治结构、免税代码和社会观念,公私合作的结构也独具特色。[2] 在美国,"至少从'二战'后开始,联邦政府以及州和地方政府就逐渐依赖私人供应商提供商品和服务供政府和大众消费,从武器系统、环境影响报告到社会服务,包括保健、福利、日托、职业培训、基础设施维护和垃圾收集等"[3]。罗纳德·威尔逊·里根(Ronald Wilson Reagan)上台之前,受大萧条的影响,各州财政赤字急剧攀升,有的甚至高达几十亿美元,各城市的失业率持续上升,

---

〔1〕 杨嵩、杨茜、袁帅:《英国PFI/PF2重大调整调查报告》,载微信公众号"济邦咨询"2018年12月17日,https://mp.weixin.qq.com/s/Es1XQDgcDHcLZjhKKsIVnA。

〔2〕 See Richard Norment, *PPPs—American Style*, The PFI Journal 39, October 2002, p.26.

〔3〕 Jody Freeman, *The Contracting State*, Florida State University Law Review, Vol.28, No.155, 2000, p.160.

迫使州和地方政府不得不改革政府工作方式。[1] 改革的方式之一就是,州和地方政府求助于私人帮助执行新的职责,将私人部门成功的管理方法引入公共部门,其结果是以市政服务合同外包为主要形式的公私合作于20世纪80年代中期得以普遍实施。根据有关学者对美国596个城市抽查结果显示,市政服务外包的平均增长速度在1982年为12.6%,在1992年则为28%,10年间的平均增长速度则高达121%。[2] 在地方政府提供的64项市政服务中,平均约有1/4以合同方式外包给私营部门。[3]

美国公用事业的市场化改革在克林顿政府时期达到巅峰。1993年,威廉·杰斐逊·克林顿(William Jefferson Clinton)当选美国总统以后,大规模推行"重塑政府运动",全面削减行政机关预算,通过一系列措施使政府扁平化,而且竭力促进以合意为基础的决策和公私合作伙伴关系,导致政府在提供公共服务方面对私人机构形成更大的依赖。[4] 乔治·沃克·布什(George Walker Bush)上台之后,改革得到延续,原本只能由公部门单独提供的公共行政也出现了不同程度的外包,监狱管理即为典型。监狱管理外包在美国越来越普遍,乃至由私人兴建或管理的监狱目前已经成为美国监狱中一支不可忽视的力量。支持者主张,私营监狱既

[1] 参见[美]戴维·奥斯本、[美]特德·盖布勒:《改革政府:企业精神如何改革着公营部门》,上海市政协编译组、东方编译所编译,上海译文出版社1996年版,第18页。

[2] See Jeffrey D. Greene, *How Much Privatization*?, Policy Studies Journal, Vol. 24, No. 4, 1996, p. 634.

[3] See R. Miranda & K. Anderson, *Alternative Service Delivery in Local Government*: 1982 – 1992, Municipal Year Book 1994, Washington, DC: International City-County Management Association, p. 26 – 35, Table 3/5.

[4] See Jody Freeman, *The Contracting State*, Florida State University Law Review, Vol. 28, No. 155, 2000, p. 162 – 163.

会增加效率,也会改善质量,受利润的刺激且不受公职任用限制的拖累,私人建造监狱有望比公共机关更迅速、成本更低。同时,私人监狱不仅节省了政府兴建和管护监狱所需的开支,还可以缓和美国联邦监狱和各州监狱过度拥挤的现状。除此之外,由于私人与政府缔结监狱管理外包合同有利可图,故而会为了赢得缔约机会进行竞争,从而带来高质量的监狱项目与服务。[1] 唐纳德·特朗普(Donald Trump)政府在2018年的财政预算案中,拟订了一项旨在改进美国基础设施的计划,意欲通过私有化和公私合作来鼓励基础设施领域的个人投资。有评论者指出,"联邦政府只拥有美国基础设施的很小一部分,但是,它却能通过税收和监管对各州、地方和私人基础设施加以控制。联邦政策制定者应该减少干预、刺激投资,应该改革那些让州政府和地方政府对私有化心怀偏见的联邦政策"[2]。

三、德国:"瘦身国家"和行政任务私化

德国的公私合作制改革始于20世纪80年代后期的行政任务私化和"瘦身国家"改革。所谓"瘦身国家",其实质就是将原本由国家负担的基础设施建设和运营之义务移交给民间资本,以减轻政府财政负担。1990年两德统一后,联邦德国为了完善原德意志民主共和国的基础设施,投入了大量财源,并通过增加税收和提高公共费用等手段以缓解政府的经济负担。联邦德国于1994年9月

---

〔1〕 See Jody Freeman, *The Private Role in Public Governance*, New York University Law Review, Vol. 75, 2000, p. 630.

〔2〕 [美]克里斯·爱德华兹(Chris Edwards):《谁是美国基础设施的所有者?》,李蔚然译,载微信公众号"思想库报告"2017年6月20日,https://mp.weixin.qq.com/s/OM7TMIRcVJL3t 11i8zZkgg。

通过《筹措民间资金建设道路法》,极大地推进了民间资本参与建设和经营公共道路的发展。1997 年 10 月,"瘦身国家审议会"发布最终报告,将行政私化确定为德国行政改革的最重要内容之一,具体方式则包括行政事务向民间转移(实质性私化)、行政机构改革(机构形式的私化)、行政方式私化(形式性私化)等。[1] 随着德国公私合作制的不断推进,德国也在不断完善公私合作制的立法体系,其中包括修订《公共采购条例》、《反竞争限制法》、《远程公路建设私人融资法》、《投资法》、《预算法》和《税法》等。2005 年,德国在欧盟的大力推动下通过了《公私合作制促进法》,以进一步消除公私合作制在税收、收费、招标和融资预算等方面的障碍。立法的完善促进了公私合作制在德国的顺利发展,"在学校、大学、监狱、医院和疗养院的建设以及整修领域,在电信、能源供应、供水和垃圾处理厂的扩建领域,在公路和公共客运领域,还有国防领域,发展合作领域,文化和媒体领域,公私合作制都可以发挥作用"。[2]

在致力于公私合作及契约化治理改革的过程中,德国人严谨、精细的行事风格值得肯定。就网络型公用事业的特许经营而言,特许经营合同中不仅会明确规定管网的界限(交接点问题)、转让时间、服务质量和各项指标的最大限度、恢复原状的前提和后果、风险分配和不可抗力等,而且也细致规定了地方自治机构有权随时查验固定资产、检查质量、阅览工作日志或其他企业管理相关的资料、调取检测结果和档案文件等,明确保障了地方自治机构控制

[1] 参见[日]米丸恒治:《私人行政——法的统制的比较研究》,洪英、王丹红、凌维慈译,中国人民大学出版社 2010 年版,第 1~12 页。

[2] 参见李以所:《德国公私合作制促进法研究》,中国民主法制出版社 2013 年版,第二至第六部分,以及第 223~225 页。

私人合作伙伴的运营程序和经营活动的权力。[1] 德国人严谨的行事作风还体现在,公私合作制项目不同,公共部门与私人主体所采取的合同模式亦有不同。根据学者的研究,按照合同对象、财产关系、服务范围、风险分担、报酬和融资结构以及公共部门参股特殊目的公司等因素,德国的合同模式可以分为多种类型,通常特许经营模式和公私合作模式会与收购人模式、租赁模式、持有人模式、承包模式等其他模式一起使用。[2]

四、法国:公用事业特许经营

在法国,公用事业特许经营被视为"旧观念"。[3] 早在 17 世纪,法国将第一批特许经营权授予了地中海—大西洋航道的建造和融资,以及其他许多公共基础设施。18 世纪的法国尚在波旁王朝的旧制度统治下,就已经广泛利用"特许经营合同"等方式授权私人部门建设桥梁、运河等公共工程,获取特许权的私人部门在工程建设完工以后,不仅可以取得建筑物的经营管理权,往往还可以取得建筑物的所有权。19 世纪时,公共工程特许有了很大的发展,铁路、水、电、煤气供应等公用事业的建设,大多采取这种方式。受特许人对公共建筑的经营被认为是在实施某种公务。[4]

法国在公用事业领域采用近现代意义上的公私合作模式始于

---

〔1〕 参见余晖、秦虹主编:《公私合作制的中国试验》,上海人民出版社 2005 年版,第 115 页。

〔2〕 参见李以所:《德国公私合作制促进法研究》,中国民主法制出版社 2013 年版,第 16 ~ 19 页。

〔3〕 参见[英]达霖·格里姆赛、[澳]莫文·K. 刘易斯:《公私合作伙伴关系:基础设施供给和项目融资的全球革命》,济邦咨询公司译,中国人民大学出版社 2008 年版,第 47 页。

〔4〕 参见王名扬:《法国行政法》,北京大学出版社 2007 年版,第 328 页。

20 世纪 90 年代末。受当时西方主要国家新公共管理运动的影响，采用 PPP 方案为公用事业项目进行融资和设计开始在法国兴起，并积累了丰富的经验，逐渐形成固定的模式。在法国，私人投资者几乎可以在污水处理、垃圾收集和管理、电缆、城市交通、体育运动设施、学校餐饮、殡仪服务和供水等所有公用事业领域获取特许经营权，由私人按照政府的委托管理合同来组织运营。法国的公用事业公司也在多年的历练中享誉全球，比较有影响力的有威望迪（威立雅）集团、苏伊士里昂水务、布依格集团、万喜建筑集团、SAUR、索迪斯集团和康运思公司等。[1]

整体而言，"法国的公用事业特许经营是这样一种经营方式：一个公法人通过签订契约，出让某些公用事业，使某个私人成为特许权享有人，通常在相当长的时期内经管该事业，承担有关责任，并从用户方面获得报酬"[2]。法国的特许制度对于法国公用事业的发展做出了巨大贡献，被世界银行称为"真正的法国模式"，并且希望世界银行资助的项目所在国推广这种模式，以提高项目的经济效益和社会效益。[3]

2004 年 6 月 17 日，法国政府通过了关于 PPP 新模式"公私合作合同"的 2004－559 法令。根据该法令，法国的公私合作模式在很大程度上吸纳了英国 PFI 模式的经验，具有协议治理、风险分担、私人提供短期融资等特点。法国立法针对 PPP 协议从实体内容和

---

〔1〕 参见［英］达霖·格里姆赛、［澳］莫文·K. 刘易斯：《公私合作伙伴关系：基础设施供给和项目融资的全球革命》，济邦咨询公司译，中国人民大学出版社 2008 年版，第 47～49 页。

〔2〕 ［法］让·里韦罗、［法］让·瓦利纳：《法国行政法》，鲁仁译，商务印书馆 2008 年版，第 296 页。

〔3〕 参见赵长茂、李东序主编：《市政公用事业市场化改革的依据与路径》，中共中央党校出版社 2008 年版，第 100 页。

程序规范都作了严谨规定,以便其与欧盟立法相一致。根据《法国公共市场法典》,PPP 项目涵盖了政府办公大楼、公立医疗机构等公法人的设计、建造、保养和维修,社会产品市场(如教育、文化和体育等)和自然垄断经济产品市场(如公共交通、垃圾处理、能源与资源等)等各领域。根据私人主体取得报酬方式的不同,法院的 PPP 项目可以区分为用户付费的 PPP 项目和政府付费的 PPP 项目,在 PPP 模式上则存在行政长期租赁、临时占用许可、公共服务特许以及公私合作合同等主要类型。[1]

五、经验与启示

上述各国经验表明,公私合作在 20 世纪的最后二三十年里成为公用事业供给革新的主要手段,不仅"英法海底隧道、英国和美国以私人收费公路形式发展公路系统,英国、法国、美国、加拿大和南美的铁路系统,伦敦的地铁系统以及法国的供水等都得益于公私合作的方式"[2],而且"在许多发展中国家,政府运用 PPP 来投资和管理收费高速公路、机场、码头、铁路,并用以治理环境污染,建设低成本住房,发展生态旅游"[3]也成不可阻挡之势。综观各国改革,有两点共通之处尤为值得借鉴:

第一,就改革目标而言,虽然各国改革的初始动机是为政府减负,但是一味考量减轻政府负担而忽视公共利益必然会遭到反噬,

---

[1] 参见孙淘、魏济民等:《法国 PPP 的立法与实践》,中国政法大学出版社 2017 年版,第 10 ~22 页。

[2] [英]达霖·格里姆赛、[澳]莫文·K. 刘易斯:《公私合作伙伴关系:基础设施供给和项目融资的全球革命》,济邦咨询公司译,中国人民大学出版社 2008 年版,中文版序第 1 页。

[3] [美]丹尼斯·A. 朗蒂内利:《发展的伙伴:公私机构在提供公共服务中的合作》,李津逵节译,载《开放导报》2004 年第 6 期。

因此改革必须以保障和促进公共利益为根本目标和宗旨,这突出地表现为各国政府在改革后虽然不再直接提供公用事业产品和服务,但是仍然对私人主体提供公用事业产品和服务的行为予以监督和指导,以避免私人逐利而损害公共利益。

第二,虽然各国在改革方式和公私合作的基本模式上有所差异,但是各国政府多采用了契约作为规制私人主体提供公共产品和服务的基本手段。这是因为,公用事业供给改革的重要目标之一就是提高效率,而契约的协商对话性质使之在提高行政效率方面较之于许可、处罚、强制等权力性手段具有天然的优势,从而成为各国政府在公用事业供给革新过程中首选的治理工具。[1]

第三节　我国公用事业公私合作的主要模式:特许经营

我国的公用事业市场化改革经历了一段较长时期的摸索之后,最终选择了特许经营作为这一制度模式。根据 2004 年发布、2015 年修正的《市政公用事业特许经营管理办法》第 2 条,市政公用事业特许经营是“政府按照有关法律、法规规定,通过市场竞争机制选择市政公用事业投资者或者经营者,明确其在一定期限和范围内经营某项市政公用事业产品或者提供某项服务的制度”。2015 年颁布施行的《基础设施和公用事业特许经营管理办法》第 3 条在上述基础上进一步明确将协议作为规范特许经营的基本工具,即“本办法所称基础设施和公用事业特许经营,是指政府采用竞争方式依法授权中华人民共和国境内外的法人或者其他组织,

〔1〕 参见胡敏洁:《作为治理工具的契约:范围与边界》,载《中国行政管理》2015 年第 1 期。

通过协议明确权利义务和风险分担,约定其在一定期限和范围内投资建设运营基础设施和公用事业并获得收益,提供公共产品或者公共服务”。

一、公用事业特许经营的内涵

在我国,公用事业特许经营的核心特征有:(1)公用事业特许经营以实现公共利益为最终目标,即更好地提供公用事业服务;(2)私人投资方负责公用事业的投资、建设或者运营,获得收益并承担风险;(3)私人投资方获得收益的主要方式是使用者付费和必要的财政补贴;(4)政府对私人投资、建设或者运营公用事业予以监督,以确保服务的有效性;(5)私人投资、建设或者运营公用事业本质上是源于政府授予的特许经营权,是一种财产性权利,并受期限约束;(6)政府与私人投资方通过特许经营协议来划分双方的权利义务和风险分担。在理念层面,特许经营是公私合作在公用事业领域的具体体现;在制度层面,公用事业特许经营是对关系到公共利益的特定行业市场准入的行政特许。

(一)特许经营与民营化、公私合作

特许经营是政府通过缔结特许经营协议与社会资本合作提供公用事业产品和服务的一种方式。在公用事业特许经营协议中,有些权利义务内容是任何公用事业特许经营项目顺利运营都必须具备的,这些权利义务内容大致可以概括如下:政府部门享有依照国家相关法律、法规及有关技术标准对私人部门的特许经营业务进行监管的权利,并负有依照约定维护特许经营权完整性的义务,不得在已授予私人投资者特许经营权地域范围内,再将特许经营权授予第三方;私人投资者享有特许经营权范围内的独家经营权

并适当盈利的权利，同时负有按照国家、行业、地方及企业标准提供普遍公用事业服务的义务，并自觉接受政府部门和社会公众的监督。只有上述权利义务关系得以清晰界定，并且双方在具体合作项目中能够恪守各自的权利(力)义务，才能够减少特许经营实施过程的纠纷，在公私之间建立良性的合作伙伴关系。

在E.S.萨瓦斯看来，“特许经营方式特别适合于可收费物品的提供，诸如电力、天然气、自来水、污水处理、废物转化为能源的装置、电信服务、港口、飞机场、道路、桥梁以及公共汽车等”[1]。如前文所述，若将公私合作视为部分民营化，则公用事业特许经营则当然地属于部分民营化的重要手段。因此，特许经营、公私合作、民营化三者在涵盖范围上属于逐个包含的关系，如图1－2所示：

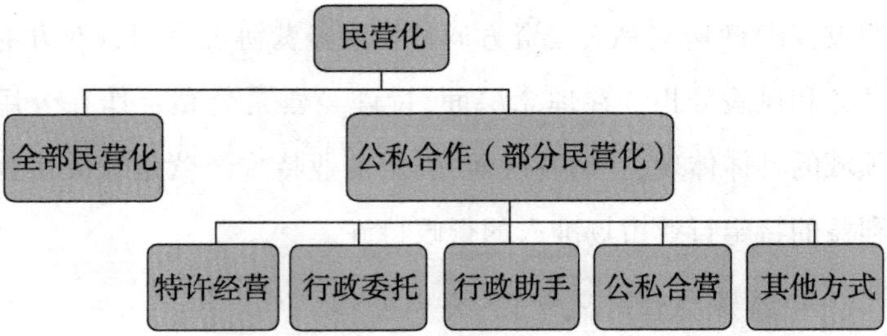

图1－2　民营化、公私合作、特许经营三者关系

(二)公用事业特许经营本质是行政特许

“PPP中的政府特许经营属于专有制度下的狭义行政特许。PPP中的政府特许经营具有广义行政许可的基础因素，在这种基础因素之上还有基于专有制度产生的规定性因素，这种规定性因

〔1〕［美］E.S.萨瓦斯：《民营化与公私部门的伙伴关系》，周志忍等译，中国人民大学出版社2002年版，第84页。

素主要是指行政特许经营的双方协议性、经济有偿性和经营交易性。"[1]2003 年《行政许可法(草案)》曾根据行政许可的性质、功能以及适用事项的不同,将行政许可分为普通许可、特许、认可、核准和登记五大类型,其中,特许是指"由行政机关代表国家向被许可人授予某种权利,主要适用于有限自然资源的开发利用、公共资源的配置以及直接关系公共利益的垄断性企业的市场准入等"[2]。尽管"行政特许"这一概念没有被现行《行政许可法》的文本正式采纳,然而第 12 条第 2 项仍保留了行政特许的适用对象,且在第 53 条为其规定了特许的程序,即"招标、拍卖等"。综合既有规定和公用事业特许经营之特征,公用事业特许经营在本质上应属于行政特许。

一方面,公用事业特许经营的适用对象符合《行政许可法》对行政特许的规定。2003 年出版的《〈中华人民共和国行政许可法〉释义与实施指南》将《行政许可法》第 12 条第 2 项规定的"直接关系公共利益的特定行业的市场准入"解释为"进入从事公用事业服务的行业,如自来水、煤气、电力、电信、邮政等与人民群众日常生活、公共利益密切相关的行业"[3]。同时,根据《市政公用事业特许经营管理办法》第 2 条和 2015 年《基础设施和公用事业特许经营管理办法》第 2 条,公用事业特许经营的范围与《行政许可法》中"直接关系公共利益的特定行业"在外延上具有一致性。此外,

---

〔1〕 于安:《论政府特许经营协议》,载《行政法学研究》2017 年第 6 期。

〔2〕《关于〈中华人民共和国行政许可法(草案)〉的说明》,载全国人大法工委国家法室编:《〈中华人民共和国行政许可法〉释义与实施指南》,中国物价出版社 2003 年版,第 233 页。

〔3〕 全国人大法工委国家法室编:《〈中华人民共和国行政许可法〉释义与实施指南》,中国物价出版社 2003 年版,第 58 页。

2015 年《基础设施和公用事业特许经营管理办法》第 3 条明确使用了“政府授权”这一表述。

另一方面,公用事业特许经营在实施程序上也符合《行政许可法》对行政特许的要求。现行《行政许可法》第 53 条规定行政特许决定“应当通过招标、拍卖等公平竞争的方式作出决定”。现行有关公用事业特许经营的单行规定也都明确政府部门必须经市场竞争机制选择特许经营项目的投资者或经营者,这是授予私人主体公用事业特许经营权及签订特许经营协议的必经程序,也是《行政许可法》第 53 条在公用事业特许经营领域的具体应用。

二、我国公用事业特许经营的动因

长期以来,我国实行的都是政府主导的基础设施投资体制,不仅政府投资是公用事业建设和发展最主要的资金来源,而且政府或政府创设的各式国有企事业单位还承担着基础设施决策、投资、建设、生产、服务和管理等全过程。事实证明,这种供给机制“不仅运营成本很高,而且在服务质量、服务效益等方面亦难尽人意,至于服务的针对性、丰富性、多样性、创新性、人性化、个性化等更是无从企及。随着服务型政府建设的推进,政府公共服务的领域不断拓展,原有体制所造成的供给不足与公众需求之间的矛盾越来越突出”[1]。到 20 世纪 80 年代末 90 年代初期,政府主导、行政垄断、政企不分造成的政府财政资金紧缺、公用事业服务效率低下和民众日益增长的公用事业服务需求之间的矛盾愈演愈烈,公用事业领域的计划经济体制也开始破冰。概言之,国内日益增长的公

[1] 王克稳:《政府业务委托外包的行政法认识》,载《中国法学》2011 年第 4 期。

共服务需求与国有体制下公用事业供给不足之间的张力是我国公用事业市场化改革的内生驱动,而经济全球化和区域经济一体化的影响构成了改革的外在激励。

(一)日益增长的公共服务需求与供给之间的张力

直到20世纪80年代中期,我国仍采取由政府对公用事业垄断经营的制度模式。行政垄断不仅导致了公用事业服务的低效,而且对策性激励扭曲也因此产生。所谓对策性激励扭曲是指,无论政府为了提高公用事业服务效率而采取何种政策,企业都会利用其相对于政府的信息优势而采取相应对策从而寻求自身利益的最大化,其中包括为了进一步索取补贴而有意维持和扩大亏损。如此一来,政府承担了国有企业的建设和运营过程的全部成本,财政负担巨大。[1]

在不允许社会资本介入的情形下,为满足居民对公用事业服务的需求,政府财政在弥补亏损的同时还要着力进行投资建设。由于公用事业通常需要数以亿计的投资额,其成本回收期则长达十几年,这样一来,政府财政入不敷出,对公用事业的持续投资能力严重不足将是无法避免的。有研究指出,根据联合国的建议,发展中国家市政公用事业投资应当占社会固定资产投资总额的9%~15%,2002年我国城市市政投资额为3100多亿元,创历史投资额新高,也仅占同期固定资产投资总额的7.2%,与联合国建议的标准相去甚远。[2]

---

〔1〕 参见余晖、秦虹主编:《公私合作制的中国试验》,上海人民出版社2005年版,第3页、第151页。

〔2〕 参见李嘉娜:《市政公用事业监管的行政法研究》,中国政法大学出版社2012年版,第90页。

与长期亏损和高额财政补贴造成的政府无力扩大投资极不相称的是,随着经济社会的发展,我国公民对教育、医疗、住房、退休保障及其他物品和服务的支付能力日益提高,其需求远远超出了政府的供给能力。当此情形下,政府尤其是地方政府需要通过借助公用事业市场化融入非公资本来增加财政收入,以缓解地方政府的债务压力。就此而言,我国的公用事业市场化改革在很大程度上是由政府不堪财政重负所催生的,政府财政每年对公用事业的巨额投入使得政府急于从公用事业的生产和供给责任中脱身,改革势在必行。

(二)经济全球化和区域经济一体化的影响

20 世纪 80 年代之后,公民对于公用事业服务的需求呈爆炸式增长,而行政垄断所造成的长期亏损、低效率和财政负担迫使政府部门去寻求政府之外的投资者。"资本总在追逐新的投资领域,开放的公共事业领域为逐利的全球资本提供了千载难逢的好机会。"[1]尽管公用事业在投资初期的支出巨大,但是其消费需求稳定,一旦建成投产,便会带来稳定且相当可观的收益和现金流,于是外国资本顺势进入我国公用事业领域。

20 世纪 90 年代,发达国家或地区在公用事业领域推行的公私合作模式明显地提高了公用事业服务的效率和质量。于是,欧盟、联合国、经济合作与发展组织以及世界银行等国际组织为了提高对发展中国家的资助成效而将发达国家的做法和经验在世界范围内大力推广。加入世界贸易组织后,经济全球化对我国市场体制的冲击达到了空前的强度,公用事业市场化改革也是顺势之举。

---

〔1〕 葛昀:《中国城市水务市场化改革反思》,载《绿叶》2009 年第 12 期。

加入世界贸易组织之后的3个月内,原国家计划委员会(2003年并入国家发改委)相继发布了一系列文件,要求加快公用事业等行业的管理体制改革,在公用事业建领域逐步放宽对外国资本和民间资本的准入限制,鼓励和引导非国有经济投资。[1] 在国家政策引导下,传统上被列入非公有制资本禁区的城市燃气、供热、公共交通等公用事业领域的建设和运营也开始允许在国有资产控股的前提下向外国资本和民营资本开放。

三、公用事业特许经营的运营模式

总体来说,我国的公用事业市场化改革和公用事业特许经营模式的最终确立"是一路伴随着国家和有关部门出台和实施的市政公用事业的开放政策、特许经营政策、投资体制政策而逐步向前推进的"[2]。其基本的逻辑为:地方公用事业引进非公资本的实践得到了国家政策的认可,而国家出台相应的政策又反过来推动公用事业市场化改革的深入发展,并最终探索出特许经营模式作为公用事业市场化改革和发展的主要方向。

从世界范围内来看,公用事业特许经营的运营模式并不是唯一的,在总体上可以分为竞争性特许和专营式特许,二者的区别在于竞争性特许经营权通过市场化手段取得,有经营年限的限制,项目的产权由政府掌握或最终移交政府;而专营式特许经营权由政府直接授予,通常没有经营年限的限制,项目的产权也不必归政府

[1] 主要有文件有2001年12月11日发布的《关于印发促进和引导民间投资的若干意见的通知》(已失效)、2001年12月20日发布的《"十五"期间加快发展服务业若干政策措施的意见》(已失效)等。

[2] 李嘉娜:《市政公用事业监管的行政法研究》,中国政法大学出版社2012年版,第92页。

所有。竞争性特许经营模式又分为委托运营、建设—运营—移交模式(Build—Operate—Transfer,BOT)或者移交—运营—移交模式(Transfer—Operate—Transfer,TOT)以及整体特许经营。委托运营是指在政府将其所有的公用事业项目委托给私人投资者负责日常运营管理,私人按服务收取管理费用,委托期限一般为5~8年;BOT模式或者TOT模式是指私人投资者通过建造或收购取得特许经营项目一定年限的产权,并在该期限内通过运营该项目赚取合理利润,特许期限一般为15~20年;整体特许经营是指私人投资者在特许经营期限内享有公用事业项目以及相关上下游产业如管网等的产权和运营权,特许期限一般为20~30年。专营式特许经营按照特许权对象的不同,又可以分为对公私合资公司的特许、对国有企业的特许和完全私有化特许。如图1-3所示:

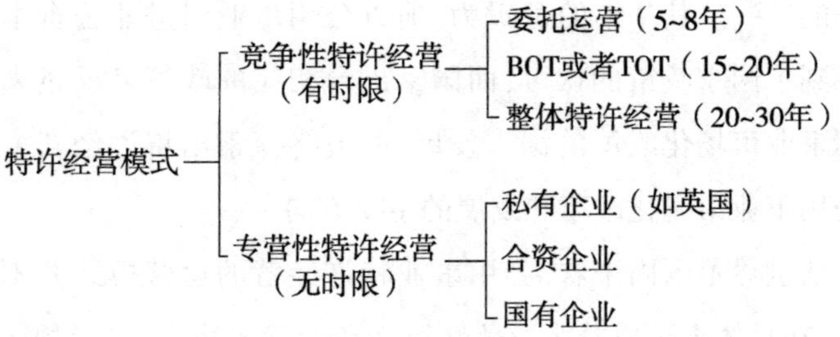

图1-3 公用事业特许经营模式概览

根据我国既有的法律、法规、规章和规范性文件以及公用事业特许经营的具体实践,我国的特许经营模式为以对合资企业或者私有企业实行竞争性特许为原则,在特殊行业实行专营式特许为例外。依据特许权标的不同,我国的公用事业特许经营可以分为两类,即已建成项目的特许经营和对未建项目的特许经营。已建成项目的特许经营的主要模式是租赁—建设—经营(Lease—

Build—Operate,LBO)和 TOT,这两种模式的基本思路相似,即政府与私人签订长期合同,约定私人向行政机关缴纳租金或者以其他有偿的方式获得较长期限的公用事业排他性经营权,私人有权根据合同条款收回投资并取得合理回报,并负有义务在合同期限届满后将公用事业无偿移交给政府。整体而言,自 2002 年至 2012 年的 10 年间,我国公用事业市场化改革过程中公用事业特许经营的模式以 LBO 和 TOT 模式居多。

2013 年之后,公用事业市场化改革则主要专项未建项目的特许经营,在具体经营模式的选择上包括以下类型:

(1)BOT,即政府授予私人投资者在一定期限内投资新建或改扩建、运营基础设施和经营公用事业项目的排他性权利,但仍保留项目的所有权,特许经营期限届满后私人将项目运营权移交政府;

(2)建设—所有—运营—移交模式(Build—Own—Operate—Transfer,BOOT),与 BOT 模式下政府仍保留项目的所有权不同,该模式中政府私人投资者对公用事业项目享有排他性的建设、运营权的同时,还授予其公用事业项目的所有权,待特许经营期限届满后私人一并将项目运营权和所有权移交政府;

(3)建设—移交—运营模式(Build—Transfer—Operate,BTO),该模式下,私人投资者在项目建成后先将项目所有权移交政府,再由政府授予私人投资者对公用事业项目在一定期限内享有排他性的运营权利;

(4)其他方式,如运营和维护的外包或租赁(通常被称为 O & M 合约),即政府通过与私人签订合约,将公共设施的经营和维护工作交给私人去完成,同时仍保留公共设施的所有权,并承担资本上的风险,而私人只需对公共设施的经营和维护承担全部责任。

就特许经营期限而言,由于私人投资公用事业的目的是获取利益,因此,为吸引投资,政府必须授予私人投资方足够长的特许经营期限以确保其回收成本并获得收益。这是因为公用事业具有自然垄断性和高昂的沉淀成本,“若其他条件都相同,则保障越有利就越能吸引投资。例如,如果公用事业的用户同意给予公用事业投资者20年排他性的服务权,那么公用事业企业则会认为,较之于没有这种保障,长期的建设投资更有吸引力”[1]。依据《基础设施和公用事业特许经营管理办法》,公用事业特许经营期限通常应为10~30年,具体期限一般由政府一方综合考虑行业特点、消费者对公共产品或服务的需求、项目生命周期以及投资回收期等因素予以确定。对于个别投资规模大、回报周期长的特许经营项目需要30年以上特许经营期限的,可以由政府或者其授权部门与私人投资者根据项目实际情况约定。[2]

本章小结

过去30年来,绝大多数的研究都显示公私合作的正面价值远远高于其负面价值,而且其负面价值也可以通过其他的制度设计予以弥补。恰如有学者所言,公私合作的政策计划是为了配合已设定的目标而拟订,而且它的可行与否往往会导致政策制定者回头去修正目标,是一连串的动态过程而非零和的赛局。[3] 作为一

---

〔1〕 Victor P. Goldberg, *Relational Exchange: Economics and Complex Contracts*, American Behavioral Scientist, Vol. 23, No. 3, 1980, p. 340.

〔2〕 参见《基础设施和公用事业特许经营管理办法》第6条、《基础设施和公共服务领域政府和社会资本合作条例(征求意见稿)》第16条。

〔3〕 Pierre Guislain, *The Privatization Challenge: A Strategic, Legal and Institutional Analysis of International Experience*, World Bank Publications, 1997, p. 287, 291.

种通过公共任务由政府向私人转移来提高公共服务供给质量和供给效率的策略，政府采取公私合作的目的在于更好地为公共利益服务。上述目的的实现不能单纯地依靠市场机制和私法作用，而是要更多地发挥行政法作用。

一方面，公用事业市场化改革之后，公用事业服务和产品的质量下降而价格却持续上升、公用事业服务的持续性和普遍性得不到保障、环境污染和资源浪费严重等诸多问题的出现充分表明，依靠纯粹的市场作用和私法规范几乎不可能实现公用事业市场化改革良性发展的目标。另一方面，公用事业服务作为“基本必需品”的属性决定了提供公用事业服务应属于公共职能的范畴，这一点并不会因其提供主体是公是私而有所差异。只是在公用事业特许经营模式下，政府履行公共职能的方式由自行提供公用事业服务转化为对私人主体提供公用事业服务的品质予以监督。换言之，保障个人获得合理的、无差别的、不间断的公用事业服务是政府公共职能的应有之义，其间离不开行政法同时扮演好管理者和监控者的双重角色。[1]

为防止“行政遁入私法”，行政法的作用应贯穿公用事业特许经营从授予到运营直到结束的全过程。公用事业特许经营权的授予属于典型的行政特许，需要遵守《行政许可法》对行政特许设定的一系列实体条件和程序条件；《行政许可法》赋予了政府对私人实施行政许可行为的监督检查权，因政府对公用事业特许经营的运营过程进行监督检查而在私人与政府之间形成的法律关系无疑属于行政法的调整范围；私人提供公用事业服务的行为因公用事

〔1〕 参见沈岿：《监控者与管理者可否合一：行政法学体系转型的基础问题》，载《中国法学》2016 年第 1 期。

业服务的公共职能属性而具有了一定的公共属性,从而致使公用事业特许经营的运营过程并非单纯的市场行为,而要接受必要的公法约束;私人主体因某种原因而不得不退出特许经营时,基于保障人权的需要不得完全交由市场运作,必须有政府主体的积极介入,由此引发的法律关系亦属于行政法律关系,应受行政法调整。

第二章

公用事业政府规制的缘由、目标与革新

20 世纪 70 年代中后期,给付行政的极度扩张和官僚机构的日益膨胀导致国家财政难以负重,人们“没有看到福利权保护我们防止政府的侵犯,相反只看到福利权使人们依赖于政府,因此它以两种方式腐蚀了‘真正的自由’:通过不公平地征用富人的私有资产以及轻率地减弱穷人的自给自足能力”[1]。这一时期,约翰·梅纳德·凯恩斯(John Maynard Keynes)和全能政府遭到质疑,利用市场竞争机制实现对资源的优化配置再显活力,私人部门参与公共服务的提供成为公共治理

---

〔1〕 [美]史蒂芬·霍尔姆斯、[美]凯斯·R. 桑斯坦:《权利的成本——为什么自由依赖于税》,毕竞悦译,北京大学出版社 2004 年版,第 24 页。

领域改革的潮流。通说认为,这一改革的特征"并不在于国家从既有任务的全面退却,国家只是不再亲自执行,而是转将执行任务委诸私人,自己则从执行者转换成规制者或担保者的角色"[1]。本章将首先界定公用事业规制的概念及范围,并在此基础上探讨公用事业政府规制的理论基础和公益目标,同时重点梳理了美国公用事业市场化改革过程的规制革新概况,并总结评析我国公用事业市场化改革的政府规制现状。

第一节 如何理解公用事业规制

公用事业规制的本质是国家公权力对经济自由发展的介入。国家公权力应当介入经济发展的主张可以追溯至15~18世纪的欧洲重商主义。根据既有研究,重商主义者认为,一切经济活动都是为了获取财富,要使国家通过经济活动变得富强,政府必须对经济生活施加干预,不仅要对外禁止金银输出,提高关税和发展殖民地贸易,而且对内要通过政府对农业、商业和制造业施加规制等手段增加金银输入。1776年,亚当·斯密(Adim Smith)在其著名的《国富论》一书中全面抨击了重商主义思想,提倡自由贸易,主张以"看不见的市场之手"来主导经济活动,从而实现资源的最佳配置。[2] 现代意义上的规制则是在资本主义步入垄断阶段之后才正式产生的,它"最初不是根据什么理论或计划提出的,而是由于

---

[1] 许宗力:《论行政任务的民营化》,载翁岳生教授祝寿论文集编辑委员会编辑:《当代公法新论(翁岳生教授七秩诞辰祝寿论文集)》(中),台北,元照出版有限公司2002年版,第610页。

[2] 参见[英]亚当·斯密:《国富论》,唐日松等译,华夏出版社2005年版,第310页以下。

实际需要产生的"[1]。换言之,随着垄断程度日益提高,市场自身固有的盲目性、滞后性和外部性等缺陷开始凸显。为纠正市场失灵,西方主流经济学家开始研究和强调政府干预的合理性,企图提高政府规制弥补市场缺陷。但是如何认识公用事业规制,在理论界和实务界都是令人困扰的问题,而且历久弥新。

一、"规制"概念面面观

在我国,"规制"一词在古代汉语中至少曾在三种意义上被使用。"规制"的第一种意义是指国家的规章制度,见于《新唐书·韦述传》:"及萧嵩引述撰定,述始摹周六官领其属,事归于职,规制遂定。"又见于宋范仲淹《再进前所陈十事》:"七曰修武备,为四方无事,京师少备,因循过日,天下可忧,请密定规制,相时而行,以卫宗社,以宁邦国也。"第二种意义是指建筑物的规模形式,见于宋周煇《清波杂志》卷五:"中山府有夕阳楼,辉出疆日,骑马自楼下过,在城之隅,规制甚小。"又见《明史·西域传四·天方》:"城东北有土屋,为拜天之所,规制精巧,柱石皆青石,雕为花文。"在第三种意义上,规制则用来表示器具的规模样式,见于明徐光启《农政全书》卷三三:"夫南簇蚕少,规制狭小,殆若戏技,故获利亦薄。"

与古汉语不同,现代意义上所使用的"规制"一词源自英文"regulation"或者"regulatory constraint"。国内对"regulation"存在规制、监管和管制三种译法,规制主要是学术界的流行用语,而实务部门则更喜欢"监管"一词,同时由于"管制"一词在刑法中具有特定的含义,故而使用的频次也相对较低。本书则在"政府对经济活动施加控制"这一约定俗成的意义上使用规制概念。根据菲利

---

〔1〕 王名扬:《美国行政法》,中国法制出版社1995年版,第173页。

浦·塞尔兹尼克(Philip Selznick)的观点,现代"规制"的核心含义是公权力主体对公众普遍认为重要的活动所进行的持续性、集中性的干预。[1]就此而言,规制作为一种活动,自社会共同体产生伊始便已存在。然而,学术界开始对规制的范围和强度展开持久且广泛的讨论则始于20世纪六七十年代,即桑斯坦所谓的"规制国"时代。规制的使用范围之广,不同领域、不同学科对规制理解差别之大,使"给规制下定义无论如何都不是一件轻而易举的事情"[2]。

从学术界目前的讨论看,尤以政治学、经济学和法学这三个学科领域对规制的讨论最为深刻和广泛。由于关注的重点不同,这三个学科对规制的理解也各有差异,美国经济学家丹尼尔·F. 史普博总结道:"经济学文献关注的是对特殊产业或一群产业的规制。法学文献研究执法、市场规则和行政程序。政治科学的文献则把焦点放在政策形成和执行的政治及行政作用方面。"[3]

(一)政治学中的规制

有学者认为,规制"基本上是一个政治经济学词汇"[4],是"政府企图控制公民、团体或影子政府(sub - government)的一切努力","是政治家寻求政治目的的有关过程"[5]。根据史普博的总结,政治科学文献强调规制政策的政治与行政内容,公众通过游说

---

[1] See Philip Selznick, *Focusing Organizational Research on Regulation*, in Roger G. Noll ed., Regulatory Policy and the Social Sciences, University of California Press, 1985, p. 363.

[2] Tony Prosser, *Law and the Regulators*, Clarendon Press, 1997, p. 4.

[3] [美]丹尼尔·F. 史普博:《管制与市场》,余晖等译,上海三联书店、上海人民出版社1999年版,第27页。

[4] [英]安东尼·奥格斯:《规制——法律形式与经济学理论》,骆梅英译,中国人民大学出版社2008年版,第1页。

[5] Kenneth J. Meier, *Regulation: Politics, Bureaucracy, and Economics*, St. Martin's Press, 1985, p. 1, 8.

来影响国会的决策从而达到参与规制的目的,国会则建立规制机构对公众的行为予以监督。在此过程中,一些利益集团则通过"俘获"规制机构参与到政策实施过程的每一个阶段。[1] 因此,有学者无不担忧地指出,"规制明显被私人频繁地用来服务于自身的利益"[2]。政治科学文献的研究颠覆了长期以来被奉为正统的规制的公共利益理论,建立了政府规制的"俘获理论"。

在巴里·M. 米特尼克(Barry M. Mitnick)看来,规制可以区分为应然意义的规制和实然意义的规制。应然层面的"规制是针对私人行为的公共行政政策,与基于公共利益而制定的规则有关"[3];在实然层面,政府实施具体规制的政策结果则并不一定是公共利益和公共需求的真实反映。米特尼克认为,集团冲突会对规制政策产生影响,"为控制获取政策制定的资源和地位而斗争"是集团冲突的特征之一,而"集团冲突的结果也可能被称为公共利益"。[4] 根据米特尼克的观点,任何规制政策都是规制者在相互冲突的利益之间作出权衡的结果,而权衡的过程不可避免地受到利益集团游说的影响。因此,公共利益在通常情况下不过是规制者用来支撑规制合理性的一种托词,最终促进的并非社会福利,而是特殊行业或者特殊团体的利益,其实质是规制者被利益集团俘获。

---

[1] [美]丹尼尔·F. 史普博:《管制与市场》,余晖等译,上海三联书店、上海人民出版社1999年版,第36~39页。

[2] Barry M. Mitnick, *The Political Economy of Regulation: Creating, Designing, and Removing Regulatory Forms*, Columbia University Press, 1980, p. 281.

[3] Barry M. Mitnick, *The Political Economy of Regulation: Creating, Designing, and Removing Regulatory Forms*, Columbia University Press, 1980, p. 7.

[4] Barry M. Mitnick, *The Political Economy of Regulation: Creating, Designing, and Removing Regulatory Forms*, Columbia University Press, 1980, p. 271.

(二)经济学中的规制

经济学对规制理论的研究曾以公用事业规制为焦点,自然垄断理论的发展则直接反映了经济学界对公用事业规制必要性的认识。所谓自然垄断,是指没有任何人为因素、纯粹因产业发展的天然需要而形成的垄断。若某一产业由一家企业经营的成本明显小于由多家企业经营的总成本,则该产业就构成自然垄断产业。电力、天然气、自来水供应等公用事业因具有投资大、涉及面广、沉淀成本高以及规模经济效益等特性,通常被认为是典型的自然垄断产业。根据自然垄断理论,如果政府放任公用事业自由发展而不施加规制,公用事业的投资者和经营者"将会进行垄断式定价和生产,该企业的价格—产量决策将由仅仅受限于商品市场需求的利润最大化行为所决定"[1],其结果必然是公用事业产品和服务质量下滑,导致消费者权益受损。

就定义而言,经济学领域的规制主要是指政府对市场经济的宏观调控和直接干预,是"行政机构制定并执行的直接干预市场配置机制或者间接改变企业和消费者的供求决策的一般性法规和特殊行为"[2]。关于规制的本质或目的,有经济学家指出,"(公用事业)规制的实质是政府命令对竞争的明显取代,政府部门通过对进入控制、价格调控、服务条件与质量,以及在合理条件下的普遍服务义务等作出直接规定,企图维护良好的经济绩效"[3]。另有学

---

〔1〕 Harold Demsetz, *Why Regulate Utilities?*, Journal of Law and Economics, Vol. 11, No. 1, 1968, p. 56.

〔2〕 [美]丹尼尔·F. 史普博:《管制与市场》,余晖等译,上海三联书店、上海人民出版社 1999 年版,第 45 页。

〔3〕 Alfred Edward Kahn, *The Economics of Regulation: Principles and Institutions*, MIT Press, 1988, p. 7.

者则认为,由于国家权力对社会任何产业都是一种潜在的资源或者威胁,规制其实是国家利用强制性权力选择性地帮助或者伤害某种产业群体。因此,规制经济学的主要任务就是解释规制的受益主体或者受害主体分别是谁,政府应采取何种形式的规制以及政府规制对资源配置将产生何种影响。[1] 因是之故,“政府的核心资源就是强制的权力,而规制就是政府以限制经济主体的决策为目的对这种强制权加以使用”[2]。史普博认为,政府规制市场的手段分为三种类型:第一,通过价格规制、产权规制和合同规制等直接干预市场资源配置;第二,通过制定影响消费者选择的政策以影响市场供需;第三,通过税收和财政补贴等政策干扰企业决策从而影响市场供需。[3]

就研究目的而言,以 20 世纪 80 年代为分界,经济学家对“规制”的研究大致划分为两个阶段,并形成两种不同的理论。20 世纪 80 年代以前,研究规制的目的在于“维护良好的经济绩效”[4],20 世纪 80 年代以后,研究规制的目的则更多地转向如何保护公共利益,规制“指的是政府为控制企业的价格、销售和生产决策而采取的各种行动,政府公开宣布这些行动是要努力制止不充分重视‘公

---

〔1〕 See George J. Stigler, *The Theory of Economic Regulation*, The Bell Journal of Economics and Management Science, Vol. 2, No. 1, 1971, p. 3 – 21.

〔2〕 W. Kip Viscusi, Joseph Emmett Harrington & John Mitcham Vernon, *Economics of Regulation and Antitrust* (3rd ed.), MIT Press, 2005, p. 297.

〔3〕 参见[美]丹尼尔·F. 史普博:《管制与市场》,余晖等译,上海三联书店、上海人民出版社 1999 年版,第 44 页。

〔4〕 Alfred Edward Kahn, *The Economics of Regulation: Principles and Institutions*, MIT Press, 1988, p. 7.

共利益’的私人决策”[1]。

（三）法学研究中的规制

规制在行政法中的地位举足轻重，国家和私人之间的许多交往，都是通过规制得以实现的。[2] 因此，法学领域尤其是行政法学领域对规制的研究不容忽视。根据《布莱克法律大辞典》，“regulation”通常在三种意义上被使用：“①依照规则或者命令进行管理的行为或者过程；②社团的内部章程；③通常情形下，由行政机关发布的具有法律执行力的规则或者命令。”[3] 法学领域对规制的定义与经济学的界定并无本质不同，代表性的观点认为规制是“规制主体的判断对商业或市场判断的决然取代”，“产业规制仅仅是众多私人经济力量的法律控制中的一种形式”[4]。依照规制主体范围的不同，法学文献中对规制的内涵存在广义和狭义两种理解。

广义的观点认为，“规制不限于‘命令—控制’，也不反对市场，但是为形成和维护市场，规制经常是必要的；规制不一定由政府当局进行，也可以采取私人秩序的形式，公共规制和自我规制之间没有明显区别”[5]。根据这一定义，规制的主体较为广泛，包括：(1)社会公共机构，其中包括国家立法机关、行政机关和司法机关，

---

〔1〕［英］约翰·伊特韦尔、［美］默里·米尔盖特、［美］彼得·纽曼编：《新帕尔格雷夫经济学大辞典》（第4卷），陈岱孙主编译，经济科学出版社1992年版，第129页。

〔2〕See Carol Harlow & Richard Rawlings, *Law and Administration*, Cambridge University Press, 2009, p. 233.

〔3〕Bryan A. Garner, *Black's Law Dictionary* (9th ed.), West Publishing Co., p. 1398.

〔4〕Ernest Gellhorn & Richard J. Pierce, Jr., *Regulated Industries in A Nutshell*, West Publishing Co., 1982, p. 7 – 8.

〔5〕Laura Macgregor, Tony Prosser & Charlotte Villiers, *Regulation and Market Beyond* 2000, Dartmouth and Ash gate, p. 348 – 349.

甚至包括国际组织；(2)行业自律组织；(3)私人，如企业自我规制机构等。[1] 相应地，规制的依据既包括国家制定法，也包括社会规范和企业内部规章制度等。

相对而言，美国管理和预算办公室对规制的定义较为狭义，即“规制是指政府行政机构根据法律制定并执行的规章和行为，这些规章是涉及个人企业和其他组织能做什么和不能做什么的标准或者命令。规制以解决市场失灵、维持市场经济秩序、促进市场竞争和扩大公共福利为目标”[2]。根据这一定义，规制是行政机关的专有权力，规制的依据也只能是行政机关依据法律制定的规章、命令或者标准。这一定义与英国学者安东尼·奥格斯(Anthony I. Ogus)对规制的理解如出一辙，即规制是“国家寻求指导或者鼓励那些如果没有国家干预就不会发生的经济活动，其目标是纠正市场失灵以满足集体或者公众的利益”[3]。

二、公用事业规制：内涵和类型

尽管政治学、经济学和法学研究等不同学科对规制的理解各不相同，“这一词语本身的含义是如此之广泛，以至于只有将其置于特定的使用环境之中方可准确理解”[4]，但是学者们都强调了两个共同的基本要素：作为规制主体的政府和作为规制目标的公

---

〔1〕 参见马英娟：《监管的语义辨析》，载《法学杂志》2005 年第 5 期。

〔2〕 OMB and OIRA, *The Regulatory Plan and the Unified Agenda of Federal Regulations*, Government Printing Office, 2001.

〔3〕 [英]安东尼·奥格斯：《规制：法律形式与经济学理论》，骆梅英译，中国人民大学出版社 2008 年版，第 2 页。

〔4〕 Philip Selznick, *Focusing Organizational Research on Regulation*, in Roger G. Noll ed., Regulatory Policy and the Social Sciences, University of California Press, 1985, p. 363.

共利益。公用事业规制亦离不开这两个要素,正如有学者所说,政府对公用事业进行规制的主要目的在于确保持续有效的市场竞争,并通过规制设计保护消费者的利益。[1] 基于这种认识,宜将公用事业规制界定为政府以公共利益和社会公平为目标而对公用事业活动采取的规范和治理行为。与此同时,仍应注意到,"从相对成熟的市场经济国家的发展经验看,但凡市场化程度越高,社会自治能力便越强,行业自律组织和企业自我规制在整个市场规制体系中便占据着愈发重要的地位"[2]。因此,公用事业规制的主体无疑是多元的,政府规制只不过是众多规制中最为关键的一环,与其他主体的规制至少存在以下三点区别:"第一,(政府)规制包含了一个更高主体的控制这一理论,它具有指导的功能。为了达到预想的后果,私人受制于一个更高的主体——国家——并被要求按照特定的方式行为,如果违反规则,则以惩罚为后盾。第二,国家及其代理机构运用的主要工具是公法,实施已不能通过私主体间的私合同来达到。第三,因为国家在法律的形成和实施中扮演了最基本的角色,因此,该法律体系(规制)是'集中化'的。"[3]

对于公用事业规制的类型,学者们也是见仁见智。这一方面是因为规制的对象和范围变幻不定;另一方面则是因为"将政府的规制行为与政府活动的全部领域予以区分是极为困难的"[4]。日

---

〔1〕 See N. Douglas Lewis, *Law and Governance: The Old Meet the New*, Cavendish Publishing Limited, 2001, p. 149.

〔2〕 李嘉娜:《市政公用事业监管的行政法研究》,中国政法大学出版社 2012 年版,第 12 页。

〔3〕 [英]安东尼·奥格斯:《规制——法律形式与经济学理论》,骆梅英译,中国人民大学出版社 2008 年版,第 2 页。

〔4〕 Stephen G. Breyer, *Regulation and its Reform*, Harvard University Press, 1982, p. 7.

本微观经济学家植草益(Masu Uekusa,うえくさ ます)将公用事业规制区分为经济性规制和社会性规制两种类型,其中经济性规制是传统的规制形式,是指在自然垄断和存在信息偏差的领域,政府用法律权限,通过许可和认可等行政手段,对企业的进入和退出、价格、服务的数量和质量、投资、财务会计等有关行为加以规制,旨在防止发生资源配置低效和确保利用者的公平利用。较之于经济性规制,社会性规制起步较晚,是政府以保障劳动者和消费者的安全、健康、卫生以及环境保护、防止灾害为目的而从事的禁止、限制特定行为的活动,主要表现为对物品和服务的质量以及伴随着提供它们而产生的各种活动制定一定标准。[1]

美国学者弗洛伦斯 · A. 赫福朗(Florence A. Heffron)则将规制区分为经济性规制、社会性规制和辅助性规制。经济性规制的对象主要是费率、价格、质量、数量等市场竞争行为;社会性规制则要求产品和服务不存在侵害健康的副作用以及生产过程本身不会危及社会安全。此外,与执行各类社会福利计划有关的规制措施如社会保险、公费医疗、药品供应等福利计划则被称为辅助性规制。[2]

英国学者托尼 · 普洛斯(Tony Prosser)认为,规制涉及三种截然不同的任务:一是对垄断的规制。即通过对价格和服务质量进行控制以效法市场力量的作用;二是对竞争的规制,即为竞争创造条件并实施该条件以确保竞争;三是社会规制,其基本原理与公共

---

〔1〕 参见[日]植草益:《微观规制经济学》,朱绍文等译,中国发展出版社1992年版,第27页、第22页。

〔2〕 See Florence A. Heffron, *The Administrative Regulatory Process*, Longman, 1983, p. 349 – 358.

服务的观念相连,以普遍服务的提供和某些领域的环境规制为代表。[1]

经济合作与发展组织(Organization for Economic Co-operation and Development,OECD)在1997年的规制报告中也将规制区分为三类:第一,旨在干预价格、市场准入、市场竞争和市场退出等企业决策的经济性规制,其目的在于为竞争及创新减少障碍(其惯用手段是放松规制和采取激励性规制)和改善市场机制及宏观调控机制,从而提高经济效率;第二,以保护居民健康、社会和环境安全为目标的社会性规制,它对经济的影响是次要的甚至是预期以外的,但却是不可小觑的;第三,行政性规制则指政府通过文件资料和行政手续——所谓"红头文件",收集信息并干预私人的经济决策。[2]

综合上述观点可知,赫福朗所称的辅助性规制就其内容和手段而言,在本质上都可归为社会性规制,而经合组织提出的行政性规制在手段和目标上既可以是社会性规制,也可以是经济性规制,只是所采取的方式有所差异;而普洛斯提出的对垄断的规制和对竞争的规制本质上属于经济性规制的内容。就公用事业规制而言,经济性规制和社会性规制并不是在任何时候都是截然分开的。例如,对公用事业普遍服务义务的要求就涵盖了两种类型的规制要素。由于社会性规制以维护公众健康和安全为主要目的,因而更加容易获得立法机关、行政机关和媒体、公众的认同。所以,须谨慎的是,如何有效地防止行政机关以社会性规制为名行经济性

---

〔1〕 See Tony Prosser, *Law and the Regulators*, Clarendon Press, 1997, p. 5 – 6.

〔2〕 See OECD, *The OECD Report on Regulatory Reform*: *Synthesis*, Organization for Economic Co-operation and Development, Paris, 1997, p. 6, BOX 1.

规制之实，从而对私人主体的经济自由造成不当侵害。[1]

第二节　政府缘何规制：从生存照顾到辅助性原则

"国家所承担的公共任务的范围及其实现手段，往往因时代变迁以及各国宪法构造的变迁而变化。"[2]在19世纪自由主义国家时期，行政法学诞生的核心任务就是如何通过限制行政权来保障国民自由、财产免受政府侵害。那时，干预行政或曰侵害行政构成了行政法学研究的核心概念，并主张行政权应受到立法和司法的严格控制，奉行"管得最少的政府就是最好的政府"这一理念。以英国为例，在19世纪，"除了邮局和警察以外，一名具有守法意识的英国人可以度过他的一生却几乎没有意识到政府的存在"[3]。随着资本主义的发展，在进入20世纪以后行政权彰显出扩张的趋势，资本主义在经历大萧条以后，受凯恩斯主义影响，为解决民生凋敝、经济衰败等社会问题，"国家对公民从摇篮到坟墓都予以监督，保护他们的生存环境，在不同的时期教育他们，为他们提供就业、培训、住房、医疗机构、养老金"[4]。这一时期，公共服务的概念逐渐取代了主权的概念，成为国家的基础，也成为公法的基础。由于公用事业的组织和运营成本高昂，而政府又掌握巨额财富，因

---

〔1〕参见[日]植草益：《微观规制经济学》，朱绍文等译，中国发展出版社1992年版，第31页。

〔2〕杨建顺：《论给付行政的法原理和实现手段》，载杨建顺主编：《比较行政法——给付行政的法原理及实证性研究》，中国人民大学出版社2008年版，第5页。

〔3〕Sir William Wade, *Administrative Law*, Oxford University Press, 1989, p. 3.

〔4〕Sir William Wade, *Administrative Law*, Oxford University Press, 1989, p. 3 – 4.

此国家职能理所当然地扩张至这一领域。[1] 甚至"许多国家的宪法将公共部门兴办公用事业的优先权视为神圣不可侵犯,只有较少的国家对公用事业实行私人运营"[2],以此拓宽行政的疆域。

然而,给付行政也是把"双刃剑"。与政府职能扩张至"对公民从摇篮到坟墓都要予以监督"相伴而至的是行政机构的膨胀和公职人员的增加,从而导致政府支出高昂的财政成本以供养公职人员,而非用于履行公共职能及发展社会经济,公共服务的效率和质量都不负众望。[3] 20 世纪 70 年代中后期,凯恩斯主义主张的"大政府"概念受到质疑,市场竞争机制的有效性再次被重视,私人主体参与提供公共服务成为公共治理领域改革的潮流,公私合作则是这一潮流的产物。在公私合作关系中,政府不再向社会直接提供公用事业产品和服务,而是将这一任务转移至私人主体,政府则基于公用事业的公共性对私人提供公用事业产品和服务的行为给予必要的监督,以保障公共利益不受损害。在此情形,"国家理念从往昔之'给付国家'变迁到'保障国家'。影响所及,国家对人民的生存照顾所担负之主要责任,亦从给付责任转变为保障责任"[4]。担保行政作为传统给付行政模式的替代机制,应运而生。

---

〔1〕 [法]莱昂·狄骥:《公法的变迁》,郑戈译,中国法制出版社 2010 年版,第 7 页、第 33 页、第 48 页。

〔2〕 联合国国际贸易法委员会:《私人融资基础设施项目法律指南》,联合国 2001 年,第 1 页。转引自余晖、秦虹主编:《公私合作制的中国试验》,上海人民出版社 2005 年版,第 41 ~ 42 页。

〔3〕 参见姜明安主编:《行政法与行政诉讼法》(第 7 版),北京大学出版社、高等教育出版社 2019 年版,第 11 ~ 12 页。

〔4〕 詹镇荣:《生存照顾》,载詹镇荣:《民营化法与管制革新》,台北,元照出版有限公司 2005 年版,第 279 页。

一、生存照顾理论与给付行政

哈特穆特·毛雷尔(Hartmut Maurer)认为,给付行政的概念具有两种含义:“一方面通过为个人提供特定目的的支持(社会救助、助学金),另一方面通过建设公共设施(交通企业、养老院、幼儿园、学校、医院等),保障和改善公民的生活条件。”[1] 作为行政作用的一种形式,给付行政早在18世纪便已存在。例如,J. K. 吕克贝尔(J. K. Küber)在1840年提出国家警察肩负安全和福利两大任务,其中,福利任务主要表现为追求和提高社会成员的身体、感官和思想水平从而促进国民完善,它与国民共同社会的幸福生活有着直接关系。[2] 然而,给付行政理论作为一种独立理论体系之产生则有着深刻的社会历史背景。1929年,资本主义世界爆发了一场旷日持久的经济危机,在凯恩斯主义的影响下,各国政府开始对经济发展实行全面干预。当时的德国正处于“一战”战败的阴影和大萧条的双重夹缝之中,民生凋敝,经济衰败,人民极度渴望一位卡里斯玛式英雄的出现,并在其带领下走出困境,恢复德意志民族往昔的荣耀。所谓“时势造英雄”,阿道夫·希特勒(Adolf Hitler)于1933年成为德国总理,开始推行国家社会主义,全方位地干预国家和社会生活。希特勒登台伊始,便推出所谓的“四年计划”,政府通过扩张性财政政策、增大转移支付力度、大力兴建公共设施等手段

---

〔1〕 [德]哈特穆特·毛雷尔:《行政法学总论》,高家伟译,法律出版社2000年版,第8页。

〔2〕 J. L. Küber, öffentliches Recht des Teuschen Buudes, Frankfurt, 1840年,第4版,第381页。转引自[德]米歇尔·施托莱斯:《德国公法史——国家法学说和行政学(1800—1914)》,雷勇译,法律出版社2007年版,第329页。

刺激经济复苏,德国经济奇迹般地得以恢复并迅速发展。[1] 国家社会主义对抵御大萧条、复兴德国取得的极大成功,严重冲击了自由主义国家的法治观。在这种大的历史背景下,德国法学家福斯多夫认为,“每个人都应当自求多福”的时代已经成为过去,“生存照顾乃现代行政之任务”[2]。在1938年发表的《作为给付主体的行政》[3]一文中,福斯多夫以“生存照顾”概念[4]为基础,建构出较为系统化的现代“给付行政理论”。根据这一理论,公用事业属于国家的绝对“生存照顾义务”。

(一)生存照顾的国家义务属性

福斯多夫给付行政理论的核心是生存照顾。“给付行政”这一名词的使用,“乃基于确认国家……生活条件。”[5]福斯多夫认为,在自由主义思潮盛行的时期,国家责任仅限于消极地保护国民自由和财产,并不负有满足个人生活需求之义务,因为“个人可以在自己所掌握的生存空间内获得生存保障或者能够顺利获得有效的

---

〔1〕 参见[英]霍布斯鲍姆:《极端的年代:1914—1991》(上),郑明萱译,江苏人民出版社1999年版,第181~191页。

〔2〕 陈新民:《公法学札记》,法律出版社2010年版,第41页。

〔3〕 德文为“Die Verwaltung Als Leistungstager”,在哈特穆特·毛雷尔著的《行政法学总论》中,高家伟教授将其译作《作为给付主体的行政》,参见[德]哈特穆特·毛雷尔:《行政法学总论》,高家伟译,法律出版社2000年版,第11页、第17页。另学者陈新民将其译为《当成服务主体之行政》,参见陈新民:《公法学札记》,法律出版社2010年版,第46~80页;学者詹镇荣将其译为《行政作为给付主体》,参见詹镇荣:《生存照顾》,载詹镇荣:《民营化法与管制革新》,台北,元照出版有限公司2005年版,第275页。

〔4〕 学者陈新民认为,“个人生存所必需而取用已身之外的东西,任何提供这些取用物者即为生存照顾。因此生存照顾是在现代大规模群居生活形态下,个人生活所不可欠缺者”。参见陈新民:《公法学札记》,法律出版社2010年版,第70页。

〔5〕 吴庚:《行政法之理论与实用》(增订八版),中国人民大学出版社2005年版,第14页。

生活必需品”[1],“国家虽然可以管到人民之生活,但是却不过问人民能否生存下去”,“每个人都应当自求多福”[2]。19 世纪中叶以后,情况发生了重大变化,“人口增长造成都市化的生活形态,使得人们赖以生存的空间以及生活资料已非个人所能完全掌握”[3],个人为了获得生存保障,必须依靠社会团体的力量,此时个人生存问题由过去的“自求多福”转为由集体负责。20 世纪以后,情形又有所变化,“国家社会主义把以往靠社会团体之团结来保障个人生存(集体负责),但却绩效不彰之情形,完全扭转过来;并且把个人生存负责的责任交到政治权力拥有者——国家与党——之上”[4]。至此,生存照顾的任务由集体负责彻底转入政治负责,“国家因此而负有广泛照料人民生存照顾的义务,并受这种义务的约束”[5]。

(二)国家“生存照顾”义务之范围

在生存照顾的范围问题上,福斯多夫认为应从“服务关系是双方性”和“个人对此服务关系的依赖性”两方面加以界定。“虽然上述两个条件并不能涵括所有的生存照顾,但却可以掌握部分最具争议性及原则性之理论部分。”[6]“双方性”决定“生存照顾的概念应该与所有国家单方面提供之给付,如提供津贴、救济等所谓‘济助’相区别。这些国家单方面提供之津贴与救济,在本质上从未改

[1] 陈新民:《公法学札记》,法律出版社 2010 年版,第 44 页。
[2] 陈新民:《公法学札记》,法律出版社 2010 年版,第 46 页。
[3] 陈新民:《公法学札记》,法律出版社 2010 年版,第 69 页。
[4] 陈新民:《公法学札记》,法律出版社 2010 年版,第 45 页。
[5] 陈新民:《公法学札记》,法律出版社 2010 年版,第 46 页。
[6] 陈新民:《公法学札记》,法律出版社 2010 年版,第 63 页。

变过”。[1] 至于何谓依赖性,尽管福斯多夫并没有具体阐明,但是人们不得不承认,基于“生存照顾”概念建立起来的给付行政所涵盖的范围十分广泛,“包括作为健康生活之基础的电、瓦斯、上下自来水、废弃物(垃圾)处理等设施整备;作为文化生活之基础的学校、公民馆、图书馆、公共礼堂、电话、邮政、电视、广播等设施整备;作为经济活动之基础的道路、铁路、港湾等的设施整备;登记、票据、支票等交易的安全保护整备;作为安全的生活之基础的治山、治水事业乃至劳动,由农林水产部门等实施的保安监督整备等”在内的“具有社会性基础构造的整备行政”都可归于给付行政的范畴。[2] 陈新民教授认为,在福斯多夫的理论体系中,“生存照顾的范围究竟到什么程度方止?可能在各个个案的判断会有不同之答案,但首先至少所有水、电、瓦斯等公用事业应该包括在内”[3]。

(三)国家生存照顾义务之履行方式

在福斯多夫的理论体系中,生存照顾概念存在三个假设前提:“第一,现代人民对于生存上不可或缺之财货与服务的提供,具有特别之依赖性;第二,对于以市场交易方式,是否能够,并且以符合社会期待之方式提供生存必要之给付,具有强烈之不信任感;以及第三,国家应透过自为给付之方式,确保必要之给付得以符合社会期待地获得提供。”[4] 福斯多夫认为,正是由于个人以及社会团体

---

〔1〕 陈新民:《公法学札记》,法律出版社2010年版,第63页。

〔2〕 参见杨建顺:《论给付行政的法原理和实现手段》,载杨建顺主编:《比较行政法——给付行政的法原理及实证性研究》,中国人民大学出版社2008年版,第6页。

〔3〕 陈新民:《公法学札记》,法律出版社2010年版,第63页。

〔4〕 詹镇荣:《生存照顾》,载詹镇荣:《民营化法与管制革新》,台北,元照出版有限公司2005年版,第276页。

在承担生存照顾义务方面力所不及，人民的生存照顾义务最后才交到政治权力的拥有者手中。所以，除国家以外，任何私人或社会团体都不足以有效履行人民的“生存照顾”义务。“国家对于生存照顾之提供，责无旁贷；再加上科技之发展，公用事业规模亦远非个人能力所堪建立及维持，因此基本上宜由国家承担之。国家虽得由乡镇自治团体承担部分之义务，唯国家仍须作整体之规划及监督。”[1]国家自为给付之方式总体上可以划分为由公共设施或公共营造物提供之给付和公企业提供之给付两种方式。前者是指国家通过建造包括公路、铁路、桥梁、港埠码头、堤防、下水道、车站、机场、自来水厂、煤气供应站等供公众使用的设施以为公民的社会生活提供便利；后者则是国家通过兴办并经营以实现公共利益为目的的企业，并由该企业向国民提供社会生活不可或缺的水、热、气、电等服务或者产品。

二、生存照顾理论之批判与辅助性理论之产生

在德国，国家社会主义运动在20世纪二三十年代日益高涨，“随风而逝的不只是和平、社会的安定和经济体系；甚至连作为19世纪自由资本主义社会基石的政治制度和价值观也日暮途穷”[2]。当时，包括大哲学家马丁·海德格尔(Martin Heidegger)、法学家卡尔·施密特(Karl Schmitt)以及福斯多夫在内的很多学者都成为国家社会主义的倡导者。[3] 施密特提出了“总体国家”的

---

[1] 陈新民：《公法学札记》，法律出版社2010年版，第71~72页。

[2] [英]霍布斯鲍姆：《极端的年代：1914—1991》(上)，郑明萱译，江苏人民出版社1999年版，第155页。

[3] 参见吴庚：《政法理论与法学方法》，中国人民大学出版社2007年版，第161~162页。

命题,认为18世纪是"绝对主义国家",19世纪是"不干涉的自由主义国家",而20世纪则是"总体国家"的时代。"总体国家"的特点在于:个体自由被极度压制,权力高度集中于国家社会主义党及其领袖,个体成为政治实体任意处置的工具。[1] 在"总体国家"逻辑下提出的给付行政理论要求行政权力为追求公共福祉而应当积极作为,同时也为政府权力不当行使而侵害公民权利埋下隐患。有学者因此认为,"从某种程度上可以这样说,给付行政理论自其产生伊始,便染有强烈的反民主色彩"[2]。

(一)生存照顾理论之批判

在福斯多夫看来,"人民总是先求能够生存,以后才会要求享有自由、秩序与福祉"[3]。因此,对国民进行"生存照顾"是现代国家存在的首要目的,如果某种权力能够达成这一目的,那么这种权力便具备了实质正当性,至于是否具备形式上的合法性则已经不再重要了。[4] 然而,不容忽视的事实是,"在总体国家下,'生存照顾'的具体事项实际上是由政府公权力部门所颁布的行政措施来确定,最终取决于领袖的意志来决定恩赐的多少"[5]。这意味着行政权力将缺乏必要的约束,如果行政权力不择手段地履行"生

[1] 参见吴庚:《政法理论与法学方法》,中国人民大学出版社2007年版,第239~240页。

[2] 张步峰:《福尔斯托霍夫给付行政理论的反民主倾向及其批判》,载杨建顺主编:《比较行政法——给付行政的法原理及实证性研究》,中国人民大学出版社2008年版,第103页。

[3] 陈新民:《公法学札记》,法律出版社2010年版,第46页。

[4] 参见吴庚:《政法理论与法学方法》,中国人民大学出版社2007年版,第234~235页。

[5] 张步峰:《福尔斯托霍夫给付行政理论的反民主倾向及其批判》,载杨建顺主编:《比较行政法——给付行政的法原理及实证性研究》,中国人民大学出版社2008年版,第110页。

存照顾”义务，其必然会对民主、自由和人权造成极大的威胁。因为“建立一个公正而有效的政府，是市民社会的所有条件中，对自由最具根本性的条件，即如果每个人所置身于其间的政府强大到了足以保护他的地步，那么人们就可以确当地说他是自由的，而与此同时，这个政府还须受到充分的约束与限制，以防止它对这种权力的滥用”[1]。显然，权力不受约束与限制的政府对于保障公民的自由而言，非但不是公正而有效的政府，而且还会严重损害现代国家政治权威的正当性基础。“即便政治权威通过给付行政成功改善国民的福利，仍然需要通过民主来确认其统治的正当性和合法性，改善国民福利本身并不能为政治权威提供正当性基础。”[2]此外，在给付行政模式之下，公民“从摇篮到坟墓”都由政治权力予以保障，国家无微不至的照顾使公民长期处于“衣来伸手，饭来张口”的生活状态，并养成了依赖和懒惰的品质。国民的懒惰反过来又会影响到国家的发展，缺乏竞争精神和创造能力的民族注定要走向衰败。

（二）辅助性理论的提出及其内涵

“二战”之后，纳粹覆灭，经济复苏，福斯多夫原先认可应由政治权力对社会生活负全部责任的观念已不合时宜。有学者认为，“行政并非仅系国家实践法律与行政目的的手段，还应作为国家福

---

〔1〕［英］弗里德利希·冯·哈耶克：《法律、立法与自由》（第1卷），邓正来等译，中国大百科全书出版社2000年版，第82～83页。

〔2〕张步峰：《福尔斯托霍夫给付行政理论的反民主倾向及其批判》，载杨建顺主编：《比较行政法——给付行政的法原理及实证性研究》，中国人民大学出版社2008年版，第104～111页。

利目的之工具,来满足社会正义之需求”。[1] 自20世纪中叶始,德国学者开始对生存照顾理论进行反思。福斯多夫在1959年指出,“现代的社会和30年代的社会在本质上已有极大的差异。除了在国家陷入战争及灾难的非常时期外,在承平时期,应由社会之力来解决其成员的生存照顾之问题,而非依赖于国家及行政的力量”[2],“生存照顾是当社会不能凭己力维持稳定时,国家才扮演的一种‘国家补充功能’”[3],并在此基础上提出了“辅助性理论”。该理论在20世纪70年代初得到德国宪法学者汉斯·彼得斯的极力倡导,指出“实现公共利益是国家责无旁贷的绝对任务。但是,这种国家追求、实现公益的行为,必须在社会的个人,凭自己的努力,都无法获得利益,也因此使公益无法获得时,方得为之,故是一种次要的补助性质的辅助行为”[4]。学者詹镇荣指出,“辅助性原则揭示了社会及国家应立于补充与协助个人之地位,并且即使是归属于国家之任务,亦应尽可能将其优先交由较低层级之组织机构执行。换言之,辅助性原则揭示了个人或小单元在整体社会、国家结构中,具有行为优先权”[5]。据此,辅助性原则可以拆解为消极与积极两个面向:在消极层面上,它要求当个人能够自我负责、实现有

---

[1] 引自彼德·巴杜拉(Peter Badura)的一篇讨论行政法思想的论文。刊载于德国杜宾根MOHR出版社1966年出版的《法与国家》(Recht und Statt)丛书第328号。转引自陈新民:《公法学札记》,法律出版社2010年版,第81页。

[2] Rechtsfagen der leistenden Verwaltung, 1959, W. Kohlhammer Verlag Stuttgart, S. 12, 13. 转引自陈新民:《公法学札记》,法律出版社2010年版,第75页。

[3] Rechtsfagen der leistenden Verwaltung, 1959, W. Kohlhammer Verlag Stuttgart, S. 12, 13. 转引自陈新民:《公法学札记》,法律出版社2010年版,第76页。

[4] H. Peters, in: Peters/Heydte/Ridder/Bindschedler, Art. Staat, Staat-slexikon, 1962, SS. 532/533; H. P. Bull, aaO. S. 29. 转引自陈新民:《德国公法学基础理论》,山东人民出版社2001年版,第189页。

[5] 詹镇荣:《民营化法与管制革新》,台北,元照出版有限公司2005年版,第285页。

效的自我管理时,政府不得随意加以干涉;在积极层面上,它意味着当个人无法自我满足生存生活需要时,政府不得坐视不管,而应积极地担负起保障公民生产生活的责任。

(三)辅助性理论对生存照顾理论的修正

辅助性理论的提出,极大地改变了福斯多夫的生存照顾概念:一则是生存照顾已非主动性,而是被动性的概念,所以才有“补充性功能”的见解产生;二则是生存照顾亦非行政权力的独揽任务,福斯多夫舍“行政补充功能”不用,而用国家补充功能,即可看出其中行政权力在生存照顾义务中的比重下降。[1] 辅助性原则至少在以下两个方面对生存照顾理论进行了修正。

一方面,国家生存照顾义务之履行由主动转为被动。根据生存照顾理论,积极主动地向个人提供维持生存和发展所必需的公共物品是国家应负之义务,既不以个人请求为前提条件,也毋庸考虑个人是否有能力自负其责。这无疑将增加国家负担,而且会助长个人懒惰以及削弱个人谋求生存发展的能动性和创造性。辅助性原则将保障个人生存和发展界定为“国家补充功能”,意味着凡是个人有能力自负其责的事项,国家就无须加以干预;只有在个人穷尽了一切手段仍不足以实现自己的权利时,政府方可出场。此时,政府施以援助的行动是被动的,其行为构成国家作用对个人能力不足的补充,彰显了国家作用的不可替代性。这种不可替代性表现为,即使私人能够在通常情况下自行满足生存发展之需求,国家仍需时刻守在私人身边,以备不时之需。

另一方面,生存照顾义务之主体由单一的国家转为多元的社

[1] 陈新民:《公法学札记》,法律出版社2010年版,第76页。

会主体。生存照顾理论认为,个人以及社会团体在承担生存照顾义务方面的力所不及,使国家成为能有效提供人民"生存照顾"的唯一主体。凡涉及人民衣、食、住、行所不可或缺的事项,都属于国家的政治责任。公用事业更是被作为"生存照顾"的绝对国家任务,禁止社会团体及个人介入。辅助性理论则主张"由个人组成的社会,会因为社会的需要、期待及可为个人带来利益,鼓舞个人全力去满足社会公众的需要,因此,社会本身即可达成社会公益的需求,无须径使国家公益行为的介入"[1]。同时,辅助性理论认识到,"今日在国家社会之间已产生许多调和性的中间团体——如工会、政党——可以调和社会各阶层之利益,进而形成国家政策。所以这些由社会之力而来的、可以解决人民生存照顾之服务,因为非具有公法色彩,故不具本来之生存照顾之特征"。[2] 基于此,如果由私人提供公用事业服务能更加有效地满足社会公众之需求,则国家可以将该义务转移至私人承担,同时就私人提供公用事业之效果予以监督和担保。

三、辅助性理论与公用事业政府规制

辅助性理论被多数研究作为政府规制行政或者担保行政的理论依据之一。所谓规制行政,是指对于那些传统上由政府部门自为给付的公共服务转移至私人主体之后,政府的责任并不因此全面消退,而是要"透过引导、管制,以及监督等各式措施,以确保人民生存所需之相关物资与服务得以如同由自己提供一般"[3]。规

[1] 陈新民:《德国公法学基础理论》,山东人民出版社2001年版,第192页。

[2] 陈新民:《公法学札记》,法律出版社2010年版,第75~76页。

[3] 詹镇荣:《民营化法与管制革新》,台北,元照出版有限公司2005年版,第279页。

制行政“实际上是协调行政和监控行政,是行政任务私有化或者公共任务松动化的相应表现形式”[1]。

具体到公用事业领域而言,自20世纪70年代后期开始,在国家财政日益入不敷出和行政效率普遍低下的情况下,各国财政在提供公用事业服务和产品方面捉襟见肘。为了摆脱财政负担并提高行政效率,以公共行政改革为核心的政府减负运动席卷全球。这场运动将政府部门从那些私人主体能够自负其责和市场竞争机制能够有效解决的事务中抽离出来。在这一大背景下,曾作为国家之绝对生存照顾义务之一的公用事业服务也在各国不同程度地转移给了私人主体。因公用事业关系社会福祉,将直接提供公用事业服务的义务转移给私人主体之后,国家需要对私人提供公用事业的行为承担必要的规制义务,确保私人部门能够在符合公共利益的框架内提供公用事业服务,以维护和促进社会福祉。此为辅助性理论所倡导的“国家补充功能”在公用事业领域的体现。

就“国家补充功能”在公用事业领域的具体内容而言,根据本章第一节之结论,政府对私人提供公用事业服务的规制应包括两个不同面向,即经济性规制和社会性规制。其中,经济性规制作为传统的规制形式,是政府部门对有关私人主体进入或者退出公用事业市场,提供公用事业服务和产品的价格、数量和质量,投资成本和收益回报等行为加以规范,以防止公用事业领域资源配置低效,并确保资源的公平利用;而社会性规制作为新型规制形式,则主要指政府部门在法定职权范围内,对公用事业产品和服务的质量及各类相关的生产经营活动进行整体把控,以确保普遍的公用

---

〔1〕[德]汉斯·J.沃尔夫、[德]奥托·巴霍夫、[德]罗尔夫·施托贝尔:《行政法》(第1卷),高家伟译,商务印书馆2002年版,第32页、第90页。

事业服务，以及保障劳动者和消费者的安全、健康、卫生以及环境保护、防止灾害等。

第三节　政府为何规制：公用事业领域的公共利益

随着公私合作制在公用事业领域的持续推进，"公用事业规制已经成为世界范围内广泛讨论的话题"[1]。在回答"公用事业为什么需要规制"这一问题上，"含蓄一点说，一直到现在，规制的公益理论仍然被法律人奉为正统"[2]。例如，查尔斯·富兰克林·菲利浦斯(Charles F. Phillips)在其1993年出版的《公用事业规制：理论和实践》一书中这样写道："为什么对电力、天然气和水务企业等施加详尽的规制(历史上电信企业也是如此)，而对大型钢铁企业、药品生产企业和汽车制造商等免予相应规制？原因很明显，这些产业是'影响公共利益'并'提供基础服务'的。"[3]

一、公用事业规制中的公共利益可以确定吗？

"公共利益"一词属于法学研究领域中典型的不确定法律概念，其意义千变万化，以至于任何时候当我们"试图解开隐藏其表面背后的秘密时，……往往会深感迷惑"[4]。因此，有学者认为

---

〔1〕 Tony Prosser, *Theorising Utility Regulation*, Modern Law Review, Vol. 62, March 1999, p. 196.

〔2〕 [英]安东尼·奥格斯：《规制：法律形式与经济学理论》，骆梅英译，中国人民大学出版社2008年版，第56页。

〔3〕 Charles F. Phillips, Jr., *The Regulation of Public Utilities: Theory and Practice*(3rd ed.), Public Utilities Reports, Inc., 1993, p. 51.

〔4〕 [美]E. 博登海默：《法理学：法律哲学与法律方法》，邓正来译，中国政法大学出版社2004年版，第261页。

"公共利益"这一概念因太过抽象而缺乏任何操作意义,"没有一种方法可以精确地确定在多大范围内分享的利益就是公共利益"[1]。也有学者认为,每个社会成员都有自己的利益偏好,而无数个人偏好不可能集结成共同的偏好,因而以共同偏好为基础的共同利益不可能存在。[2] 也有学者指出,公共利益"不过是谈论它的人所代表的、并被提升为一个社会普遍要求之托词的群体趋向或者要求而已;因此这就真的拆穿了它自己的权利要求的虚伪性。因为如果它真的是社会整体的这么一种普遍的、包罗一切的利益,那么它就应当是一个已经确知的条件,而绝不是称之为社会整体之利益的人所讨论的一个主题……"[3]有学者甚至主张,如果再一味抽象地谈论公共利益不免会造成对个人利益的克制、削减甚至践踏,所以应当放弃存在公共利益的想法。[4] 毋庸置疑,公共利益具有不确定性,且过分注重公共利益的确会在一定程度上对个人利益造成限制,但是我们不能就此否认公共利益存在的客观性和必要性,"似乎没有一个社会能够消除公共利益的理念,因为它植根于人性的共有成分之中"[5]。

何为"人性的共有成分"?根据路德维希·费尔巴哈(Ludwig

---

〔1〕 James E. Anderson, *Public Policymaking*: *An Introduction*, Houghton Mifflin Company, 2003, p. 13.

〔2〕 参见薛冰:《个人偏好与公共利益的形成——兼论阿罗不可能定理》,载《西北大学学报(哲学社会科学版)》2003年第4期。

〔3〕 [美]阿瑟·本特利:《政府的过程》,第220页。转引自[美]詹姆斯·M.布坎南、[美]戈登·塔洛克:《同意的计算——立宪民主的逻辑基础》,陈光金译,中国社会科学出版社2000年版,第12页,注释①。

〔4〕 James E. Anderson, *Public Policymaking*: *An Introduction*, Houghton Mifflin Company, 2003, p. 13.

〔5〕 [美]E.博登海默:《法理学:法律哲学与法律方法》,邓正来译,中国政法大学出版社2004年版,作者致中文版序言第9页。

Feuerbach)的观点,任何人都具有的理性、意志和心等内在于个人的因素决定了人需要精神交往,从而决定了每个人既是独立个体,也隶属于人类共同体。[1] 卡尔·马克思(Karl Marx)在费尔巴哈有关"人的类本质和精神交往需求"的理论基础上进一步指出,人在现实意义上的本质是一切社会关系的总和。[2] 这与亚里士多德(Aristotle)关于"人在本质上是社会性动物"的论断如出一辙。人的社会性决定了个人在社会互动中形成群体并依靠群体生活来满足自身所有的物质需要和大部分的心理需要。[3] 群体生活若能有效运转,必须满足一个重要条件,即群体基于共同的社会生活形成共同秩序和共同表达方式(语言、符号等)以及共同的物质利益。这些条件构成个人在群体生活中的公共需求,而这些公共需求促使人们之间产生公共利益。[4] 因此,公共利益的存在是群体生活有效运转的基础之一,共同体成员的认可并愿意遵从的共同秩序本身就构成一种公共利益。恰如让·雅克·卢梭(Jean – Jacques Rousseau)所言,"如果说个别利益的对立使得社会的建立成为必要,那么就正是这些个别利益的一致才使得社会的建立成为可能。……如果所有这些利益彼此并不具有某些一致之点的话,那么就没有任何社会可以存在了"[5]。在公共利益与个体利益的

[1] 参见[德]路德维希·费尔巴哈:《费尔巴哈哲学著作选集》(下卷),荣震华等译,生活·读书·新知三联书店1962年版,第27~28页。

[2] 参见范振国:《公共利益的法律界定与限制研究》,吉林大学出版社2011年版,第17页。

[3] 参见[古希腊]亚里士多德:《政治学》,吴寿彭译,商务印书馆1965年版,第158页。

[4] 参见贾英健:《公共性视域——马克思哲学的当代阐释》,人民出版社2009年版,第251~252页。

[5] [法]卢梭:《社会契约论》,何兆武译,商务印书馆2003年版,第35页。

区分方面,卢梭提出了公意和众意的概念,认为公意着眼的是公共利益,而众意作为个别意志的总和则着眼于私人利益。[1]类似观点认为,“如果某一决定为促进部分公众的追求而以牺牲更大的公众追求作为代价,那么该决定是服务于特殊利益的;如果它旨在促进整个公众的追求而非部分公众的追求,那么就是服务于公共利益的”[2]。

上述可见,公共利益确有其事,只是它“有一张普洛透斯的脸,变幻无常、随时可呈不同形状并具有极不相同的面貌”[3],从而被认为是典型的不确定法律概念。基于公共利益的这一特点,有学者针对政府规制认为“如果想要列出一张表,能够全面列举作为规制正当化理由的公益目标,可以断定,任何这样的尝试都是徒劳的,因为‘公共利益’的内涵将随着时间、地点及特定社会所追求的具体价值而改变”[4]。然而,“不确定法律概念”同时也意味着其内涵在具体社会环境中可以具体化、特定化。对于公共利益而言亦是如此,若将其置于特定的情境中,则理解起来并不会含混不清。[5] 有学者指出,“任何社会机制中治理的本质都在于形成良性的社会循环系统和社会过程。通过治理使社会角色得到合理分配,社会关系得到合理定位,社会秩序得到正当维护。这些与社会

---

〔1〕 参见[法]卢梭:《社会契约论》,何兆武译,商务印书馆2003年版,第31页。

〔2〕 Martin Meyerson & Edward C. Banfield, *Politics Planning and the Public Interest: The Case of Public Housing in Chicago*, The Free Press, 1955, p. 322.

〔3〕 [美]E. 博登海默:《法理学:法律哲学与法律方法》,邓正来译,中国政法大学出版社2004年版,作者致中文版序言第9页。

〔4〕 [英]安东尼·奥格斯:《规制:法律形式与经济学理论》,骆梅英译,中国人民大学出版社2008年版,第29页。

〔5〕 See Leif Levin, *Self-interest and Public Interest in Western Politics*, Oxford University Press, 1991, p. 23.

相关的元素都属于公共的范畴,都属于公共利益关系"[1]。顺应上述逻辑,公用事业规制所追求的公共利益目标大体可以概括为三个面向。

第一,公用事业规制旨在实现社会福祉的最大化。帕累托改进原则认为,如果经济规制在没有使其他人的福利变坏的情况下,却使至少有一个人的福利得到了改善,就实现了使整个社会受益的目的。功利主义的代表人物杰里米·边沁(Jeremy Bentham)认为,如果某事物被认为能够增大所有人的快乐或者幸福,那么就会增进共同体的快乐或者幸福;反之,如果一项行动能够增大共同体的幸福,那么它就符合功利,因为成员也会因此而受益。[2] 理论上,公用事业规制通过提高公用事业供给效率和公用事业服务质量可以实现本领域的帕累托改进。

第二,公用事业规制通过保护社会弱势群体的利益实现普遍化的公共服务。根据约翰·罗尔斯(John Rawls)提出的"作为公平的正义"理论,政府有时候为了保护特定群体甚至特定个人的利益而采取行政措施,也可视为对公共利益的保护。[3] 在此意义上,公用事业规制通过平均分配社会资源,以确保社会中处于最底层的群体也能够从公私合作制当中适当受益,是保障公共利益的体现。

第三,公用事业规制旨在促进自然资源和环境的可持续发展。

---

〔1〕 关保英:《论行政合作治理中公共利益的维护》,载《政治与法律》2016 年第 8 期。

〔2〕 See Jeremy Bentham, *An Introduction to the Principles of Morals and Legislation*, Printed in Great Britain by J. W. Arrowsmith Ltd, Bristol, 1982, p. 12 - 13.

〔3〕 See John Rawls, *A Theory of Justice*, Harvard University Press, 1972, p. 83.

中国俗语有言“萝卜青菜,各有所爱”,共同体成员在个体需求上千差万别是必然的。但也正如上文所言,人的社会性决定了不同个体在共同社会生活中会产生某些一致的需求与偏好,环境和自然资源的可持续发展属于人类共同体一致的需求和偏好。“可持续发展,就是既要考虑当前发展的需要,又要考虑未来发展的需要,不要以牺牲后代人的利益为代价来满足当代人的利益。”[1]

二、社会整体福利最大化

新古典经济学认为,追求社会福利最大化以提升社会最大多数人的幸福要通过产出—投入的比例最大值方能实现。具体而言,生产效率与社会总福利成正比,生产效率越高,社会总福利就越能够被优化,而促进生产效率的最有效机制就是市场竞争。因为竞争机制强调优胜劣汰,有效的竞争能够激发市场主体的危机意识和奋发昂扬的斗志,通过不断改进生产技术和经营方式、降低生产成本,提高生产效率。因此,竞争长期以来都被经济学视为是促进并保持经济繁荣的最有效举措,充分的竞争能够在最大限度上提高社会生产力,并保证消费者切实地享受到经济发展所带来的种种利益。[2]

当自由竞争遭遇垄断,市场失灵就会出现,必然导致社会整体的利益难以增加甚至减少。因而打破垄断、促进竞争往往成为各国政府提高社会生产效率并优化社会整体经济福利的重要手段。早在1890年,美国联邦政府就通过了世界上第一部全国性反垄断

---

〔1〕 江泽民:《坚定不移地贯彻计划生育的基本国策》,载《江泽民文选》(第1卷),人民出版社2006年版,第518页。

〔2〕 参见[德]路德维希·艾哈德:《来自竞争的繁荣》,祝世康、穆家骥译,商务印书馆1983年版,第11页。

法——《保护贸易和商业不受非法限制与垄断之害法》,[以下简称《谢尔曼法》(Sherman Act)]。根据该法,生产经营者违反正常经营规则而损害其他生产经营者和消费者的权益时,应当接受刑事制裁,以控制经济权力,保护自由竞争。美国联邦最高法院曾判决指出,"谢尔曼法依据的前提是,自由竞争将产生最经济的资源配置,最低的价格,最高的质量和最大的物质进步,同时创造一个有助于维护民主的政治和社会制度的环境"[1]。我国加入 WTO 之后,也担负起积极反垄断的责任,通过制定《反垄断法》等法律以"预防和制止垄断行为,保护市场公平竞争,提高经济运行效率,维护消费者利益和社会公共利益,促进社会主义市场经济健康发展"[2]。

然而,反垄断规制的理论在公用事业领域却往往折戟沉沙。因为对于自然垄断行业而言,适度的生产规模有利于降低社会总成本和总产出的比值,而竞争则导致资源浪费和社会总成本的增加。供水、供电、供热、公共交通等公用事业因网络经济性、初始投资成本和沉淀成本极高等特征而被认为是典型的自然垄断行业。仅以电力行业为例做一说明。电力行业的主要任务是实现电力输送,电力输送则以建设发达的电网为前提,而电网建设工程浩大需要巨额投资。与高昂的投资成本不相称的是,因用电是居民日常生活所需,故而电力行业的利润不宜过高,否则将影响居民的正常生活。除此之外,在电力行业的初始投资恰恰满足全部供应成本的前提下,则电力供应的规模越大,每多生产一单位产品的平均成

〔1〕 段文:《市场中的竞争永远都不会过多》,载《21 世纪经济报道》2003 年 10 月 28 日,第 5 版。

〔2〕 参见《反垄断法》第 1 条。

本就越低。因此,电力行业欲实现低成本——高收益的经济目标,则在特定范围内只建设一套电网对于社会整体最为经济。这意味着,对于那些自然垄断行业而言,人为制造竞争反倒增加社会成本,"对自然垄断行为本身施加法律控制是一个坏主意"[1]。尽管如此,通过法律和行政手段在市场准入和退出、产品定价、产品质量标准等方面施加必要的管控,对于促使自然垄断产业的良性发展、纠正和预防市场失灵仍是必要的。这有助于督促相关市场主体"在竞争的水准下提供商品和服务"[2]且不偏离公共利益,从而通过帕累托改进消减社会福利损失并进而优化整体经济福利。

总体而言,不限制公用事业的垄断性并不等于对公用事业的运营进行放任,恰恰相反,在公用事业领域,"公共规制这只看得见的手替代了亚当·斯密那只看不见的手,以保护消费者免受高昂的费用、产量限制、服务恶化和不平等歧视等"[3],从而在一定程度上纠正无效率或不公正市场运作,有利于促进经济效率、控制垄断利润、改善公用企业内部治理结构、推动科学技术创新,并最终实现社会整体经济福利的帕累托改进。尽管"公共选择"理论和"规制俘获"理论正确地认识到政府官员有可能在对市场进行干预的过程中,因追求部门利益或个人利益而被私人主体俘获,但是这并没有否认政府规制的应然功能。在如何看待政府规制重要性的问题上,毋宁说"公共选择"理论和"规制俘获"保持了一种客观理

---

[1] Cass R. Sunstein, *After the Rights Revolution*: *Reconceiving the Regulatory State*, Harvard University Press, 1993, p. 48.

[2] Cass R. Sunstein, *After the Rights Revolution*: *Reconceiving the Regulatory State*, Harvard University Press, 1993, p. 48.

[3] Charles F. Phillips, Jr., *The Regulation of Public Utilities*: *Theory and Practice*(3rd ed.), Public Utilities Reports, Inc., 1993, p. 3.

性,即承认在市场失灵之外同样存在规制失灵。由此,问题的关键不在于是否需要政府规制,而在于应当如何通过设计有效的法律制度和政治制度避免规制失灵的发生,在真正意义上实现社会整体经济福利的最大化。

三、弱势群体的利益保护

根据罗尔斯提出的“作为公平的正义”理论,对社会弱势群体的利益予以保护在以下两个层面构成公共利益:一方面,公共利益主体的公共性、不特定性与特定主体从中受益是不矛盾的,因为“利益……最后必须像饥饿或发痒那样,落实到个人,为个人所感知。易言之,不存在不能落实为个人利益的国家利益或社会的集体利益”[1]。另一方面,当必须要承认社会和经济资源的不平等分配时,也必须基于这种不平等的结果为每个社会个体尤其是那些最少受惠者予以补偿,唯有保障最少受惠者的最大利益,不平等的制度安排方可被接受,此谓之符合道德伦理的公共利益。[2] 政府自身从公用事业服务供给中抽身而退之后,必须确保那些低消费群体同等地享受到公用事业市场化改革所带来的高效优质的公用事业产品和服务,既要符合社会长期发展的共同目标,也要实现伦理道德要求的公共利益。

与社会整体经济福利的优化侧重关注经济效率的提升不同,政府在公用事业规制中保护弱势群体则是追求以公共服务普遍化为目标的社会公平。在公用事业进行市场化改革以后,公用事业

---

[1] See John Rawls, *A Theory of Justice*, Harvard University Press, 1972, p. 264.

[2] See John Rawls, *A Theory of Justice*, Harvard University Press, 1972, p. 14 - 15.

自身内在的营利性和公共性必然呈现出一定的张力，前者决定了私人主体投资公用事业旨在获得高额的投资回报，后者则决定了公用事业服务必须惠及全体社会成员。当私人主体一味追逐私利而采取“撇奶皮”和不合理定价等营利手段时，将会不可避免地增加消费者的负担，尤其是那些经济能力原本就达不到一般水平的消费者和因不合理价格制度导致支付能力下降的消费者。确保这些低消费能力群体得以合理的价格获得优质的、无歧视的公用事业服务，既是实现公用事业服务普遍化的题中应有之义，也是尊重和保障基本人权的根本要求。

公用事业因其自然垄断性天然地具有“撇奶皮”倾向，这一问题在市场化改革之后尤为突出。安东尼·奥格斯曾这样指出：“我们可能希望在任何时候，无论白天还是黑夜，在任何地点，无论需求量如何，只要一按开关就有电，或者总能叫到一辆急救车能够将我们带到最近的医院。如果没有规制，那么‘撇奶皮’将剥夺特定地区享受此类服务的机会。”[1]不同于国家要对国民承担普遍的生存照顾义务，“对公共服务的承包商来说，他关注的是标底、是利润，而不是对公共产品的广泛的道德关注”[2]。私人主体为追逐盈利最大化，总是选择性地向供应成本最低或者盈利机会最佳的市场区域提供服务，这导致那些人口稀少或者消费能力相对较低的居民区可能无法享有同等质量的服务。对此而言，较为有效的措施就是，政府部门利用其权力地位迫使私人向特许经营权服务区域范围内的所有用户提供同等服务，甚至在必要时应向特许服

---

〔1〕［英］安东尼·奥格斯：《规制：法律形式与经济学理论》，骆梅英译，中国人民大学出版社2008年版，第32～33页。

〔2〕Richard Stillman, *Public Administration*: *Concepts and Cases*, Houghton Mifflin Company, 2004, p. 304.

务区域范围之外的其他用户提供延伸服务，即强制服务机制。

除了“撇奶皮”外，畸高的定价也是各国公用事业市场化改革以后普遍存在的问题之一。各国进行公用事业市场化改革很大一部分目标就是摆脱政府财政压力，所以取消针对公用事业的财政补贴是改革的内容之一。缺少财政补贴的公用事业几乎完全是商品化和货币化的，因此，价格上涨就成为必然，低消费群体获得同等公用事业服务的机会也被严重削弱。骆梅英教授曾研究玻利维亚科恰班巴市(Cochabamba)1999年的水务改革，发现科恰班巴市将供水服务外包后的几个月内水价飞速上涨，社会普遍抱怨垄断造成承包商漫天要价，而承包商则声称是不断增长的运营和输配管网费用导致水价上涨。高水价甚至引发了公众暴力抗议事件，迫使政府最终取消了改革。〔1〕我国水务行业的市场化改革初期也难逃“涨声一片”，据国家统计局城市社会经济调查司的统计，北京市自1988年至2007年曾9次调整自来水价格，每立方米水价由从最初的0.12元上升到2.80元，加上污水处理费用，居民实际支出的每立方米用水费达至3.70元，比1988年上涨28.8倍。〔2〕另有学者研究表明，法国威立雅公司于2005年年底收购昆明自来水公司49%的股权，获得该市特许经营水服务合同后，次年1月昆明市就上调水价，至2007年7月再次上调，到了2009年6月昆明市居民为每吨自来水综合价格又要多支付0.8元。昆明的居民生活用水价格从2005年年底的1.80元飙升到2009年的4.24元，涨幅

〔1〕参见骆梅英：《基于权利保障的公用事业规制》，浙江大学2008年博士学位论文，第6~7页。

〔2〕王晓红：《公用事业产品价格上涨对城镇低收入家庭的影响》，载《中国物价》2007年第9期；价格变动对居民生活影响研究课题组：《公共事业产品价格变动对城镇低收入家庭生活影响的研究》，载《数据》2011年第7期。

约135%,涨价幅度和涨价频率堪称惊人。[1] 为了制止公用事业服务的不合理定价,政府部门通常采取价格调控和行政补贴手段以减轻低消费群体的支付负担。

四、资源环境的可持续发展

公用事业服务转移至私人主体之后,将无法避免私人以牺牲环境安全为代价而牟取个体利润最大化的情形。公共物品消费是非竞争和非排他的,“单独的个人理性行为可能造成集体的或者公共的非理性……如果每个人都根据自己的利益采取行为,有时候就会导致严重的损害”。[2] 这是因为,不仅公共物品的非竞争性容易引发人们对公共物品的过度消费,而且公共物品的非排他性也会导致“搭便车”现象的发生。尽管“谁污染、谁治理”被视为企业应予恪守的金科玉律,但实践中企业往往会考虑到污染治理的高昂成本而逃避其社会责任,将这一成本转嫁给社会整体所承担。

如果说经济活动过程中发生的排污行为是对环境的过度消费,是典型的负外部性问题,则个体在污染治理问题上的沉默就是“搭便车”心理的充分体现。尽管理论上可以通过环境公益诉讼的制度设计迫使污染成本内部化,[3] 但是个人多数情况下不能成为环境公益诉讼的直接受益者,或者在环境公益诉讼中的收益是微乎其微的,因此每个人都会期待他人提起诉讼,而自己从中受益。

---

〔1〕 参见葛昀:《中国城市水务市场化改革反思》,载《绿叶》2009年第12期。

〔2〕 Cass R. Sunstein, *After the Rights Revolution: Reconceiving the Regulatory State*, Harvard University Press, 1993, p. 49.

〔3〕 参见[英]安东尼·奥格斯:《规制——法律形式与经济学理论》,骆梅英译,中国人民大学出版社2008年版,第36页。

环境污染和治理问题上的恶性循环还不可避免地造成加勒特·哈丁(Garrett Hardin)所谓的公地悲剧:"毁灭是所有人的目的地,因为在奉行公地自由的社会中,每个人都追求自身利益最大化,这种自由给所有人带来了毁灭。"[1]凯斯·R. 桑斯坦(Cass R. Suntein)曾一针见血地指出上述难题,他认为:

> 尽管排污活动的社会收益不可与其社会成本同日而语,但这些成本是如此分散且在个体案例中如此微小,以至于市场无法迫使单个的排污者对这些成本予以重视。每一个排污者都将相当理性地从事使得社会整体状况更加恶化的行为。因为个体寻求救济的成本高昂而收益低微,所以每一个受害者都企图在其他受害者寻求救济的努力中搭便车,而且相当理性地拒绝提起诉讼。结果是,无论是排污者还是受害者,都不可能限制排污活动的损害后果,该损害后果因此而远远地高出了最大限度。环境保护的本质就是对这一问题的回应。[2]

1972 年,经济合作与发展组织针对在国际贸易中由国家承担污染预防和控制费用导致的不正当竞争问题,提出了"污染者负担"原则,以确保共同市场和经济一体化的发展。随着国内、国际环境法的认可和采纳,这一国际贸易中的经济原则逐步发展和演变为一项具有政策倡导性的环境法原则,旨在通过明确污染者对于污染预防、控制和治理等方面的责任,促进环境问题的公平解决

---

[1] Garrett Hardin, *The Tragedy of the Commons*, Science, Vol. 162, No. 3859, 1968, p. 1243 - 1248.

[2] Cass R. Sunstein, *After the Rights Revolution: Reconceiving the Regulatory State*, Harvard University Press, 1993, p. 49.

和推动可持续发展目标的公平实现。[1] 与“污染付费原则”不同，“污染者负担”原则通过环境责任主体归属的确定和责任范围的划定明确了污染者必须承担污染治理的责任，从而实现环境治理领域的公平负担，打破了企业赚钱污染环境却由政府出资治理污染的不公局面。就公用事业的生产活动方面，为确保环境的可持续发展，私人主体不仅应自觉减少污染物排放给自然环境带来的破坏，还应当积极研发有利于保护环境和节约资源新技术，积极开发新型可替代绿色能源，进行节约型生产活动，减少能源浪费。

五、公共利益的私益还原性

政府规制私人主体提供公用事业产品和服务的行为，旨在追求社会福利最大化、弱势群体利益保护以及资源环境可持续发展等公共利益，而个体公民的切实感受则是检验政府规制有无实现公益目标以及公益促进效果的标尺。这是因为，“公共利益之目的在于人权价值的高扬和实现，一切背弃人权精神的公共利益，必须予以舍弃。公共利益具有功利性价值，而人权则具有目的性价值，无论如何，公共利益的增益决不能以剥夺人权或牺牲人权为代价”[2]。因此，无论是社会整体福利的优化，还是公用事业服务的普遍化，抑或是环境资源的可持续发展，在根本上都是为了增加个体福祉，若非如此，将无以证明“公共利益”的正当性。可以说，基于公共利益的公用事业规制在本质上是对个体人权的尊重和保障，追求公共利益是保障个体人权的手段。

---

[1] 参见柯坚：《论污染者负担原则的嬗变》，载《法学评论》2010 年第 6 期。

[2] 范进学：《定义“公共利益”的方法论及概念诠释》，载《法学论坛》2005 年第 1 期。

第四节 公用事业规制革新:以美国为例

公用事业的规制模式随公用事业部门具体制度安排的变化而变化。公用事业的生产、供给和消费方式不同,各国对公用事业采取的规制模式亦有所不同。其中,美国的公用事业的规制改革,不仅影响着本国的社会经济发展,同时也因其大国地位影响着世界其他国家和地区的公用事业部门改革,其成败得失的经验值得借鉴。

一、20 世纪 80 年代以前:独立规制机构模式

美国对经济活动实施现代意义上的规制始于铁路运输行业。在 19 世纪六七十年代,美国铁路得到空前的发展,行业间的毁灭性竞争使得某些铁路运价严重低于运输成本,不仅降低了铁路运输收入,还导致了歧视性的差别待遇。[1] 查尔斯·弗朗西斯·亚当斯(Charles Francis Adams)指出,如对铁路不加规制,则会导致自然垄断,州立法机关欠缺铁路市场和规制方面的专门知识,而来自产业界的专家能更好理解产业经济特性,能进行有效规制。受亚当斯论断的影响,美国独立规制机构的雏形马萨诸塞州铁路委员会于 1869 年成立。到 1886 年,当时美国的 38 个州中有 24 个州设立了规制委员会以进行铁路规制。[2] 在铁路领域规制实践和经验的基础上,美国于 1887 年成立了第一个联邦独立规制机构——

---

〔1〕 参见谭克虎:《美国铁路业管制研究》,经济科学出版社 2008 年版,第 51 ~ 53 页。

〔2〕 参见宋华琳:《美国行政法上的独立规制机构》,载《清华法学》2010 年第 6 期。

州际商业委员会(the Interstate Commerce Commission,ICC)。1903年,国会颁布了《联邦储备法》,依此成立联邦储备委员会,并于1914年成立联邦商业委员会。1920年,联邦商业委员会的权力得到强化,紧接着,农产品交易管理局(1922年)、联邦无线电委员(1927年)和联邦能源委员会(1930年)纷纷成立。截至经济危机爆发之前,美国的独立规制机构虽然发展缓慢,但是业已形成粗具规模的规制体系。[1]

1929~1933年,美国爆发严重的经济危机,处于水深火热之中的美国民众要求联邦政府担负起全面照顾经济社会生活的责任。1933年3月,富兰克林·德拉诺·罗斯福(Franklin Delano Roosevelt)于就职后第8天发表第一次"炉边谈话",宣布人民享有"免于匮乏的自由",要实施新政,通过大规模增加政府公共开支、大力兴建公共工程,以增加就业和刺激经济复苏。1935年,美国国会通过《公用事业法案》和《公用事业控股公司法案》,授权联邦电力委员会调整电费和州际之间的电力输送,授权联邦证券和交易委员会发行股票,回购私人公用事业控股的财产。1938年,《天然气法》通过,授权州对公用企业之间的地域性合并进行限制,从而保证了州对公用事业的经济规制。在此期间,美国的独立管制机构得到迅速发展,独立规制机构的权力达到前所未有的高度,以致被戏称为"无头的第四分支"。新成立的代表性主要机构有:联邦储蓄保险公司、公民自然资源保护队、乡村电力化管理局、田纳西河谷管理局、公共工程管理局、联邦住房管理局、国家劳工关系管理局、联邦证券和交易委员会、联邦电力委员会、社会保障管理局、土壤保护

---

〔1〕 See Cass R. Sunstein, *After the Rights Revolution*: *Reconceiving the Regulatory State*, Harvard University Press, 1993, p. 19.

署、联邦通信委员会、联邦贸易委员会,以及食品和药品管理局。[1]

1944 年,富兰克林·德拉诺·罗斯福总统在国情咨文的演讲中提出"第二权利法案",包括获得有益且有报酬的工作的权利;获得足够收入以保证充足的衣食和娱乐的权利;有尊严地生活的权利;免受不公平竞争的权利;拥有体面住宅的权利;享受充分医疗照顾和保持身体健康的权利;免于因年老、疾病、事故和失业而导致恐慌的权利;享受良好教育的权利 8 项权利。[2] 以"第二权利法案"为基础,在 1960 年至 1970 年的近 10 年间,美国总统和国会实质性地扩大了受法律保护权利的范围,使美国进入桑斯坦所谓的"权利革命"时期。相应地,政府权力也迅速膨胀,以保护这些新增权利。"在这个非同寻常的年代",美国在大幅补充已有福利方案的基础上,又颁布了很多的再分配方案,独立规制机构达到鼎盛。这一时期美国通过颁布《消费者产品安全法》、《空气净化法》、《水净化法》、《海洋倾废法》、《有毒物质控制法》、《资源再生和保护法》和《职业安全与健康法》等,设立了诸多具有代表性的规制机构,如民权委员会、平等就业委员会、环境保护署、国家高速公路交通安全管理局、消费者产品安全委员会、职业安全和健康管理局、矿场安全和健康管理局、物质运输局、核规制委员会、地表采矿局和能源部等。从规制重点来说,这一时期已经开始从经济领域转向社会领域,主要目标是保护公共健康和安全免受各种风险。[3]

---

〔1〕 See Cass R. Sunstein, *After the Rights Revolution*: *Reconceiving the Regulatory State*, Harvard University Press, 1993, p. 25.

〔2〕 See Franklin D. Roosevelt, *Message to the Congress on the State of the Union*(Jan. 11, 1944), Pragh. 58.

〔3〕 See Cass R. Sunstein, *After the Rights Revolution*: *Reconceiving the Regulatory State*, Harvard University Press, 1993, p. 24 -31.

同时期,公用事业领域的规制亦卓有成效,如"银行破产几乎不复存在。在能源部门,由覆盖全国的管网向各主要市场廉价地输送石油和天然气。油气供应充足且价格稳定甚至在20世纪60年代稍有下滑。电力事业能够成功满足史无前例的需求而费率却持续下降"[1]。

二、20世纪80年代以后:从放松规制到更好规制

20世纪70年代后期和80年代,受越南战争和两次石油危机的影响,美国经济再次通货膨胀严重。正如戴维·奥斯本(David Osberne)和特德·盖布勒(Ted Gaebler)所描述的那样:"接着在1978年大祸临头了。好像我们所有大大小小的政府都同时开车撞在墙上了。各州为高达几十亿美元的赤字而苦苦挣扎。各城市解雇了成千上万名雇员。联邦赤字扶摇直上达到3500亿美元。"[2]与通货膨胀如影随形的不仅仅是财政赤字、经济衰退、失业等经济问题,同时还有每况愈下的政府公共服务。这些都被认为是政府规制失灵的表现,批评者认为:

> 规制迫使经济承担巨大的成本。规制造成更低的产生率、失业以及通货膨胀问题,并且威胁到国际竞争力。而且,规制方案还常常恶化其意欲解决的问题:最低工资增加了失业,对新能源(new source)的环保规制使破旧、肮脏的机器在市场上保留更长时间,民权立法降低雇主

---

[1] Richard H. K. Vietor, *Contrived Competition: Regulation and Deregulation in America*, Harvard University Press, 1994, p. 9.

[2] [美]戴维·奥斯本、[美]特德·盖布勒:《改革政府:企业精神如何改革着公营部门》,上海市政协编译组、东方编译所编译,上海译文出版社1996年版,第1~2页。

> 雇佣黑人和妇女的意愿。所以说,规制是无效的甚至适得其反:不仅将成本强加给被规制者,而且也强加给其意欲保护的人。[1]

庞大的财政赤字和民众日益高涨的反规制情绪直接导致了大规模的公用事业民营化和放松规制运动。这一时期,学术研究中兴起反对计划经济和任何形式的政府干预的思想。如弗里德里希·奥古斯特·冯·哈耶克(Friedrich August von Hayek)指出:

> 私有制是自由的最重要的保障,这不单是对有产者,而且对无产者也是一样。只是由于生产资料掌握在许多个独立行动的人的手里,才没有人有控制我们的全权,我们才能够以个人的身份来决定我们要做的事情。如果所有的生产资料都落到一个人手里,不管它在名义上是属于整个"社会"的,还是属于独裁者的,谁行使这个管理权,谁就有全权控制我们。[2]

就方式而言,美国的公用事业民营化主要表现为联邦政府权力向州和地方政府下放,而州和地方政府将市政服务合同以契约的形式外包给私人。[3] 在联邦层面,政府机构只是将数据处理、饮食服务、房屋维修、保安等辅助性服务外包给私人部门;而在地方层面,外包的范围涉及对公众的直接服务,如垃圾清理、街道清

---

〔1〕 Cass R. Sunstein, *After the Rights Revolution*: *Reconceiving the Regulatory State*, Harvard University Press, 1993, p. 32.

〔2〕 [英]弗里德里希·奥古斯特·冯·哈耶克:《通往奴役之路》(修订版),王明毅等译,中国社会科学出版社 1997 年版,第 123 页。

〔3〕 See Jody Freeman, *The Contracting State*, Florida State University Law Review, Vol. 28, No. 155, 2000, p. 162 – 163.

扫、救护车服务、公园的维护等。[1] 整体而言,美国这一时期的放松规制改革呈现出渐进式特点,并且放松规制的同时依然注重相关配套法律机制的建设和对受规制者的保护。

(一)渐进式、分步骤改革

20世纪70年代上半期,美国开始放松对金融和保险业的规制,主要手段即存款自由化和证券手续费自由化。1976年,吉米·卡特(Jimmy Carter)将"纠正无效率的政治和官僚主义"作为竞选口号,并在当选后通过一众立法如《公用事业规制法》(1978年)、《航空规制缓和法》(1978年)、《原油、精制油规制排除法》(1979年)、《汽车运输产业法》(1980年)等,对美国的电力、铁路运费、航空货物运输及航空旅客运输、卡车运输和石油航空运输采取了一系列有关放松规制的政策措施。20世纪80年代,罗纳德·威尔逊·里根政府通过废除或者减少由政府机构倡导但实际并未实施的规制控制来进一步放松规制,从而增加对私人市场和私人企业的依赖并最终达到提高经济效率的目的。[2] 1981年3月,里根政府发布"12291号行政命令:规制解除的工作魄力"(Executive order 12991:Task Force on Regulatory Relif),将经济效益作为公共政策所追求的最终价值目标,确立了联邦政府规制的目标是社会净收益最大化,要求行政机构在进行规制活动或者替代行为时,需要进行成本—收益分析(cost - benefit analysis),只有在规制效益高于规制成本时,方可实施。1985年1月,里根连任总统后再次签发

---

〔1〕 参见[美]E.S.萨瓦斯:《民营化与公私部门的伙伴关系》,周志忍等译,中国人民大学出版社2002年版,第15页。

〔2〕 See Cass R. Sunstein, *After the Rights Revolution: Reconceiving the Regulatory State*, Harvard University Press, 1993, p. 31.

"12498 号行政命令:规制计划的程序"(Executive order 12498:Regulatory Planning Process),不仅再次强调行政机构要减少对市场经济竞争中的价格与生产进行规制,规制只有在保护健康、安全或者有效管理公共资源的状态下方可实施;而且进一步将联邦权力向州下放,要求联邦规制不应取代各州颁布的法律或规章,除非为了保证公民的权利或避免对州际贸易施加沉重的负担。与此同时,里根政府相应地减少了规制机构的供职人员和行政预算经费。[1]里根政府在经济领域的放松规制带动了社会领域的放松规制,甚至社会领域的放松规制改革取得的进展更为突出。正如桑斯坦所评价的那样,"总体说来,它们在限制或者扭转涉及通信和广播、歧视、濒危物种、职业安全和健康,以及环境保护等领域的社会性规制具有极大的意义"[2]。社会性规制的放松大大降低了企业的成本,提高了经营效益,反过来在一定程度上刺激了经济繁荣。

(二)依法实施社会性规制

桑斯坦认为,放松规制运动的目的是通过市场竞争机制刺激经济繁荣,"尽管通常来说是有益的,但有时候却有害于良好的规制政策,同时也导致那些利大于弊的政府议案无从实施……如果蛮横地抛弃或者拒绝实施所有的公共方案,就会产生一种严重的风险:完全不受羁束的市场自由将导致不幸"。[3] 因此,放松规制并非对市场自由的放任不管,史普博对此指出:

---

〔1〕 参见席涛:《美国管制:从命令控制到成本收益分析》,中国社会科学院2003年博士学位论文,第23页。

〔2〕 See Cass R. Sunstein, *After the Rights Revolution: Reconceiving the Regulatory State*, Harvard University Press, 1993, p.31.

〔3〕 See Cass R. Sunstein, *After the Rights Revolution: Reconceiving the Regulatory State*, Harvard University Press, 1993, p.10.

> 难道放松管制是政府管制结束的开始吗？在我看来并不如此。管制的历史是不断变换政府行为重点和焦点的动态过程。随着政策目标的变化，管制制度及应受管制的市场也会发生变化。管制通常是对经济事件或市场失灵感应的特殊回应。比如说，管制的焦点可以从运费或者航线分配转向飞行安全。事实上，“再管制”这个词已经开始使用。……管制的历史向我们揭示，结构性的经济变化经常伴随着政府干预市场的新形式。更何况，特别是从管制机构被当做国会决策程序的延伸以来，由行政机构实施管制已成为美国政府的固有特性。因此，尽管特殊的管制政策可以走马灯似地来回，管制的形式和结构却可能依然保持着老面孔。[1]

总体说来，这一时期政府规制的“目标是要保证公共健康和安全免受各种各样的风险——工作的风险、空气和水中的风险以及消费者产品中的风险——并且克服弱势群体的社会隶属。风险管理和反隶属等实体性议题是这一时期的主要目标”。上述议题的实践“被证明在限制或者扭转涉及通信和广播、歧视、濒危物种、职业安全和健康，以及环境保护等领域的规制方面具有极大的意义”。[2]

(三) 自我规制的发展

这一时期，美国的公用事业自我规制兴起并发展得如火如荼。

---

〔1〕［美］丹尼尔·F. 史普博：《管制与市场》，余晖等译，上海三联书店 1999 年版，第 15 页。

〔2〕 See Cass R. Sunstein, *After the Rights Revolution: Reconceiving the Regulatory State*, Harvard University Press, 1993, p. 28, 30.

根据弗里曼教授的描述,不计其数的非政府组织,诸如汽车工程师协会与美国机械工程师协会等专业协会以及美国试验材料协会等非营利组织,都会设定公共卫生、安全与产品方面的标准;私人标准的设定在许多行业发挥着突出的作用。在美国,自我规制有自愿的自我规制和受监督的自我规制之分,后者是指国会通过正式授予自治团体设定与执行标准的权利,赋予他们规制者的身份,但是应接受行政机关的监督,对政府规制主要起到补充作用。就自愿的自我规制来说,则存在全面取代政府规制或者补充政府规制之不足两种作用。当某个自我规制组织在技术上违反了法律或者规制标准,行政机关可以采取对该组织有利的方式执行裁量,从而鼓励自我规制。这种情形下,由于公众参与的缺失,社会组织的自我规制就有可能全面取代政府规制。[1]

三、美国公用事业再规制的基本特征

伴随着合同外包成为美国公用事业领域的主流制度安排,美国的公用事业规制呈现出两个方面的特色:第一,总统加强了对规制过程的集中控制,逐渐掌握了规制的主导权;第二,成本—收益分析成为帮助总统控制行政机构出台规制性行政规章的主要工具。

(一)总统对规制的控制

从权力配置的视角看,美国的规制体系大致经历了三种不同的模式,即国会主导模式、独立规制机构主导模式和总统主导模式。国会主导模式主要适用于新政以前,这一时期行政机构的规

---

〔1〕 See Jody Freeman, *The Private Role in Public Governance*, New York University Law Review, Vol. 75, 2000, p. 644 – 653.

制活动完全受制于国会授权,并要接受法院严格的司法审查。独立规制机构主导的模式则兴起于新政时期并在桑斯坦所谓的“权利革命”期间得以发展壮大。如果说独立规制机构对公用事业的规制是通过直接发号施令完成的,则总统的规制却是通过发布行政命令来控制行政机构制定规制规章的方式间接实施的。[1]

美国总统开始大规模干预行政机构制定规制政策始于里查德·米尔豪斯·尼克松(Richard Milhous Nixon)时代。1971 年,尼克松总统在白宫设立管理和预算办公室(Office of Management and Budget,OMB)负责审核白宫内阁机构的规章。1981 年里根政府颁布 12291 号行政命令,准许在 OMB 下设专门负责从事对行政规章审核工作的信息和规制事务办公室(Office of Information and Regulatory Affairs,OIRA)。12291 号行政命令要求所有政府机构都应将规制影响分析(Regulatory Impact Analysis)和规制计划提供给 OIRA,并将下一年度的规制行动公布于众,目的在于使 OMB 以及行政机构的长官在规章制定之前有机会仔细考虑规制的必要性和适当性。只有得到 OMB 的批准之后,行政机构才能正式制定规章。由此,OMB 对行政规章的控制范围和程度都得到充分扩张。1985 年里根总统连任后,继续颁布了 12498 号行政命令以强化 OIRA 的职责,导致 OIRA 在里根总统的二度任期内否决了行政机构提交的约 46% 的规章草案,以及行政机构平均每年发布的规章数量比 1976 ~ 1980 年减少了 1/3。[2] 值得注意的是,无论是 12291 号行政命令还是 12498 号行政命令,都只适用于隶属于总统的行政

---

[1] 参见席涛:《法律、监管与市场》,载《政法论坛》2011 年第 3 期。

[2] 参见席涛:《美国管制:从命令控制到成本收益分析》,中国社会科学院 2003 年博士学位论文,第 23 页。

机构,而不包括独立规制机构,独立规制机构发布行政规章时可自行决定是否接受总统行政命令的约束。[1]

1993 ~2001 年,威廉·杰斐逊·克林顿任职期间再次全面加强了总统对行政机构制定规章的控制。克林顿于1993 年上任后发起"重塑政府"(Re – inventing Government)运动,成立国家绩效审核委员会(National Performance Review Staff)作为临时机构,要求其对政府管理体制进行一次全面系统地评估,并依据评估结果提出政府改革的方案和步骤。1993 年 7 月,副总统艾伯特·阿诺德·戈尔(Albert Arnold Gore Jr.)作了题为《从官样文章到注重结果:创造一个工作更好但花钱更少的政府》的报告(以下简称"戈尔报告"),报告指出,政府改革的目标是,"我们想通过以下方式创造一个人民至上的政府:减少不必要的开支;服务于顾客;激励员工;帮助社区自治;促进竞争"[2]。为达成这一目标,政府向国会提出许多具体议案并相继被国会通过成为法律。例如,1993 年《政府绩效和成果法》(Government Performance and Results Act of 1993)就和"戈尔报告"一起构成了美国推行政府绩效评估措施的纲领。[3]同年 9 月 30 日,克林顿签发了《12866 号行政命令:规制计划与审查》(Executive order 12866:Regulatory Planning and Review),进一步增加了联邦政府对规制行为的协调作用,并鼓励民主参与,以提高规制过程的民主性。12866 号行政命令在宪法范围内最大限度

[1] 参见王名扬:《美国行政法》,中国法制出版社 1995 年版,第 872 页、第 874 页。

[2] National Performance Review Staff, *From Red Tape to Results: Creating a Government that Works Better & Costs Less: Executive Summary: The Report of the National Performance Review*, 1993, p. 7.

[3] 参见蔡立辉:《西方国家政府绩效评估的理念及其启示》,载《清华大学学报(哲学社会科学版)》2003 年第 1 期。

地将独立规制机构的运作纳入了总统对规制的控制之中，这标志着总统对行政机构制定规制性行政规章的控制达到了前所未有的程度。

乔治·沃克·布什上任后，继续执行克林顿的12866号行政命令。在执政一年后，布什于2002年2月签发了13258号行政命令《对12866号行政命令〈规制计划与审查〉的修订》(Executive Order 13258：Amending Executive Order 12866 on Regulatory Planning and Review)，将12866号行政命令中"副总统和其他监管政策负责者"修改为"监管政策负责者"，监管机构继续执行克林顿的12866号行政命令。[1] 这一行政命令试图通过扩大OIRA的职权来扩大总统的权力，但是贝拉克·侯赛因·奥巴马(Barack Hussein Obama)总统2009年颁布了13497号行政命令，废除了13258号行政命令。[2] 2011年，奥巴马签署了13563号行政命令《改进规制和规制审查》(Executive Order 13563：Improving Regulation and Regulatory Review)，该命令是对1993年克林顿签发的12866号行政命令所确立的原则、框架、概念等的补充和重申。[3] 所以，在奥巴马政府时期，OIRA的职能和基本运转没有太大变化，与克林顿政府时期基本相同。

---

〔1〕 席涛：《谁来监管美国的市场经济——美国监管体制的演变：从命令—控制到成本—收益分析》，载《国际经济评论》2004年第6期。

〔2〕 金成波：《信息与规制事务办公室：美国行政立法的看门人》，载《国家行政学院学报》2016年第5期。

〔3〕 刘权：《作为规制工具的成本收益分析——以美国的理论与实践为例》，载《行政法学研究》2015年第1期。

(二)成本—收益分析工具

1981 年里根总统的 12291 号行政命令明确将成本—收益分析作为 OMB、OIRA 审查和批准行政规章时的主要依据。根据 12291 号行政命令,行政机构制定规制性的行政规章之前,必须依法对拟制定规章必须付出的成本和产生的经济影响及其收益进行分析,规章的制定必须以收益高于成本为前提。[1] 随着总统对行政规章的控制权逐渐增大,成本—收益分析作为行政规制政策制定和实施的工具得到广泛应用。

克林顿的 12866 号行政命令开头便讲到,"美国人民应当拥有一种为其效力而非与其作对的规制制度,即保护和改善他们的健康、安全、环境和福利,以及不对社会施加不可接受或不合理成本却能促进经济增长的规制体系;承认私人部门和市场经济是经济增长最好引擎的规制政策"。根据第 12866 号行政命令的规定,成本—收益分析原则包含了规制的必要性、适当性和利益均衡三个方面的要求。具体而言,行政机关制定行政规章时应明确规章旨在解决什么问题、该问题是否与重大的市场失灵有关,以及从公众需求等方面说明制定该规章的必要性。如果规章拟解决的问题属于重大市场失灵,则规制者必须对该问题进行定性和定量两个方面的详细描述,并证明规制可以带来更多的经济收益,且收益一定大于损失,以此证明政府干预的必要性。如果规章拟解决的问题与重大市场失灵无关,则规制者应当证明采取规制措施确实符合公众需求。同时,规制的必要性并不是规制的充分条件,行政机构在决定是否采取规制措施时,应当评估有无可替代的方案,规章起

---

[1] 参见王名扬:《美国行政法》,中国法制出版社 1995 年版,第 872 页。

草部门应当在向 OIRA 提及的分析报告中描述可供选择的方案及其数量。最后,规章获准实施以后,仍需对规制政策实施产生的经济效益、社会效益、其他积极影响以及其带来的消极影响或者负担进行成本收益评估。[1]

布什政府致力于追求一种被称为聪明规制(smarter regulation)的方法,以进一步简化规制程序,降低规制成本,提高规制效率。具体方法即综合运用过去20多年规制改革的成果,包括克林顿时代的措施,使联邦的规制更加有效,更能弥补市场失灵。具体措施是推行和加强电子政务,通过互联网使 OMB 对规章的审查更加公开和透明;OIRA 通过雇用科学家、工程师、经济学家、统计师、计算机专家等,加强规制审查的科学化和专业化;建立有效的激励和约束机制,提高规制机构对政策的成本—收益的分析质量;OIRA 针对"9·11"后行政机构出于国家安全保卫的需要在本土安全、食品安全和移民控制等方面出台的新的规制措施,仍要求其应当以认真的、科学的经济分析为基础;为政府和规制机构制定统一的行为指南,改进信息评估的质量。[2]

奥巴马政府上台后,于2011年颁布13563号行政命令重申和补充了12866号行政命令对成本—收益分析的规定,要求:(1)规制措施的收益必须与其成本相称,且只有基于合理目标方可采取;(2)规制手段务必确保社会成本的最小化;(3)在所有可替代的规制手段中,选择能使净收益最大化的手段;(4)在可行的程度范围

---

[1] See The President, *Executive Order* 12866 *of September* 30, 1993, Federal Register, Vol. 58, No. 190, Monday, October 4, 1993, p. 1 - 2.

[2] 参见高世辑、秦海:《从制度变迁的角度看规制体系演进:国际经验的一种诠释和中国改革实践的分析》,载吴敬琏、江平主编:《洪范评论——监管与改革》第2卷第3辑,中国政法大学出版社2005年版,第33~34页。

内,使目标具体化;(5)对直接规制的有效替代手段进行识别和评估。[1] 2012年,奥巴马又签署了13610号行政命令《识别和减少规制负担》(Executive Order 13610:Identifying and Reducing Regulatory Burdens),特别规定为了减少不正当的规制负担与成本,行政机关应当运用成本收益分析对现存的重要规制进行回顾性审查(retrospective review),以决定"是否需要对这些规制进行修改、精简、扩大或废除"。13610号行政命令扩大了成本收益分析的适用范围,即规定行政机关在进行重要规制前不仅应当进行事前的成本收益分析,而且还应当在规制期间进行事中的成本收益分析,以评估规制的客观实施效果。[2]

总之,成本—收益分析原则的有效运用确保了美国作为一个规制国家长期存在,并对世界其他国家和地区的规制政策制定产生了重大影响,"美国的规制体系涵盖但不限于规制规则的成本—收益分析,目前也为经合组织所积极倡导,并已在大多数工业化国家以及欧盟得到实施"[3]。

本章小结

尽管自福利国家诞生之后,政府职能的范围总体上呈不断扩张的趋势,但是社会任务在政治国家与市民社会之间的具体分配

---

[1] See The President, *Executive Order* 13563 *of January* 18, 2011, Federal Register, Vol. 76, No. 14, Friday, January 21, 2011, p. 1 - 2.

[2] 刘权:《作为规制工具的成本收益分析——以美国的理论与实践为例》,载《行政法学研究》2015年第1期。

[3] [英]科林·斯科特:《规制、治理与法律:前沿问题研究》,安永康译,清华大学出版社2018年版,第78页。

总是此消彼长：当公民的物质文化需求处于市民社会能够自我供给的低层级阶段，政治国家就只是市民社会的守夜人；当公民的物质文化需求持续增长而市场供给失灵时，人们所关注的“不是福利国家是否合乎需要的疑问，也不是其功能是否必不可少的问题，而是建立福利国家的速度和方式问题”[1]，则迫使国家担负起对公民生活在方方面面加以照顾的义务；当政治国家面对持续增长的任务而力有不逮时，政府任务便再次向社会转移，甚至于传统上被认为属于政府核心任务的那些职责也转移至私人承担，如美国的私人监狱。公用事业市场化改革便是政府不能负重后将公共任务再次向社会转移的产物。

与此同时，政府职能的扩张也“越来越迫使国家，不仅仅是在出现灾难或者危机的时候才能作出反应，而是要预见可能出现的问题并通过早期的控制措施使其消灭于萌芽状态。这个任务永远不会结束。一个充满活力的社会要求国家永久地承担起这一任务”[2]。这意味着，一个原先由政府履行的公共任务转由私人履行后，政府固然可以因此免除其履行责任，然而却无法摆脱其新的责任，即对私人之履行该项公共任务施加必要的规制，以确保该任务能够被恰当地履行。具体到公用事业领域，政府规制除应满足一般行政权运作的要求外，还应当符合公用事业的特殊性，做到“有所为，有所不为”。根据本章对公用事业规制特征的阐述，公用事业领域的政府规制应当遵守以下基本原则。

第一，依法规制原则。这是依法行政原则在公用事业规制领

[1] [德]克劳斯·奥菲：《福利国家的矛盾》，郭忠华等译，吉林人民出版社2006年版，第1页。

[2] [德]施密特·阿斯曼等：《德国行政法读本》，于安等译，高等教育出版社2006年版，第51页。

域的具体化。公用事业事关国计民生,政府将公用事业服务的提供转移至私人主体至少应有立法层面的概括性授权,做到"法无授权即禁止"。在规制手段方面,政府若对私人提供公用事业服务过程中的不当行为采取处罚、强制等侵害性的规制措施,应有法律之授权。此外,广义的法治或曰实质法治还要求政府公用事业规制需遵守比例原则、法律安定原则、信赖保护原则、行政效能原则等的要求。

第二,民主规制原则。该原则具有三个方面的具体要求:(1)具体的公用事业项目是否转移至私人主体应广泛征求公众意见;(2)公用事业特许经营项目的市场准入、运营以及退出的全过程应确保信息公开,接受公众监督;(3)政府一方为保障公共利益对公用事业采取规制措施若有损私人主体一方利益的,应充分听取私人主体一方的意见,避免武断。

第三,公益优先原则。政府规制公用事业的目标在于保障和促进公共利益。有效的政府规制应当不单以追求经济增长为目标,还应当致力于提高和改善人民生活水平,注重对消费者利益和资源环境的有效保护,并不断地趋于自我完善。当然,根据民主法治的要求,如果基于公共利益之需求所采取的规制手段给私人主体造成利益损害的,应予以公平合理之补偿。

第四,辅助性原则。根据辅助性原则,在公用事业规制方面,应充分发挥社会自我规制的作用,鼓励社会自我规制。社会自我规制的核心特征是私人主体"在行使自由权以及追求其私益的同时,志愿兼负实现公共目的的责任"[1]。在公用事业规制体系中,

---

〔1〕 袁文峰:《公私合作在我国的实践及其行政法难题研究》,中国政法大学出版社 2018 年版,第 95 页。

公用事业产品和服务的社会团体标准或企业标准即社会自我规制的典型代表。尚需明确的是,自我规制应受国家规制之约束,一旦自我规制违反国家规制所设定的目标和程序,则自我规制将受到国家规制的干预甚至制裁。因此,有学者将政府规制称为“元规制”[1]。

[1] 参见[英]科林·斯科特:《规制、治理与法律:前沿问题研究》,安永康译,清华大学出版社2018年版,第227~228页。

第三章

公用事业政府规制的基本工具：特许经营协议

特许经营协议之所以成为政府规制特许经营的基本工具或首要工具，是因为契约所蕴含的平等、协商理念使协议约定的内容更容易为私人主体所接受，从而有利于提升公用事业规制的效率。尽管基于现代行政对民主的追求，使行政机关在采取诸如处罚、强制、许可等传统治理手段时也越来越重视听取行政相对人的陈述和申辩以及说明理由等程序性规则，但是这并不足以改变传统治理手段的单方性及强制性，不利于体现公用事业特许经营项目中私人一方的主体地位。恰如有学者所言，“面对诸多可以选择的治理工具，例如，许可、惩罚、强制等，行政机关多半会出于对行政效率的追求、有效性的追求以及行政体制改革的要求,而乐于采用契约而非其他方式来实现行政任务”。[1] 除此之外,更为根本的原因则在于公用事业特许经营作为公权力部门与私人主体合作提供公共服务的一种形式,需要公私双方在项目成立、运营等多个阶段就诸多事宜进行协商,这种协商与契约的合意本质不谋而合。

就我国而言,2002 年原建设部发布的《关于加快市政公用行业市场化进程的意见》要求,“政府通过合同协议或其他方式明确政府与获得特许权的企业之间的权利和义务”。同时还要求“实施特许经营,应该通过规定的程序公开向社会招标选择投资者和经营者”,“凡投资建设特许经营范围内的市政公用项目,项目建设单位必须首先获得特许经营权,与行业主管部门签订合同后方可实施建设”。《市政公用事业特许经营管理办法》第 9 条专门规定了公用事业特许经营协议应具备的基本内容,[2] 2015 年《基础设施与公用事业特许经营办法》设三章分别对特许经营协议的订立、特许经营协议的履行以及特许经营协议的变更与终止作出了更细致的规定。公用事业特许经营协议是行政契约还是民事契约、公用事业特许经营协议的效力如何认定、公用事业特许经营协议纠纷应如何解决等则是认识作为政府规制工具的特许经营协议首先要回答的问题。

---

〔1〕 胡敏洁:《作为治理工具的契约:范围与边界》,载《中国行政管理》2015 年第 1 期。

〔2〕 该条规定:“特许经营协议应当包括以下内容:(一)特许经营内容、区域、范围及有效期限;(二)产品和服务标准;(三)价格和收费的确定方法、标准以及调整程序;(四)设施的权属与处置;(五)设施维护和更新改造;(六)安全管理;(七)履约担保;(八)特许经营权的终止和变更;(九)违约责任;(十)争议解决方式;(十一)双方认为应该约定的其他事项。”

第一节 行政契约之证成:从学理到立法

受公私法二元区分的影响,契约长期以来被认为是私法的专利,强调缔约双方当事人法律地位平等并基于自愿达成合意。公法领域因带有强烈的命令与服从色彩,而被认为与契约自由、平等的理念天然相斥,以至于当行政机关最初运用契约达成行政目标时,受到了强烈的批评。“当初否定行政契约的理由在于,权力支配关系中不存在对等自由合意的可能性,契约自由与依法律行政在本质上难以调和。”[1]然而,随着国家和行政理念的嬗变,视公民为行政客体、强调行政主体与公民之间为绝对命令服从关系或者统治与被统治关系的传统行政法也正在向体现民主和法治精神、主张公民为现代行政的积极参与者和合作者、行政主体与公民之间系服务与合作关系的现代行政法转变。在这一过程中,行政契约亦获得普遍的认可和运用。[2]

一、依法行政与意思自治之张力

公私法二元划分理论认为,公法以依法行政为基本原则,而私法则以意思自治为基本原则。公法调整的是国家公权力主体与私人之间、公权力主体相互之间的关系,强调法律对国家公权力的直接干预,要求国家行政机关必须在权力机关的意志之下活动,即便是某些可以自由裁量的事项也必须在法律的授权范围内,不得与

〔1〕 王贵松:《行政协议无效的认定》,载《北京航空航天大学学报(社会科学版)》2018 年第 5 期。

〔2〕 参见蔺耀昌:《行政契约效力研究》,法律出版社 2010 年版,第 1 页。

法律的意志相悖，严守“无法律即无行政”；而私法调整的则是作为平等主体的私人之间的相互关系，主张个人意思自治，承认每个人都有权利独立地支配自己的思想和行为，个人真实的意思表示只要不违反国家的强行性规定即可产生当事人想要的法律效果，“其对于国家的关系不过是服从国家的监督和可以请求国家的保护而已”〔1〕。在奉行公私法二元区分的大陆法系国家，契约被认为是意思自治的产物，“就是平等的当事人通过协商决定相互间的权利义务关系”〔2〕，是私法领域独享的，这导致行政契约理论在产生之初就面临理论障碍，即“无法律即无行政”与契约自由无法兼容。

美浓部达吉认为，公法与私法区分的前提是承认一切的法皆是国家的法，并认为“国家法可分为两种，一是直接的国家法，公法是本来的国家法——直接的第一次的国家法；私法为本属于其他社会、因国家当其保护监督之任而为第二次的国家的法”〔3〕。根据美浓部达吉的观点，契约之所以被认为是私法性质的，根本原因在于国家法并不直接对契约加以干预。具体来说，契约的本质是平等主体之间的合意，是平等主体之间就权利或者利益的让渡讨价还价、协商一致的结果。一方面，“合意”“协商一致”意味着合意各方意志平等，任何一方都无须被迫接受或者服从另一方的意志，也不得将自己的意志强加给另一方；另一方面，“合意”“协商一致”还意味着各方的意志均没有受到外界的非法干预，所有的意思表示均是发自内心意愿。在此情形之下的合意，只要没有违反国家

〔1〕［日］美浓部达吉：《公法与私法》，黄冯明译，中国政法大学出版社2003年版，第22页。

〔2〕梁慧星：《民法总论》（第2版），法律出版社2001年版，第39页。

〔3〕［日］美浓部达吉：《公法与私法》，黄冯明译，中国政法大学出版社2003年版，第21页。

法律的强制性规定或社会公序良俗原则,以及不会扰乱社会经济秩序或损害社会公共利益,就会对当事人产生约束力,同时也会受到国家法律的保护。只有在意思自治遭受破坏,或者"合意"不被遵守,或者"合意"内容违反国家法律的强制性规定或社会公序良俗原则、损害公共利益等法定情形出现时,国家法(私法)才会对契约进行必要干预。在此意义上,私法的本质是优先发挥"自治""自由"对于社会秩序的维护功能,只是在"自治""自由"力有不逮时才发挥必要的保护和监督作用。

反观公法领域,作为"直接的第一次的国家法",公法则几乎不允许行政机关享有"自由""自治"的空间。依法行政原则为了确保行政权合理地介入市民社会,要求行政机关必须严格恪守"无法律即无行政"的理念,即使是裁量行为也必须符合法律授权。这主要是因为,在公域之治中,行政机关被假定是为了维护和增进公共利益而存在的,并基于实现公共利益之需要而享有对市民社会加以干预的公共权力。为了防止行政机关怠于行使这种公共权力导致公共利益受损,也防止该公共权力的越界行使给私人主体造成权利侵害,则必须将该权力控制在合理限度内。何种限度可谓之合理?将最终取决于公民的意志。在代议制民主体制下,公民的意志最终表现为权力机关制定的法律。因此,只有行政机关的权力行使是符合立法本意的,才是合乎民主的。基于上述认识,依法行政原则不允许行政机关意志自由、意思自治,也不得就公权力和公利益之让渡与私人主体讨价还价。与此同时,公益优先的原则以及行政机关被假定为公益代表人的身份,也导致行政机关被认为先天享有优越于私人主体的法律地位,其与私人主体之间不可能意志平等。正因如此,公法契约的理念一出现就遭到了德国行政法学奠基人奥托·迈耶(Otto Mayer)的强烈反对。奥托·迈耶认为,合同得以存在的前提是当事人双方法律地位对等,而公法上的法律关系则强调作为一方主体的国家相对于私人一方具有优越的法律地位,因而合同在公法领域没有存在的前提。[1]

综上,依法行政原则和意思自治之间的张力基本上否认了公法契约存在的可能。首先,行政权力存在的目的是实现公共利益,行政权力不得被随意放弃或妥协,为防止行政机关因谋求一己私欲而与私人相对方共谋致公共利益受损,依法行政原则不容许行政行为建立在与私人相对方讨价还价的基础之上。其次,考虑到行政机关在行政法律关系之中处于比私人相对方强势的地位,而权力趋于滥用的本性致使行政机关天然地会将自己的意志强加于私人相对方,而不可能与私人主体就某一事项进行平等协商,其结果必然是行政权力对私人利益的侵犯。最后,有学者还指出,“依法治国家原则,行政机关有在具体个案中践行法律的公权力。而行政合同制度会将行政权的这种优越地位,加以‘拟制平等化’的破坏”[2],故而认为国家与私人之间不对等的从属关系与契约平等理念不相容。由此可见,“行政契约理论的展开自然存在局限性”[3]。

二、契约行政与意思自治之调和

20 世纪初期,民主思潮激荡,福利国家、给付行政兴起,带来行

---

〔1〕 参见[德]哈特穆特·毛雷尔:《行政法学总论》,高家伟译,法律出版社 2000 年版,第 360 页。

〔2〕 见 E. Forsthoff, S. 278. 参见 G. Püttner, Wilder den öffentlich-rechtlichen Vertrag zwischen Staat and Bürger, DVBL., 1982, 124. 转引自陈新民:《中国行政法学原理》,中国政法大学出版社 2002 年版,第 179 页脚注〔1〕。

〔3〕 杨建顺:《日本行政法通论》,中国法制出版社 1998 年版,第 517 ~ 518 页。

政作用的急剧扩张。与此同时,“传统上以支配和服从关系为特征的高权行政运用的领域相对来讲已大大缩小,而且其形成的权力服从关系也是通过法律对政府和相对人彼此间权力(利)义务的不对等配置体现出来的”〔1〕。行政作用的扩张和转向要求行政手段的多样化与柔性化,“从实用主义的视角来看,旧的法律手段如果不能够解决当前的社会课题,就应该摸索新的方法”〔2〕。于是,行政契约作为高权行政的一种替代性手段逐渐被行政机关所采纳,并远远走在了理论的前面。例如,“二战”结束之后,法国在经济发展和资源开发领域广泛地运用“政府的合同政策”〔3〕,“利用契约方式改变个人的活动方向,使之符合共同利益。作为个人付出的回报,政府给有关个人以各种好处”〔4〕。在日本,行政契约不仅是给付行政领域的主要行为形式,而且作为权力性规制的补充,契约治理的手段在规制行政领域也得以广泛应用,典型的如公害防治协定、建筑协定、绿化协定等。〔5〕 1963 年,联邦德国行政程序法起草委员会鉴于行政实务上的事实需要,不顾理论上存在诸多反对意见,在行政程序法草案中对行政契约特设专章〔6〕。1976 年《联邦德国行政程序法》确立了行政契约与行政行为相同的地位,主流

---

〔1〕 余凌云:《行政契约论》,中国人民大学出版社 2000 年版,第 11 页。

〔2〕 季卫东:《社会变革的法律模式(代译序)》,载[美]诺内特、[美]塞尔兹尼克:《转变中的法律与社会——迈向回应型法》,张志铭译,中国政法大学出版社 1994 年版,第 1 页。

〔3〕 [法]让·里韦罗、[法]让·瓦利纳:《法国行政法》,鲁仁译,商务印书馆 2008 年版,第 546 页。

〔4〕 参见王名扬:《法国行政法》,北京大学出版社 2007 年版,第 145 页。

〔5〕 参见杨建顺:《日本行政法通论》,中国法制出版社 1998 年版,第 527 ~ 528 页。

〔6〕 参见翁岳生:《论西德一九六三年行政手续法草案》,载翁岳生:《行政法与现代法治国家》,新北,祥新印刷有限公司 1990 年版,第 221 页。

的论调由行政契约的适法性问题转向行政契约理论的进一步细化。在普通法系国家,因法律结构上不承认公私法的二元划分,政府与私人在普通法面前居于同等地位,且纠纷解决途径采取单一的普通法院救济模式,故而政府运用缔约的方式实现行政管理不存在理论上的困境。例如,英国历来就认为国王与私人一样拥有直接来自普通法的缔约权利,这种权利是固有的,无须立法授予。[1]

"由于围绕着权力支配关系而建立的行政诉讼制度没有给行政契约留下空间,从而有损行政契约理论建构的实际意义,这个问题其实是纯立法技术问题,只要行政契约概念得以成立,那么这个问题也极容易通过修改行政诉讼的受案范围以及建立相关程序制度加以解决。"[2]换言之,制度设计上的问题只需要修改制度即可解决,行政契约的正当性问题必须要在理论上予以证成。其中的关键就是在私法的意思自治与依法行政原则之间找到一个契合点,实现公法上公私地位不对等、公权力之羁束性与私法上契约平等、自由理念的有机调和。随着福利国家的出现以及给付行政理念的诞生,这个契合点亦随之出现,以契约的手段解决行政问题逐渐获得了理论上的认同。

一方面,随着行政机关采取契约手段实行社会管理越来越普遍,契约所蕴含的主体平等要求有所改观。契约法的道德基础是指"之前没有任何义务存在的前提下人们可以自己为自己设定义

---

〔1〕 Cf. Terence Daintith, *Regulation by Contract*: *The New Prerogative*, Administrative Law, D. J. Galligan(ed.), Dartmouth, 1992, p. 216.

〔2〕 余凌云:《行政契约论》,中国人民大学出版社2000年版,第10页。

务"[1],它的本质是合意,至于是谁与谁的合意则是形式上的要求,一味地强调只有平等的私人主体之间才能缔结契约与契约的合意本质并不甚相符。传统上,公私法的二元区分理念之所以对行政主体与私人缔约心怀芥蒂,是因为担心行政主体会借助国家权力将自己的意志强加给私人主体,从而破坏契约自治的真谛。然而,如果行政主体愿意"屈尊"与私人主体协商行事,则并不会破坏契约的平等性。同时,在民主行政、服务行政的理念之下,相对人参与行政决定的形成过程已然成为惯例,即使"当国家站在优越的意思主体的地位而对付人民的场合,两者间法律关系的形成,亦不是绝对不许人民参加意见的"[2],故而"国家与私人之间仅存在权力关系,不能以对等身份成立公法上契约的说法,无法再被接受"[3]。需要注意的是,这里的公私对等"并非谓参与契约之当事人法律地位全盘对等,亦非谓在一切法律关系上之对等,乃系指就成立契约之特定法律关系而言,双方意思表示具有相同价值,而有别于一方命令他方服从的关系"[4]。

另一方面,在公法领域,依法行政原则的内涵也发生了相应变化。依法行政原则的基本出发点是通过议会立法来限制国家行政权力恣意的运作,其主要目的是促进公共利益,保障人民权利。基于这一出发点,法律并不禁止行政机关采取那些有助于行政目的

---

[1] [美]查尔斯·弗里德:《契约即允诺》,郭锐译,北京大学出版社2006年版,第1页。

[2] [日]美浓部达吉:《公法与私法》,黄冯明译,中国政法大学出版社2003年版,第97页。

[3] 吴庚:《行政法之理论与实用》(增订八版),中国人民大学出版社2005年版,第264页。

[4] 吴庚:《行政法之理论与实用》(增订八版),中国人民大学出版社2005年版,第269页。

之达成且无损公共利益、人民利益的手段，行政不违背法律的禁止性规定同样符合依法行政原则的要求。事实上，进入福利国家以后，行政事务越来越复杂多变，致使僵硬的、滞后的成文法规定在应对许多突发事件或新型行政关系方面愈加力不能及，于是权力机关开始授予行政主体法定范围内的自由裁量权，允许行政机关在不与法律相抵触的情况下便宜行事，根据实际需要选择适当的行政手段，从而给予了行政机关可以自由支配其意志的空间。同时，在给付关系、服务关系等非支配类型的关系范畴内，"某事物（行为）不处在适用法律以及单方性地行使权力关系之中，也就不受直接法的拘束，法律关系的决定也就和私法相同，行政机关的自由意志也就得到允许"[1]。

综上，契约平等和依法行政各自在内涵上的变化使得行政契约理论有了一席之地，但学者们并没有因此将行政契约与民事契约当作同一回事，而是敏锐地或者说审慎地注意到二者之间的差异，并将这种差异反映到制度设计当中。一方面，公私双方法律地位的拟制对等并不消除二者在事实上的地位不对等，这要求行政契约制度中应更多地强调私人利益保护机制，要求"合意是在不对等的地位基础上，通过事先对契约内容的限定、有效的行政程序和救济，来保障处于劣势的相对一方当事人自由表达意思而形成"[2]。另一方面，为了防止行政契约在运用过程中可能出现的出售公权力、规避依法行政等弊端，[3]各国和地区都会在法律制

〔1〕［日］田中二郎：《公法契约的可能性》，肖军译，载《行政法学研究》2002年第1期。

〔2〕余凌云：《行政契约论》，中国人民大学出版社2000年版，第17页。

〔3〕参见李震山：《行政法导论》（第7版），台北，三民书局2009年版，第370页。

度上对行政契约予以一定限制。例如,1976年《联邦德国行政程序法》要求公法合同的效力认定应遵守依法行政原则,如果某一行政行为存在特定内容而无效,则具有相应内容的公法合同亦无效。(《联邦德国行政程序法》第59条)[1]在此意义上,"公法与私法相反,以契约不自由为原则,唯在不抵触法规之限度内,公法上契约始得有效成立"[2]。

三、行政契约的立法实践

通说认为,1976年《联邦德国行政程序法》最早实现了行政契约由理论向立法的转变。尽管在此之前,受奥托·迈耶影响,反对行政契约的理论久居不退,但是由于行政实践的客观需要,行政机关则很经常地将契约作为实现行政目标的手段。在司法实践中,法官也没有停止对行政契约的探索,如1966年的一个关于建设费用的判决指出,"多样性的现代行政活动,在完成国家职能方面不再停留在限于单方面地制定规范和以行政行为方式执行规范,因此不应当拒绝协议性的法律行为",并认为协议性的法律行为"可以替代行政行为形成公民与当局之间的公法关系"。[3] 1976年《联邦德国行政程序法》对行政契约作为专门规定,导致行政契约"已不再是要不要存在的问题,而是如何存在的问题"[4]。

《联邦德国行政程序法》中的9个条文(第四章第54~62条)对行政契约的概念、适用条件、契约内容的限定、契约的效力和违

---

〔1〕 参见应松年主编:《外国行政程序法汇编》,中国法制出版社2004年版,第104页。

〔2〕 林纪东:《行政法新论》,台北,三民书局1985年版,第259页。

〔3〕 于安编著:《德国行政法》,清华大学出版社1999年版,第134~135页。

〔4〕 李惠宗:《行政法要义》,台北,元照出版有限公司2007年版,第380页。

法处理等有关行政契约的重要问题作出了划时代的规定。根据上述规定，行政机关在三种情形下和私人相对方签订契约：第一，行政机关处于高权地位与对其有隶属或服从关系的相对方通过协商一致的方式促使相对方履行行政义务，如警察机关和违法行为人之间签订的有关履行警察义务的契约，即主从权契约；〔1〕第二，行政机关和相对人居于平等的法律地位相互协商、妥协，对争议的法律问题或者事实状态作出合理的评价，以消除不确定的法律状态，即和解契约；第三，行政机关为了完成公务而有借助私人力量之必要时，可与私人相对方签订契约，允诺以适当的对价获取私人的支持与帮助，即双务契约。同时，为了确保行政契约的合法性，《联邦德国行政程序法》还从契约的形式（必须是书面的）、法律保留原则、行政自由裁量权限和司法审查等方面对行政契约进行了限制。〔2〕总之，与私法契约强调意思自治相反，行政契约首先要遵循依法行政原则的约束，这恰恰是以“不自治”为基本特征的，即“公法上法律关系得以契约设定、变更或消灭之。但依其性质不能缔约者，不在此限”〔3〕。1976年《联邦德国行政程序法》对整个大陆法系的行政契约理论与实践具有重大意义，影响深远。

在我国行政法的发展初期，强调行政关系不得调解、和解的观念长期居于主导地位，但是随着行政法理论的不断成熟和行政实践的日益多样化，尤其是随着公用事业市场化改革的逐步推进，开始承认行政机关可以通过与私人相对方签订契约来实现公共目

---

〔1〕 参见［德］哈特穆特·毛雷尔：《德国行政法总论》，高家伟译，法律出版社2000年版，第353～354页。

〔2〕《联邦德国行政程序法（1976年）》第四章，载应松年主编：《外国行政程序法汇编》，中国法制出版社2004年版，第103～105页。

〔3〕 李惠宗：《行政法要义》，台北，元照出版有限公司2007年版，第385页。

标。先是2003年1月1日实施的《政府采购法》(2014年8月31日修正)规定了政府采购可以合同方式实施;接着2008年《湖南省行政程序规定》(2018年7月10日修正)作为我国地方上第一部统一的行政程序规定在其第93~98条对行政合同概念、主要适用对象、订立的原则、形式、效力和履行等问题作出了明确规定,为我国统一行政程序立法作出了有益的尝试;《国家赔偿法》于2010年修正时规定行政机关可以和赔偿请求人就赔偿事项、赔偿范围、赔偿方式进行协商并达成合意(该法于2012年第二次修正);《行政诉讼法》于2014年修正时则明确将政府特许经营协议、土地房屋征收补偿协议等协议纠纷纳入了行政诉讼受案范围(该法于2017年6月27日第二次修正);最高人民法院《关于审理行政协议案件若干问题的规定》(法释〔2019〕17号)也已于2020年1月1日起,该司法解释将对规范我国行政协议制度发挥重要作用。对于世界其他国家和地区而言,即使没有就行政契约专门立法,也会在实践中广泛应用契约的手段执行行政任务,以促进行政民主和行政效率。

四、行政契约与私法契约的区分标准

行政契约的理论与实践充分表明,契约自由原则与依法行政原则之间并无绝对不可调和的矛盾,契约不是私法的专属品,行政法亦可以借用契约的形式达成公共目标,只不过“可供行政机关适用的只是私法的形式,而不是私人自治的自由与可能性”〔1〕。通常而言,在法律无特别规定的情形下,行政机关既可以签订行政契约,也可以签订私法契约。对于如何区分行政契约与私法契约,学

〔1〕[德]哈特穆特·毛雷尔:《德国行政法总论》,高家伟译,法律出版社2000年版,第38页。

理上的代表性观点有契约主体说、法律依据说、契约标的说、契约目的说和综合判断说。

第一,契约主体说,又分为旧主体说和新主体说。旧主体说认为只要契约的一方当事人为行政机关,不管法律对该契约的性质有没有规定,都应当界定为公法契约或行政契约。〔1〕这种学说既无视了特定情形下行政机关与私人,乃至行政机关与行政机关缔结私法契约的事实,也绝对地排除了私人主体之间缔结公法契约之可能性。〔2〕事实上,并非行政机关缔结的契约均为行政契约。例如,"行政必需物质条件(办公物品、汽车、房地产、行政建筑物等)的供应可以通过私法合同解决,例如买卖合同、租赁合同、加工合同等。……在上述情况下,行政机关在法律上与私人没有什么区别,均以私法规范为依据"〔3〕。为了避免绝对的契约主体说过度僵化带来的不便,学界又发展出新主体说,认为"凡契约之至少一方当事人为行政机关时,即应先推定该契约为行政契约,以减少与私法契约辨别上之困难"〔4〕。在新主体说之下,必须借助其他标准来推翻上述假定,因而该学说并无实际价值。

第二,法律依据说。根据这种学说,行政机关依据民商事法律

---

〔1〕 参见许宗力:《双方行政行为——以非正式协商、协定与行政契约为中心》,载廖义男教授祝寿论文集编写委员会编辑:《新世纪经济法制之建构与挑战——廖义男教授六秩诞辰祝寿论文集》,台北,元照出版有限公司2002年版,第282页以下。

〔2〕 学者李建良认为,公权力主体之间可能缔结私法契约;反之,私人之间也可能缔结公法契约,并以德国法的实例相佐证。参见李建良:《公法契约与私法契约之区别问题》,载台湾地区行政法学会编辑:《行政契约与新行政法》,台北,元照出版有限公司2004年版,第178~179页。

〔3〕 [德]哈特穆特·毛雷尔:《德国行政法总论》,高家伟译,法律出版社2000年版,第36页。

〔4〕 参见李震山:《行政法导论》(第7版),台北,三民书局2009年版,第381页。

规范与公民缔结的契约属于私法契约；行政机关依据有关行政法律、法规与公民缔结的且不以产生私法关系为目的的契约则属于行政契约。例如，在社会公共设施委托经营管理方面，有学者认为，如果委托经营契约是为了执行特定法规规定而订立的，则应当依据该法规的法律属性决定委托经营契约的法律性质为公还是为私；在欠缺此类法律规定时，应考察契约处理的事项是否属于给付行政领域，如果答案是肯定的，则应承认行政机关有选择私法契约或者公法契约的自由。[1] 还有学者指出，应通过考察契约的内容是否可以通过公法规范直接加以设定来判断某一契约是否属于行政契约，亦即公法契约的内容是可以通过公法规范直接加以设定的，但实践中面临着诸多质疑。[2]

第三，契约标的或契约内容说。该学说认为，契约性质取决于其标的，而其标的之性质则根据其内容确定。如果契约在内容上仅限于民事关系，典型的如办公用品购买、办公场地租赁等，因不涉及公权力行使，应界定为私法契约；反之，契约内容涉及公权力行使，旨在使行政法上法律关系发生变动，应界定为行政契约，适用行政程序法。[3] 德国学者哈特穆特·毛雷尔认为，行政契约在内容上通常具有下列情形之一："(1)以执行公法规范为目的；(2)包含有作出行政行为或者其他主权性职务行为的义务；(3)针

---

〔1〕 参见陈爱娥：《台北市市有社会福利与文化设施委托经营管理之问题》，第7页以下，发表于我国台湾地区"台北市政府法规委员会"主办"台北市市有财产委托经营法制及实务问题的研讨会"，2001年7月。

〔2〕 参见植宪编著：《论行政契约与私法契约之判断——以"ETC契约之公、私法性质争议"为例》，载《法观人月刊》2007年第9期。

〔3〕 参见陈清秀：《委托经营法制及实务问题探讨》，载翁岳生教授祝寿论文集编辑委员会编辑：《当代公法新论(翁岳生教授七秩诞辰祝寿论文集)》(中)，台北，元照出版有限公司2002年版，第639页。

对公民的公法上的权利义务。"[1]吴庚大法官认为行政契约在内容上应具有如下四者之一:"(一)作为实施公法法规之手段者,质言之,因执行公法法规,行政机关本应作为行政处分,以契约代替;(二)约定之内容系行政机关负有作出行政处分或其他公权力措施之义务者;(三)约定内容涉及人民公法上权益或者义务者;(四)约定事项中列有显然偏袒行政机关一方或使其取得较人民一方优势之地位者。"[2]有学者在总结既有司法案例的基础上指出,依据"行政法上权利义务"标准界定行政协议时,"需通过三个层次进行判断:(1)协议中权利义务所包含的具体内容;(2)协议中权利义务的来源;(3)行政机关所享有的权利中是否有部分可能质变为行政权"[3]。

第四,契约目的说。这种学说认为,"若因给付内容属于中性,且无从据此判断契约之属性时,则应就契约整体目的及给付之目的为断"[4]。在德国行政法教科书上,由公安局与拖吊公司订立拖吊违规车辆的契约常被用来讨论契约目的对契约性质的影响,即"公安局负有支付拖吊公司每辆汽车拖吊费的义务,拖吊公司则负有听从公安局指示进行拖吊的义务,依此拖吊契约之目的以及契约之整体特征来看,此契约乃公安机关限于人手及设备不足,而与私人缔结一个协助公安执法、拖吊违规车辆的私法契约。此时,拖吊公司是居于行政机关私法聘雇的'助手'的地位,并非获得授

[1] [德]哈特穆特·毛雷尔:《行政法学总论》,高家伟译,中国政法大学出版社2000年版,第350~351页。

[2] 李震山:《行政法导论》(第7版),台北,三民书局2009年版,第381页。

[3] 韩宁:《行政协议判断标准之重构——以"行政法上权利义务"为核心》,载《华东政法大学学报》2017年第1期。

[4] 李震山:《行政法导论》(第7版),台北,三民书局2009年版,第381~382页。

权执行行政的公权力(拖吊权力);相反地,公安机关与被拖吊车辆的车主之间,才是公法关系"。[1] 在我国台湾地区,健康保险机构作为行政机关,为执行其法定之职权,就办理全民健康保险医疗服务有关事项,与各医事服务机构缔结全民健康保险特约、医事服务机构合约,约定由特约医事服务机构提供被保险人医疗保健服务,以达促进全民健康、增进公共利益之行政目的,因而认定这类合约具有行政契约之性质。缔约双方如对契约内容发生争议,属于公法上争讼事件。[2] 这表明了契约目的是判断契约时的重要考量因素。

第五,综合判断说。根据法国学者古斯塔夫·佩泽尔的介绍,法国学界在判断契约性质时通常采用对契约形式要件和实质要件加以综合判断的方法。形式要件要求契约主体中至少有一方主体是公法人,自不待言。实质要件则要求契约的内容涉及公共服务事项或包含普通法外条款。契约内容涉及公共服务事项的本意是指契约是公法人执行公共服务事项的手段或方式,它包含两方面:其一,契约标的旨在实现公共服务事项,该公共服务事项以公共利益为目的,通常都直接或间接由公法人所负责或实践;其二,由上述公共服务目标所决定,契约内容通常表现为由公法人交由另一方缔约人直接执行该项公共服务事项,或者通过契约使另一方缔约人得以参与公共服务的运作。普通法外条款则是那些造成缔约主体双方地位不平等的条款,突出表现为赋予公法人优势、使公法人享有特权,这是"法国最高行政法院在1912年的'孚日山花岗岩

〔1〕 参见陈新民:《中国行政法学原理》,中国政法大学出版社2002年版,第177页。

〔2〕 参见吴庚:《行政法之理论与实用》(增订八版),中国人民大学出版社2005年版,第283页。

公司'案中发展出的新的识别标准,要求确定合同性质不仅依据合同目的,还要审查涉案合同条款是否有区别于传统民事合同所约定的条款"[1]。法国学者认为,相较于形式要件而言,实质要件更为重要,只要契约在内容上涉及公共任务领域,该契约皆被界定为行政契约。从这一观点出发,法国判例承认国有道路的工程合同属于行政契约。[2]

第二节　公用事业特许经营协议性质的整体考量

公用事业特许经营协议作为政府与私人投资者就公用事业的可经营范围、时限、服务质量、价格、双方权利义务、责任负担和纠纷解决所签订的书面协议,无疑具备契约的形式要求。公用事业特许经营协议的具体内容尤其针对业务范围、服务时限、服务价格和服务区域等事项,最终取决于政府主体和私人投资者的讨价还价,在行政目标和法律强制性规定所允许的范围内,政府一方具有较大的意思自治空间,因此有"有趋向于私法的可能"[3]。除此之外,公用事业特许经营协议以实现公共利益为目标,旨在为公众提供方便,故而不可避免地受公法因素的影响与制约。那么,公用事业特许经营协议究竟是私法合同还是行政合同?抑或应视具体条款所涉及之事项予以区别对待?例如,双方就业务范围、服务时

---

〔1〕 参见梁凤云、金诚轩:《法国行政合同制度及诉讼实践》,载《人民法院报》2016年12月9日,第8版;于安:《我国PPP合同的几个主要问题》,载《中国法律评论》2017年第1期。

〔2〕 [法]古斯塔夫·佩泽尔:《法国行政法》(第19版),廖坤明、周洁译,国家行政学院出版社2002年版,第82~85页。

〔3〕 毕洪海:《合作行政法:现代公共治理的一种法律框架》,北京大学2009年博士学位论文,第12页。

限、服务价格和服务区域等公权力机关可以自由裁量的事项所达成之协议，适用私法上的合同规则；就涉及公共责任的事项所达成之协议则适用行政法的有关规则。在“没有法律规范可供适用，或者存在两种相互冲突的公法规范和私法规范都供适用”[1]的时候，为明确特许经营协议纠纷具体案件中应当适用的法律规范性质，准确界定公用事业特许经营协议的法律性质则显得尤为重要。

一、公用事业特许经营协议签订的动态考察

政府与私人主体签订公用事业特许经营协议是通过竞争缔约的方式完成的。在民法上，由招标人向数人或者公众发出招标公告并在诸多投标人之中选择最中意的投标人与之订立合同，被称为竞争缔约。[2] 根据《关于加快市政公用行业市场化进程的意见》、《市政公用事业特许经营管理办法》、《基础设施和公用事业特许经营管理办法》以及《基础设施和公共服务领域政府和社会资本合作条例(征求意见稿)》，公用事业特许经营权人必须通过招标、竞争性谈判等竞争方式来选择，这一过程本质上就是竞争缔约的过程，具体包括如下环节。

(一)开展项目前期论证

开展公用事业特许经营项目的可行性论证是决定项目成功的首要环节。县级以上人民政府有关行业主管部门或政府授权部门(以下简称项目提出部门)可以根据经济社会发展需求或者有关法人和其他组织提出的特许经营项目建议，提出特许经营项目计划。

---

〔1〕 [德]哈特穆特·毛雷尔:《行政法学总论》，高家伟译，法律出版社2000年版，第43页。

〔2〕 参见杨立新:《债与合同法》，法律出版社2012年版，第368页。

特许经营项目应当符合国民经济和社会发展总体规划、主体功能区规划、区域规划、环境保护规划和安全生产规划等专项规划、土地利用规划、城乡规划、中期财政规划等,并且具备明确的建设运营标准和监管要求。为保证特许经营项目的完整性和连续性,项目提出部门应当会同同级发展改革、财政等有关部门,从经济效益、社会效益等方面对采用特许经营模式的必要性、合理性组织开展评估;必要时可以组织有关部门、咨询机构、运营和技术服务单位、相关专家以及各利益相关方共同对项目实施方案进行充分论证,确保项目的可行性和可操作性,以及项目财务的可持续性。[1]

(二)拟定实施方案

特许经营项目确定后,由项目提出部门拟订实施方案,并组织规划、土地、建设、环保、财政、价格、国资等有关部门按照各自职责对特许经营项目的实施方案进行审查和专家论证,经征求公众意见后将实施方案报本级人民政府批准。拟定实施方案应一般包括下列内容:(1)项目名称;(2)项目的实施机关;(3)特许经营者应当具备的条件及选择方式;(4)招投标程序;(5)项目基本经济技术指标;(6)选址和其他规划条件;(7)特许经营权条款及特许经营期限;(8)投资回报和价格的测算;(9)特许经营权使用费及其减免;(10)保障措施;(11)应当明确的其他事项。

(三)特许经营项目实施方案审查

项目提出部门依托本级人民政府建立的部门协调机制,会同

---

〔1〕 特许经营可行性评估应当主要包括以下内容:(1)特许经营项目全生命周期成本、技术路线和工程方案的合理性,可能的融资方式、融资规模、资金成本,所提供公共服务的质量效率,建设运营标准和监管要求等;(2)相关领域市场发育程度,市场主体建设运营能力状况和参与意愿;(3)用户付费项目公众支付意愿和能力评估。

发展改革、财政、城乡规划、国土、环保、水利等有关部门对特许经营项目实施方案进行审查。经审查认为实施方案可行的,各部门应当根据职责分别出具书面审查意见。项目提出部门综合各部门书面审查意见,报本级人民政府或人民政府授权的部门审定特许经营项目实施方案。县级以上人民政府应当授权有关部门或单位作为实施机构负责特许经营项目有关实施工作,并明确具体授权范围。

(四)通过竞争机制选择合作伙伴

项目实施机构根据经审定的特许经营项目实施方案,通过招标、竞争性谈判等竞争方式选择特许经营者。那些特许经营项目建设运营标准和监管要求比较明确、有关领域市场竞争比较充分的,应当通过招标方式选择特许经营者,流程大致如下:(1)公用事业主管部门根据招标条件对投标人进行资格审查和方案预审,推荐出符合条件的投标候选人;(2)由公用事业主管部门组织评审委员会就候选人的经营方案、生产能力、企业信誉等事项进行评审,并经过质询和公开答辩,择优选择授予特许经营权对象;(3)由公用事业主管部门向社会公示评审委员会的评审结果,公示期应满足一定的时间段要求,以便利害关系人或者社会公众对评审结果提出异议。[1]

(五)签订特许经营协议

项目实施机构应当与依法选定的特许经营者签订特许经营协

---

〔1〕 申请特许经营权的企业应该具备的条件:(1)依法注册的企业法人资格。(2)与所申请的经营内容相应的条件:企业经营管理、技术管理负责人具备相应的从业经历和业绩,其他关键岗位人员具有相应的从业资格,应具有的资金和设备、设施能力。(3)良好的银行资信和财务状况;与其业务规模相适应的偿债能力。(4)具有可行的经营方案以及政府规定的其他必要条件。

议。需要成立项目公司的,实施机构应当与依法选定的投资人签订初步协议,约定其在规定期限内注册成立项目公司。[1] 待项目公司成立以后,实施机构方与项目公司签订特许经营协议。从功能主义的视角看,特许经营协议既是行政机关对私人主体实施特许经营进行规制的重要手段,也是保障私人主体合法权益的重要依据。[2]

通过对公用事业特许经营协议签订过程的动态考察可知,在公用事业特许经营权产生过程中存在一系列的合同群。例如,在项目方案论证阶段,政府可将论证任务委托给独立第三方机构从而产生行政委托协议;在通过竞争机制选择私人投资者阶段,公用事业主管部门可以与评审专家就评审事宜签订委托协议;在协议签订过程中,还有可能存在约定成立项目公司协议以及私人主体为成立项目公司而与其他投资主体签订的投融资协议等。特许经营协议只是政府授予私人投资者公用事业特许经营权的静态结果。因此,在考察公用事业特许经营协议的性质时,必须结合上述的动态过程进行整体考量。

---

〔1〕 实施机构应当在招标或谈判文件中载明是否要求成立特许经营项目公司。实施机构提出明确要求的,私人投资方可依合同、按现代企业制度的要求筹组项目公司,由项目公司负责按合同进行设计、融资、建设、运营等;项目公司独立承担债务,自主经营、自负盈亏,在合同经营期内享有项目经营权,并按合同规定保证资产完好;项目公司的经营权未经政府允许不得私自转让。项目形成的固定资产所有权在合同期满后必须无偿移交至政府。

〔2〕 特许经营协议通常应当包括如下内容:(1)项目名称、内容;(2)特许经营方式、区域、范围、期限;(3)是否成立项目公司以及项目公司的经营范围、注册资本、股东出资方式、出资比例、股权转让等;(4)产品或者服务的数量、质量和标准;(5)投融资期限和方式;(6)投资回报方式以及确定、调整机制;(7)特许经营权使用费及其减免;(8)特许经营者的权利和义务;(9)履约担保;(10)特许经营期内的风险分担;(11)政府承诺和保障;(12)应急预案;(13)特许经营期满后,项目移交的方式、程序;(14)违约责任;(15)争议解决方式;(16)需要明确的其他事项。

二、公用事业特许经营协议性质的理论争执

尽管理论上存在诸多关于区分行政契约和民事契约标准，但是由于我国公用事业立法上的不完善，公用事业特许经营协议的性质在理论界和实务界都是一个“公说公理、婆说婆理”的争议话题。各家观点大致归纳为四类。

其一，私法契约论。私法契约论者的理由在于：第一，特许经营协议的一方当事人虽是政府主体，但却是与私人主体在平等自愿的基础上缔约的，因而具备民事契约的一般法律特征。[1] 第二，公用事业特许经营权作为公用事业特许经营协议之标的，是私人主体享有的对特殊商品或服务的经营权，本质是民法上的财产权利。[2] 第三，特许经营协议的纠纷解决方式具有特殊性，尤其是在外商投资的 BOT 项目中，东道国政府一般都在争议的解决机制中积极采用谈判、调解、仲裁等方式，从而有别于行政复议和行政诉讼等行政纠纷的解决模式。[3] 还有论者从过去“企业承包制”的教训出发，认为如果将特许经营协议等 PPP 协议界定为行政协议，将极大损害 PPP 制度的创新性，“在改革创新探索中仅有形式意义地或含混不清地界定政府与企业甲乙双方‘合同’签订者平等地位的‘合同’只是假合同，不可能形成基本的严肃性和任何可

---

〔1〕 参见杨汉平：《政府采购法律制度理论与实务》，西苑出版社 2002 年版，第 153 页；梁慧星：《民法学说判例与立法研究（二）》，国家行政学院出版社 1999 年版，第 190 ~ 191 页。

〔2〕 参见杨明、曹明星：《特许经营权：一项独立的财产权》，载《华中科技大学学报（社会科学版）》2003 年第 5 期；李显冬：《市政特许经营中的双重法律关系——兼论市政特许经营权的准物权性质》，载《国家行政学院学报》2004 年第 4 期。

〔3〕 参见辛柏春：《BOT 项目协议的法律性质》，载《行政与法（吉林省行政学院学报）》2005 年第 5 期。

持续性”。[1]

其二,行政契约论。行政契约论者则认为,公用事业特许经营协议是政府实现行政目标的手段,其行政契约的本质是由主体特定性、目的公益性及适用规则的公法属性决定的。[2] 各式各类的公用事业特许经营协议“利用非公共机构实现公共职能的基本目标和遵循的基本原则是统一的,没有实质上的差别”[3]。为实现公共目标,政府在契约履行过程中享有一定“特权”,包括依法享有监管权、强制信息披露权和强制接管权,以及当私人主体违反协议或有关强制性法律规范,政府有权采取包括收回行政特许在内的制裁措施等,这些内容充分表明公用事业特许经营协议具有公法性质。[4]《行政诉讼法》修订以后,有学者从实证法的角度,认为“特许经营协议”是行政机关在法定职责范围内、为实现公共利益而与私人主体签订的协议,其涉及的双方权利义务也是行政法性质的,因而符合“法律和司法解释对行政协议的定位”[5],即“行政机关为实现公共利益或者行政管理目标,在法定职责范围内,与公民、法人或者其他组织协商订立的具有行政法上权利义务内容”的

---

〔1〕 参见贾康:《将 PPP 合同定性为“行政协议”,将颠覆 PPP 的创新根基》,载财经网 2019 年 12 月 19 日,https://news.caijingmobile.com/article/detail/408450?source_id=40&share_from=moments&from=timeline。

〔2〕 参见邢鸿飞:《政府特许经营协议的行政性》,载《中国法学》2004 年第 6 期。

〔3〕 于安:《外商投资特许权项目协议(BOT)与行政合同法》,法律出版社 1998 年版,第 3~4 页。

〔4〕 参见李延铸:《论行政特许经营协议》,载《四川行政学院学报》2013 年第 3 期。

〔5〕 梁凤云:《公私合作协议的公法属性及其法律救济》,载《中国法律评论》2018 年第 4 期。

协议。[1]

其三,混合契约论。混合契约论者认为,特许经营协议作为公私合作协议,"既反映了政府部门与私人主体之间以公共服务为标的的特殊买卖合同关系,又反映了作为公共服务市场监管者的政府与作为公共服务实际生产或经营者的私人主体之间的监督与被监督关系,应当属于兼具公法和私法性质的混合合同,双方当事人应当同时受到公法与私法原则的约束"[2]。与之相类似的观点还有,"特许经营合同既有作为不平等的监管者与被监管者之间通过协商约定的监管或者承诺事项,也有作为平等民事主体之间的真实意思表示,兼具行政和民事双重法律属性。建议对现行行政和民事泾渭分明的合同法律制度和诉讼法律制度作出适当改造和完善"[3]。

其四,经济契约论。这种观点认为,特许经营协议属于经济合同,应由经济法调整。理由在于,"特许权合同关系,是 PPP 模式中重要的经营管理关系,具有协调性质,是 PPP 模式能够有效吸引私人资本并成功运行的前提。PPP 模式作为一种经济模式,从政府方和社会资本方之间的合作产生的三大类社会关系看,都属于经济关系而不是行政关系。基于政府方和社会资本方之间的合作关系

[1] 根据2015年最高人民法院《关于适用〈中华人民共和国行政诉讼法〉若干问题的解释》(已废止)第11条第1款,行政协议是"行政机关为实现公共利益或者行政管理目标,在法定职责范围内,与公民、法人或者其他组织协商订立的具有行政法上权利义务内容"的协议。2019年最高人民法院《关于审理行政协议案件若干问题的规定》第2条第1项再次将"政府特许经营协议"纳入行政协议的范畴。

[2] 湛中乐、刘书燃:《PPP 协议中的法律问题辨析》,载《法学》2007年第3期。

[3] 李亢:《从特许经营协议探究行政合同的公私融合》,载《中国法律评论》2017年第1期。

是经济关系,所以因 PPP 模式而形成的经济合作关系应当主要由经济法调整”[1]。

应当说,各家之言皆有其道理,但也都存在不足。民事契约论者注意到了特许经营协议的主体平等性,并从纠纷解决的实际做法加以反证得出特许经营协议的私法性质,但是忽略了特许经营协议主体的特定性、目的公益性及应受公法约束性;行政契约论者过于强调特许经营协议的公益目标和行政主体的优越地位,很容易造成对私人主体权利的忽视乃至损害;混合契约论主张针对特许经营协议的具体条款分别定性,难免有伤协议的整体性,人为地将特许经营协议的整体性割裂开来;经济契约论则是混合契约说的另一种表达,因为经济法本身就是兼容公法和私法的混合法。

三、整体作为行政契约的公用事业特许经营协议

虽然《行政诉讼法》从国家顶层设计的视角为政府特许经营协议定了性,但是围绕着公用事业特许经营协议性质的争论并未因此停止,反倒是掀起了新一轮讨论特许经营协议法律属性的热潮。至 2017 年 7 月,国务院法制办(国务院机构改革后,已取消设置)公布《基础设施和公共服务领域政府和社会资本合作条例(征求意见稿)》,学术界有关这一问题的争论仍未达成一致见解。笔者认为,作为由政府一方为实现公共利益与私人一方签订的契约,一方面,公用事业特许经营协议“涉及公共责任,要为公众提供方便,受公法约束的影响”[2];另一方面,与公共责任无关的其他事项,则

[1] 徐孟洲:《论政府和社会资本合作关系的经济法调整》,载《中国法律评论》2017 年第 1 期。

[2] Joseph A. Joyce, *A Treatise on Franchises*, Banks Law Publishing Co., 1914, p. 542.

要受到私法规则的调整。因此,公用事业特许经营协议"代表了游离在民事契约和行政行为之间的行政契约的一种典型形态"[1],其性质界定应从整体上予以把握,不宜人为地将其割裂。

(一)公用事业特许经营协议的公法属性

公用事业特许经营协议无疑是具有公法属性的,这主要体现在政府一方在协议的订立和履行过程中享有一系列的特权,尤其是享有对协议履行的监督权和情势变更时单方调整协议内容的权力。这是由公用事业特许经营的公共利益目标所决定的。在公用事业特许经营协议中,公共利益优先于双方当事人的意思自治,政府一方可以基于公共利益之考量对既有协议的内容加以变更,可以拒绝履行在协议中承诺的义务,也可以强制性地要求获得特许经营权的私人主体承担协议之外的其他公益性任务,尽管政府部门一般会允诺对私人主体因此遭受损失的情形予以适当的经济补偿,但是这种经济补偿并没有削弱政府一方在特许经营协议中的优势地位。对于作为私人主体的公用事业特许经营权人而言,不仅要适当地履行特许经营协议约定的义务,还不得拒绝执行政府一方要求的其他公益性任务。否则,政府一方不但可以解除协议并撤销私人主体的特许经营权,而且有权在因私人主体拒绝执行相关公益性任务给公共利益造成损失时给予私人主体一定的行政处罚或其他制裁。

政府部门因公共利益之需要享有的上述一系列特权,使公用事业特许经营协议与双方当事人权利义务对等的私人契约区别开来,呈现一定的公法特性。这正如乔斯 · M. 费尔南德斯 · 马丁

〔1〕 参见余凌云:《行政契约论》,中国人民大学出版社2000年版,第184页。

(Jeos M. Fernadez Martin)对政府采购契约的论述:

> 采购契约中一方当事人被视为公共利益的代表,这就决定了公法契约有别于纯属私人之间签订的契约的特殊性。行政机关形成签订契约的意志的方式,他们的契约行为所受到的来自预算和政治上的约束,契约本身所蕴含的公共利益,以及对契约的履行必须施加严格的监督,所有这些都使得公法契约活动(public contract activities)构成独立的法律类别,要受到特别规则和原则的调整,当然,其中的调控程度取决于一个国家在法律上怎样处理。[1]

(二)公用事业特许经营协议的私法属性

公用事业特许经营协议具有明显的私法性,这不仅体现在其订立过程是政府一方秉持平等理念和私人主体进行讨价还价的过程,而且体现在政府一方所享有的公权力在契约履行过程中受到诸多私法原则的限制。例如,当政府一方基于公共利益而对特许经营协议的内容予以调整或终止特许经营协议之时,通常要赔偿私人主体因此受到的损失,或者修改相关条款以重新保持双方权利(力)义务的平衡。私法原则保障了政府一方和私人主体之间的合作伙伴关系,这种伙伴关系能否稳定存续在根本上取决于政府一方能在何种程度上尊重私人主体的独立地位并与私人主体保持平等。概而言之,从公用事业特许经营协议的缔结、履行直至终止的整个过程中,只有那些关系到公共利益的根本性事项才是公法

---

〔1〕 Joes M. Fernadez Martin, *The EC Public Procurement Rules: A Critical Analysis*, Clarendon Press, 1996, p. 1.

性质的,而其他与公共利益无关的内容则与一般的私法契约别无二致。

在美国19世纪上半叶的查尔斯河大桥诉沃伦大桥(Charles River Bridge v. Warren Bridge)案中,约翰·麦克莱恩(John Mclean)法官的协同意见和约瑟夫·斯托雷(Joseph Story)法官的反对意见就充分表明了上述观点。约翰·麦克莱恩法官认为:"找不到什么理由认为,当立法机关要通过建造一座桥梁、一条收费公路或者任何公用设施来促进公共利益时,它所颁发的特许状,去适用不同于支配私人之间契约的规则。"约瑟夫·斯托雷法官的反对意见书中尽管没有像约翰·麦克莱恩法官那样明白无疑地提出特许应适用与私法契约相同的规则,但是我们仍可以从字里行间推断出"英雄所见略同"之意。约瑟夫·斯托雷法官认为:"……特许是一个契约,要根据其含义给出公平的解释。政府将公平对价据为己有,对契约的晦涩和隐喻所在给出闪烁其词的解释,这将是政府的耻辱。"言下之意,在特许契约中,政府应与私人相对方处于平等的法律地位,政府凭仗其公权力随意解释契约是对契约精神的亵渎。[1]

总体而言,特许经营协议的私法属性具体表现为:第一,双方当事人意志表达的平等性,政府一方不得强迫私人主体与之签订特许经营协议,也必须在因基于公共利益需要而变更或者终止特许经营协议给私人主体造成财产损害时予以经济补偿;第二,双方当事人意思表示的一致性,即特许经营协议的有效成立必须以行

---

〔1〕 Charles River Bridge, 36 U. S. at 646. 转引自[美]J. 格里高利·西达克、[美]丹尼尔·F. 史普博:《美国公用事业的竞争转型:放松管制与管制契约》,宋华琳等译,上海人民出版社2012年版,第129~133页。

政主体与相对人的合意为前提,从而有别于那些只需行政主体单方面意思表示即可成立的行政行为;第三,政府一方在缔结公用事业特许经营协议时,具有较大的自由裁量权,可以在不与法律相抵触的情况下便宜行事,根据实际需要对私人主体的要求做适当的让步,这也是私法上自由精神在公领域的运用。

(三)公用事业特许经营协议的整体属性

在私法契约中,双方当事人地位平等且享有极大的意思自治空间,只要其内容不损害公共利益、不违反国家法的强制性规定和公序良俗,则"合意即生效",而不需要以公共利益为目的,也无须向社会公示,更不需要接受社会的监督。特许经营协议则恰恰相反,政府一方在协议中享有优越于私人主体的地位,其签订特许契约的意思表示要受到依法行政原则的约束,协议必须以公共利益为目的且必须要接受社会公众的监督。换言之,公用事业特许经营协议的公共利益目的和政府一方所享有"特权"决定了公用事业特许经营协议不能排除公法规范的适用,而且这种适用是全方位的,不仅其内容要确保政府一方对协议的监督权和单方变更、解除权以充分体现公共利益优先的原则,而且其订立和实施过程也要接受社会公众的监督以防止公私合谋损害公共利益。在此意义上,毋宁说公用事业特许经营协议只是借助了私法契约的外衣,其本质仍然是行政主体执行公共任务的手段,宜界定为行政契约。

于安教授指出:"在确定政府特许协议法律属性上,还有政府职能或者公共政策的作用问题。法国把政府特许合同纳入行政合同之中的根本理由,其实是行政法的公共服务化即公共服务行政法,从此把是否属于政府的公共服务职能作为划分行政法与普通民事法的主要标准。"[1]日本行政法学家南博方(みなみ ひろまさ)也认为,"在行政契约中,当其根本性条款属于公法性质的时候,关于行政契约的争讼作为当事人诉讼而适用《行政案件诉讼法》"[2]。因此,作为政府推进市场经济体制转型的政策性手段,同时也是其执行行政任务的一种方式,公用事业特许经营虽然会产生一定的私法关系,但是这类私法关系存在的目的是更好地服务于公共利益,因而居于次要的、辅助的地位,由其形成的公法关系则居于根本性的、主要的地位。这也是为什么应将公用事业特许经营协议在整体上视为行政契约的理由所在。

将公用事业特许经营协议在整体上视为行政契约,则公用事业特许经营协议纠纷属于行政诉讼的审理对象。同时,考虑到公用事业特许经营协议的私法属性,亦应当允许法官在个案中适用相关私法规则来解决特许经营协议纠纷中的实体问题。易言之,公用事业特许经营协议纠纷的解决需要同时适用行政法规范和民法规范。应当注意的是,在"民行一并审理案件"[3]中,行政法官也会同时运用到行政法规范和民法规范来解决相关纠纷。但是,公用事业特许经营协议纠纷与"民行一并审理案件"存在本质不同,"民行一并审理案件"同时包含了行政争议和民事争议,而特许经营协议纠纷在性质上无法割裂为行政争议和民事争议,而是整体属于行政争议。就个案而言,只有当争议的事项混合了行政和

[1] 于安:《论政府特许经营协议》,载《行政法学研究》2017年第6期。

[2] [日]南博方:《行政法》(第6版),杨建顺译,中国人民大学出版社2009年版,第82页。

[3] 根据《行政诉讼法》第61条,"在涉及行政许可、登记、征收、征用和行政机关对民事争议所作的裁决的行政诉讼中,当事人申请一并解决相关民事争议的,人民法院可以一并审理",学理上将这类案件称为"民行一并审理案件"。

民事双重属性时,才需要同时运用行政法规范和民法规范加以解决。一般而言,如果个案中争议的对象只是政府单方行使行政职权的行为,则法院只需要依照行政法规范对政府行为进行合法性审查即可;如果个案中争议的问题涉及特许经营协议的效力问题,则法院需要同时适用民法上关于合同效力的规定,如特许经营协议存在胁迫、欺诈、重大误解、显失公平等情形,法院经审理认为符合民法上规定的可撤销事由,则可以依法判决撤销该协议。

第三节　特许经营协议的效力

公用事业特许经营协议的成立是指特许经营协议从无到有的事实,公用事业特许经营协议的合法、生效则是指既已成立的特许经营协议能够产生当事人预设的法律上的权利义务关系,前者仅涉及事实判断,后者则涉及效果判断。一般来说,公用事业特许经营协议成立并不当然合法、生效,有效的公用事业特许经营协议既要符合依法行政原则对行政行为的要求,也要遵守自由、合意等基本的契约原则。根据《最高人民法院关于审理行政协议案件若干问题的规定》第 11 条"人民法院审理行政协议案件,应当对被告订立、履行、变更、解除行政协议的行为是否具有法定职权、是否滥用职权、适用法律法规是否正确、是否遵守法定程序、是否明显不当、是否履行相应法定职责进行合法性审查"以及第 14 条"原告认为行政协议存在胁迫、欺诈、重大误解、显失公平等情形而请求撤销,人民法院经审理认为符合法律规定可撤销情形的,可以依法判决撤销该协议"之规定,公用事业特许经营协议的有效性取决于协议双方主体适格且政府一方必须职权合法、政府一方订立公用事业特许经营协议的程序合法、特许经营协议内容合法三个公法性质的要素以及协议的内容属于双方合意这一私法性质的要素。

通常而言,违法行政行为一经撤销自始无效,而违法行政行为并不必然被撤销并导致无效。例如,《行政诉讼法》第 74 条第 1 款规定,“行政行为依法应当撤销,但撤销会给国家利益、社会公共利益造成重大损害的”或者“行政行为程序轻微违法,但对原告权利不产生实际影响的”,法院仅确认行政行为违法而不撤销。行政协议作为一种特殊的行政行为,在效力类型上同样存在合法有效、违法无效和违法有效三种。本部分将一并探讨超越职权、程序违法、表意瑕疵和内容违法对特许经营协议效力的不同影响。

一、双方主体适格及政府职权合法

特许经营协议的双方主体适格要求双方当事人具备相应的行为能力,能以自己名义签订合约并独立承担合约设定的权利和义务。一般而言,具有完全民事权利能力和民事行为能力的自然人、法人或者其他组织都可以成为合同的一方当事人,但政府选中的公用事业特许经营权人在具备基本的权利能力和行为能力之外,还应当具备特殊的资格资质要求,具体包括:(1)依法注册的企业法人资格;(2)与所申请的经营内容相应的条件;(3)企业经营管理、技术管理负责人具备相应的从业经历和业绩,其他关键岗位人员具有相应的从业资格,应具有的资金和设备、设施能力;(4)良好的银行资信和财务状况;(5)与其业务规模相适应的偿债能力;(6)具有可行的经营方案以及政府规定的其他必要条件。[1] 此不赘言。这里仅重点讨论作为政府一方的当事人适格问题及政府职权行使对于特许经营协议效力的影响。

---

〔1〕 参见原建设部 2002 年《关于加快市政公用行业市场化进程的意见》。

(一)政府何时拥有缔约权力?

根据现行行政法理论,政府一方主体适格要求其必须是行政主体。需要指出的是,政府一方签订特许经营协议还应满足职权合法性。"职权合法性"问题首先意味着,政府签订公用事业特许经营协议的权力是否需要遵循法律保留或者需要法律的明确授权?在行政契约的学说史上,曾先后出现过两种观点,一种观点认为"公法关系一般由强行性规定来规定,只有在法律上特别承认由契约来规定时才能容许";后来的观点则认为"法律上默认公法上的契约,只要没有相反的规定,基于行政上的必要而缔结公法上的契约就是有效的"[1]。从行政契约的实践来看,尽管国家会针对行政契约制定某些规则,但是多数情形下,立法仅对行政契约进行有限的规范,在行政契约的缔结权限上,立法只会就特定事项作出禁止性规定,而鲜少对政府可就哪些事项缔结契约作出明确规定。[2] 例如,1991 年的《葡萄牙行政程序法》第 179 条规定,"行政机关在实现其所属的法人的职责时,可订立行政合同,但法律有相反规定或因拟建立的关系的性质而不允许,不在此限"[3]。因此,无论是行政学理还是立法实践,对行政机关缔约的权限要求都比较宽松,"一般不需要法律明确授权,只要与行政机关职责不抵触,且法律没有明确规定履行职责方式,行政机关都可以裁量采取恰

[1] [日]田中二郎:《行政行为论》,有斐阁 1954 年版,第 294 页。转引自王贵松:《行政协议无效的认定》,载《北京航空航天大学学报(社会科学版)》2018 年第 5 期。

[2] 参见[英]A. C. L. 戴维斯:《社会责任:合同治理的公法探析》,杨明译,中国人民大学出版社 2015 年版,第 10 页。

[3] 应松年主编:《外国行政程序法汇编》,中国法制出版社 2004 年版,第 375 页。

当的执行方式,包括行政协议方式"[1]。

因此,行政契约作为一种有别于秩序行政的管理手段,是政府在给付行政理念下以弱化行政管理的权力因素、提高行政管理的可接受性而予以采用的,属于典型的非侵害性管理手段,故而允许行政机关在不违背现行法规定的原则下可自行采取。就公用事业特许经营协议而言,政府一方对于特许经营协议项目具备事务管辖权、地域管辖权和级别管辖权,即满足职权合法性要求。

(二)特许经营协议必然因政府越权而无效?

有学者指出,"一个合法的行政行为,首先建立在行政机关有管辖权的基础上。如果行政机关对特定事务没有管辖权,那么行政行为必然被撤销"[2]。通常来说,行政机关超越法定权限实施的行为属于违法行为,根据依法行政原则的要求,自然是需要被撤销的。在需要考虑公共利益场合,上述论断却并不必然成立,即便是行政机关越权作出的对相对人构成侵害的行政行为被诉至法院,法院也会出于保护公共利益之需要作出确认被诉行为违法的判决并视具体情形要求行政机关采取补救措施,而非断然予以撤销。[3] 如果行政机关越权作出的是一个对相对人授益的行政行为,则其是否应予撤销还要考量相对人信赖利益的保护问题。根据信赖保护原则,如果违法授益行政行为之作出不存在可归责于行政相对人之事由,且行政相对人的信赖利益明显大于公共利益之需求时,则应准予违法的授益性行政行为存续。

公用事业特许经营协议违法即意味着私人主体的特许经营权

---

〔1〕 余凌云:《论行政协议无效》,载《政治与法律》2020 年第 11 期。

〔2〕 何海波:《行政诉讼法》,法律出版社 2011 年版,第 415 页。

〔3〕 参见《行政诉讼法》第 74 条第 1 款第 1 项。

违法,否认公用事业特许经营协议的效力即导致私人主体特许经营权之丧失。从有关行政许可的立法和原理来看,违法的特许经营权并不必然被撤销并自始无效。根据《行政许可法》第 69 条第 1 款,行政机关超越法定职权作出的准予行政许可决定属于当然违法,依法应予撤销;然而,同条第 4 款则指出"依照本条第一款的规定撤销行政许可,被许可人的合法权益受到损害的,行政机关应当依法给予赔偿"。从体系解释的角度来讲,该条的可贵之处是,立法者已经意识到了被许可人或对行政机关违法授予的行政许可享有信赖利益,并规定财产保护作为补救;但不足之处则在于立法者忽略了对被许可人的信赖利益以及依法行政原则欲保护的公共利益之间的衡量,因而缺乏了对被许可人的存续保护。然而,就理论而言,若被许可人的信赖利益明显大于依法行政原则欲保护的公共利益,无疑应对其信赖利益采取存续保护的方式。

因此在公用事业特许经营实施过程中,如果政府一方超越权限与私人投资者签订了特许经营协议,原则上该特许经营协议不符合依法行政原则之要求,不具有合法性基础,当属无效。但是,行政机关与私人主体签订特许经营协议本质上是授予私人主体公用事业特许经营权,因而属于授益性行政行为,其撤销应综合考量依法行政原则、公共利益需要和私人信赖利益的大小。如果该特许经营协议已经在履行中,此时否认其效力将会对私人主体造成难以弥补的损失,抑或对公共利益造成重大损害的,应视具体情形分别作出如下处理:若项目实施机构并非行业所属的主管机关,则应在不损害私人投资方利益或者公共利益的情形下,将协议约定的相关权利义务转移至相关的行业主管部门,由行业主管部门与私人投资方签订补充协议或者另行立约;如果项目实施机构只是没有获得本级人民政府授权,则由本级人民政府通过事后授权的方式予以补救,从而认可该特许经营协议的有效性并允许私人投资方继续履行。总体而言,“权能缺乏造成的协议瑕疵并不必然导致无效,如果通过有权者的追认获得补正,则违反权能签订的协议并不内在地具有危害公共秩序的特质”[1]。

二、特许经营协议须经竞争缔约程序

程序合法是行政行为合法的重要考量因素,公用事业特许经营协议亦不例外。根据《政府采购法》、《招标投标法》、《关于加快市政公用行业市场化进程的意见》、《市政公用事业特许经营管理办法》、《基础设施和公用事业特许经营管理办法》以及《基础设施和公共服务领域政府和社会资本合作条例(征求意见稿)》,竞争缔约是政府签订公用事业特许经营协议的最主要方式,只有通过公开招投标方式确实无法选择合适的私人投资方时,才能考虑竞争性谈判、邀请招标或直接磋商的方式选择私人投资方,这一要求与国际上的普遍做法一致。

(一)招投标程序是否属于“法律、法规的强制性规定”

从既有司法实践来看,举凡公用事业特许经营协议纠纷,无论是采取民事诉讼程序审理还是行政诉讼审理,法院都倾向于认为,未经竞争机制选择特许权人的,特许经营协议原则上无效。其中,较为常见的理由是认为招投标程序属于“法律、法规的强制性规定”。例如,在南宁市中威管道燃气发展有限责任公司(以下简称中威公司)与武鸣县人民政府及其住建局单方解除《武鸣县管道燃气特许经营协议书》纠纷一案中,法院认为,根据《行政许可法》第

---

[1] 王敬波:《司法认定行政协议无效的标准》,载《中国法学》2019年第3期。

12 条第 2 项和第 53 条,管道燃气特许经营权应当通过公开招投标等方式授予。在该案中,武鸣县人民政府则是通过县政府常务会议的形式讨论决定授予原告在武鸣县范围内实施管道燃气特许经营,故而违反了法律的强制性规定。根据原《合同法》第 52 条第 5 项,原告中威公司和被告县住建局签订特许经营合同无效。[1] 笔者认为,法院在该案中片面理解了“强制性规定”。申言如下。

在合同法领域,影响合同效力的强制性规定有效力性的强制规定和管理性的强制规定之分,二者对合同效力的影响并不相同。最高人民法院曾就此指出,“违反效力性强制规定的,人民法院应当认定合同无效;违反管理性强制规定的,人民法院应当根据具体情形认定其效力”,并要求“人民法院应当综合法律法规的意旨,权衡相互冲突的权益,诸如权益的种类、交易安全以及其所规制的对象等,综合认定强制性规定的类型。如果强制性规范规制的是合同行为本身即只要该合同行为发生即绝对地损害国家利益或者社会公共利益的,人民法院应当认定合同无效。如果强制性规定规制的是当事人的‘市场准入’资格而非某种类型的合同行为,或者规制的是某种合同的履行行为而非某类合同行为,人民法院对于此类合同效力的认定,应当慎重把握,必要时应当征求相关立法部门的意见或者请示上级人民法院”[2]。据此,“如果允许违反法律、行政法规某一规定的合同有效,将损害国家利益或者社会公共

[1] 参见广西壮族自治区南宁市中级人民法院行政判决书,(2014)南市行一初字第 25 号。该案审理时,《民法典》尚未出台,《合同法》属于当时有效的法律依据。

[2] 参见最高人民法院《关于当前形势下审理民商事合同纠纷案件若干问题的指导意见》(法发[2009]40 号)第 15 条、第 16 条。

利益,则该规定属于效力性的强制规定”。[1]

具体到公用事业特许经营协议而言,违反“竞争缔约”的程序性规定并不必然损害国家利益和社会公共利益。这是因为,公用事业特许经营进行招投标旨在选择最优的私人主体从事公用事业服务,法律做此规定很明显“规制的是当事人的‘市场准入’资格而非某种类型的合同行为”,并不属于效力性强制规定,因而即使未经招投标或者招投标程序存在瑕疵也并不意味公用事业特许经营协议当然无效。

(二)缔约程序瑕疵与公私利益之权衡

和政府越权一样,缔约程序瑕疵对特许经营协议效力的影响也是要视具体情形而定的。在具体个案中,司法裁判还应当考虑公共利益与私人主体的信赖利益保护问题,如果在私人主体各方面条件都符合行政机关选择特许经营权人的标准,且未经招投标仅仅涉及程序上的不当,这时行政机关应采用适当的措施对特许经营协议的效力予以补救,以防止终止协议给公共利益和私人主体的信赖利益造成重大损害。例如,在益民公司与河南省周口市政府等部门的燃气特许经营权授予与撤销纠纷案中,法院以存在需要保护的公共利益为由而判决维持周口市政府违法授予亿星公司的燃气特许经营权,同时对益民公司的合法权益予以财产补救。[2]

再如,在2017年6月23日,银川市政府授权银川市住建局与中国青旅实业发展有限责任公司全资成立的中青实业(宁夏)有限

[1] 参见崔建远主编:《合同法》(第3版),北京大学出版社2016年版,第91~92页;韩世远:《合同法总论》(第3版),法律出版社2016年版,第178页。

[2] 参见益民公司诉河南省周口市政府等行政违法案,最高人民法院行政判决书(2004)行终字第6号。

公司就“宁东余热利用供热项目”签订《银川市东热西送智能化集中供热项目特许经营协议》,签订特许经营协议不到半年,银川市政府部门以特许经营权授予未经招投标因而程序违法为由提出撤回特许经营授权,遂起纠纷。有学者指出,立法赋予行政机关撤销特许经营许可的权力,但其间蕴含了对公共利益的考量。政府如果因为没有组织招投标而撤销特许经营协议,后续必然要对行政相对人给予补偿。那么在考虑是否撤销特许经营协议时应该衡量未经招投标程序所损害的公共利益是否超过了因撤销特许经营协议将要给予私人主体的补偿。就信赖利益保护而言,组织招投标是政府的义务,但不能反过来成为政府解除特许经营协议的理由,因行政机关自身原因导致特许经营协议程序违法的,行政机关不应当在不考虑私人信赖利益的情形下当然予以撤销。[1]

三、公私双方意思表示真实且达成合意

鉴于公用事业特许经营协议的私法属性,公用事业特许经营协议欲生效还需满足私法上对于合同效力的一般规定。根据《民法典》第143条之规定,意思表示真实是民事行为有效的前提。[2]有效的公用事业特许经营协议必须是政府一方和私人主体双方在自愿基础上的真实意思表示。根据合同原理,意思表示真实具体指当事人意思表示之作出不是受欺诈、胁迫所致或者存在显失公平、重大误解等情形。据此,《最高人民法院关于审理行政协议案

[1] 单晓玉:《银川市政府“一女许两夫”百亿特许经营权争夺战》,载《财新周刊》2018年第17期。

[2] 《民法典》第143条:“具备下列条件的民事法律行为有效:(一)行为人具有相应的民事行为能力;(二)意思表示真实;(三)不违反法律、行政法规的强制性规定,不违背公序良俗。”

件若干问题的规定》第14条规定，"原告认为行政协议存在胁迫、欺诈、重大误解、显失公平等情形而请求撤销，人民法院经审理认为符合法律规定可撤销情形的，可以依法判决撤销该协议"。

（一）特许经营协议中的意思表示瑕疵

特许经营协议是政府一方与其选中的私人投资者在自愿基础上达成的合意，双方意思表示真实是特许经营协议生效的前提。根据《民法典》第146条至第151条对意思表示瑕疵之规定，就理论而言，特许经营协议中的意思表示瑕疵可见于以下情形：第一，政府一方和私人主体就某一事项之合意均是虚假的意思表示；第二，政府一方和私人主体就某一事项之合意，一方是虚假的意思表示，另一方则是真实的意思表示；第三，政府一方和私人主体就某一事项达成合意，一方存在重大误解；第四，政府一方和私人主体就某一事项达成合意，一方对另一方存在欺诈；第五，政府一方和私人主体就某一事项达成合意，系政府一方居于行政权的优势地位以胁迫手段迫使私人主体签订特许经营协议；第六，一方利用对方处于危困状态、缺乏判断能力等情形致使特许经营协议成立时显失公平，如在我国公用事业特许经营初期，一些外方投资者利用地方政府急于摆脱财政负担、"甩包袱"的心理，在特许经营协议中约定高额回扣或者固定投资回报，显然对于地方政府是不公平的。

（二）特许经营协议中的权利义务对等

因为探究当事人的思维过程通常无法实现，只能从事后的角度，以协议约定的权利义务是否合理来判断当事人的意思表示是否真实。这意味着有效的公用事业特许经营协议在公私双方的权利（力）义务配置上应当是大致对等的。根据特许经营实践和相关立法，公私双方的权利义务对等大致如下：

政府一方在特许经营协议中的权利(力)主要包括监督和指挥特许经营协议的履行、基于公共利益的需要单方面变更或解除特许经营协议,以及对私人主体不履行或不适当履行特许经营协议的行为加以制裁等。其义务包括兑现应给予私人主体的政策性优惠或照顾的义务、给予私人主体物质损害赔偿或补偿的义务、按照约定给付价金或报酬的义务等。相应地,私人主体则享有取得报酬权、要求给予物质损害赔偿或补偿的权利以及在发生不可抗力时要求政府给予不可预见的困难补偿权;同时应负担按照特许经营协议约定的条件、期限等有关要求全面履行特许经营协议的义务以及接受政府一方的监督、指挥和依法实施的制裁的义务。具体到合同条款的设计上,权利义务的对等配置并不要求双方的权利义务达到一一对应,只要整体上达到对等即可。

(三)表意瑕疵对特许经营协议效力的影响

根据《民法典》第146～151条之规定,不同类型的意思表示瑕疵对特许经营协议效力的影响有所差异。一般而言,如果一方受另一方欺诈、胁迫签订特许经营协议,或者协议当事人对协议内容存在重大误解,又或者协议内容显失公平时,则受欺诈方、受胁迫方、对协议有重大误解方以及协议内容显失公平时的受损害方,有权依法请求法院撤销该特许经营协议。如果一方当事人明知对方是虚假的意思表示,仍与之缔约的,则该特许经营协议无效,但前提是意思表示虚假的一方能举证证明对方明知其意思表示虚假;如果举证不能,则意思表示虚假的一方应受到民法上诚实信用原则或者行政法上信赖保护原则之约束;在有些情形下,协议相对方虽不知对方的意思表示虚假,但若该虚假的意思表示违法,也不能主张诚实信用或者信赖保护。例如,在石某与成都市双流区黄龙溪镇政府的拆迁补偿协议纠纷案中，被告为保证拆迁进度，答应原告将一个拆迁补偿项目拆分为四个，从而给予原告超标补偿。之后被告拒绝履行协议，遂起纠纷。法庭审理中，被告积极举证证明自己的行为违法，实为虚假的意思表示。法院则从保护国家利益的立场判决该协议无效，即“原、被告双方签订的四份拆迁补偿协议违背了客观真实，虚增了补偿内容和对象，损害了国家利益，根据《中华人民共和国合同法》第52条第2项的规定，应认定为无效”。[1]

四、特许经营协议的内容合法

公用事业特许经营协议的有效性还取决于其实体内容的合法性。一方面，有效的公用事业特许经营协议在内容上应符合民法上有关合同有效的规定，如《民法典》第143条明确规定有效的民事法律行为除行为人应具备相应行为能力、意思表示真实之外，还以“不违反法律、行政法规的强制性规定，不违背公序良俗”对意思自治加以限制。另一方面，公用事业特许经营协议的内容也应当符合行政法上对于行政行为合法性的规定，如《行政诉讼法》第75条规定，“行政行为有实施主体不具有行政主体资格或者没有依据等重大且明显违法情形，原告申请确认行政行为无效的，人民法院判决确认无效”。概而言之，有效的公用事业特许经营协议其内容上应不存在违反公序良俗、违反法律行政法规的强制性规定以及其他重大且明显违法情形。

鉴于《民法典》将强制性规定的依据限定在了法律和行政法规，则特许经营协议若在内容上违反了地方性法规和政府规章，是否可以认定为无效？一种观点认为，“从发挥行政协议功能、防止

---

[1] 成都市龙泉驿区人民法院行政判决书，(2016)川0112行初66号。

不当干预的角度而言,沿用民法上规定的立法权限即仅限于法律和行政法规也是妥当的。至于规章,仅可在确定公共利益时发挥辅助性说明作用"〔1〕。另一种观点则认为,"从行政法的角度而言,行政机关需遵守任何有效的且具有实质拘束力的法律规范。因此,行政主体签订行政协议,不得违反各层级规范中的强制性规范"〔2〕,"当私法契约的无效规则与行政行为的无效规则发生冲突时,应当优先适用行政行为的相关规则,只有如此,方与行政契约的本质属性相合"〔3〕。理由是"公法上的契约以公法上效果的发生为目的,其自身具有公共性质,因而,仅从当事人利害调整的角度规定的私法规定……不能原封不动地适用,必须从保护公共福利的角度予以特别的考虑"〔4〕。因此,为了防止行政机关在签订特许经营协议时滥用自由裁量权枉顾公共利益,应当承认地方性法规和规章的强行性规定对行政机关一方的约束力。若双方当事人对此产生纠纷,则交由法院予以审慎判断。

同时,根据《最高人民法院关于审理行政协议案件若干问题的规定》对审理行政协议纠纷时法律适用规则的相关规定,只有公用事业特许经营协议中决定合同目的或者决定合同性质的内容违法时,才会导致协议无效。如果是公用事业特许经营协议的非核心内容存在瑕疵,则对特许经营协议的效力不产生影响,可以通过变更合同或者其他补救措施予以修正。例如,在二十二冶公司与阜

〔1〕 王贵松:《行政协议无效的认定》,载《北京航空航天大学学报(社会科学版)》2018年第5期。

〔2〕 江必新:《行政协议的司法审查》,载《人民司法(应用)》2016年第34期。

〔3〕 步兵:《论行政契约之效力状态》,载《法学评论》2006年第4期。

〔4〕 [日]田中二郎:《行政法总论》,有斐阁1979年版,第253页。转引自杨建顺:《日本行政法通论》,中国法制出版社1998年版,第522~523页。

南县人民政府 PPP 协议纠纷案,二审法院的说理即证明了这一点。该案争议的核心在于财政部的通知是否属于法律、法规的强制性规定,以及协议的内容与名称不符是否会导致协议无效?该案中,一审法院和二审法院皆认为,涉案协议书不存在行政法上的无效情形,也不存在民法上“合同无效”的法定情形。针对原告认为涉案项目名为 BOT 模式但实质是 BT 模式,属于财政部通知的清退范围,一审法院认为,因涉案协议书中已明确约定项目运营期限及政府付费方式,因而不属于财政部通知规定的违规情形,原告主张涉案协议书无效的理由不能成立。二审法院则指出,财政部 PPP 项目库仅是行政机关行使行政管理的一种方式,并不属于法律、行政法规的强制性规定。涉案 PPP 项目协议约定的 PPP 项目即使属于应清退出项目库的情形,也不属于违反法律、行政法规的强制性规定而导致“合同无效”的法定情形。即使涉案协议项目名为 BOT 模式实为 BT 模式,也没有违反法律、行政法规的强制性规定从而导致“合同无效”;即使合同中部分条款无效,也不影响整个合同的效力。[1]

---

〔1〕 二十二冶公司于 2016 年 9 月通过竞争性磋商程序中标阜南县内外环路网建设工程 PPP 项目。2017 年 3 月 17 日,阜南县住建局受阜南县政府委托与二十二冶公司签订《阜南县内外环路网建设 PPP 项目 PPP 协议书》。同年 4 月 13 日,阜南县人大决议将该项目同意资金列入财政预算,批准阜南县政府授权阜南县住建局实施该项目,并将特许经营期内按年度向项目公司支付的运营维护费纳入政府中期财政预算。2017 年 11 月,财政部办公厅作出下发《关于规范政府和社会资本合作(PPP)综合信息平台项目库管理的通知》,将采用“采用建设—移交(BT)方式实施的”PPP 项目列入被清除范围。由于涉案项目属于非经营性项目、没有经营内容,项目的回报方式为政府付费,因此协议书虽然名为 BOT 但实为 BT 模式。因此,原告方请求法院依财政部通知确认涉案协议书无效。安徽省高级人民法院行政判决书,(2019)皖行终 1092 号。

五、特许经营协议有效与协议的可履行之关系

公用事业特许经营协议有效是否等于公私双方必须要履行特许经营协议?在实践中,协议有效与协议双方当事人的履行义务之间并不必然画等号。在具体个案中,即便公用事业特许经营协议同时满足职权合法、程序合法、内容合法、双方达成合意等要素,法院仍应综合考虑诉讼标的、当事人的诉讼请求、公共利益的需要、双方的履行能力和继续履行合同有无实际意义等要素,并根据《行政诉讼法》第78条和《最高人民法院关于审理行政协议案件若干问题的规定》第16~22条作出相应判决,即原告主张行政机关不依法履行、未按照约定履行协议或者单方变更、解除协议违法,理由成立的,人民法院可以根据原告的诉讼请求判决确认协议有效、判决被告继续履行协议,并明确继续履行的具体内容;被告无法继续履行或者继续履行已无实际意义的,判决被告采取相应的补救措施;给原告造成损失的,判决被告予以赔偿;原告请求解除协议或者确认协议无效,理由成立的,判决解除协议或者确认协议无效,并根据相关法律规定作出处理;行政机关因公共利益需要或者其他法定理由单方变更、解除协议,给原告造成损失的,判决被告予以补偿。

第四节　公用事业特许经营协议纠纷及解决类型化

公用事业特许经营协议权利义务复杂,履约时间较长,一旦发生纠纷将直接影响公众利益。因此,有必要"建立健全统一规范、公正高效的纠纷解决机制,以及时化解矛盾分歧,防止因争议给公

共服务提供造成负面影响”。[1] 最高人民法院《关于审理行政协议案件若干问题的规定》对特许经营协议纠纷案件的审理提供了较为明确详尽的指引。[2] 根据现行行政协议诉讼制度,若政府一方违反公用事业特许经营协议,私人主体可通过提起行政诉讼寻获救济。亟待解决的问题是:其一,公用事业特许经营协议当事人以外的第三人可否通过行政诉讼主张协议无效?其二,政府一方在私人主体违约的情况下,应如何实现救济?其三,协议双方在公用事业特许经营协议中约定仲裁其他争议解决方式是否仍有效?其四,包括消费者在内的社会公众认为特许经营协议违法侵害公共利益或者公用事业特许经营项目运营中侵害公共利益的行为是否可以行政诉讼?

一、特许经营协议利害关系人的原告资格

允许行政协议利害关系人作为原告提起行政诉讼有域外经验可循。例如,“法国最高行政法院 2007 年的一则判例确认参与了行政合同之竞争性签订程序但落选的竞争者以及其他与涉案合同存在利害关系的潜在竞争者可以针对合同提起效力之诉,2014 年的一则判例则允许所有合同第三人可以直接争议行政合同的效力

---

〔1〕 参见李亢:《PPP 的法律规制——以基础设施特许经营为中心》,法律出版社 2017 年版,第 191 页。

〔2〕 最高人民法院曾于 2015 年颁布《关于适用〈中华人民共和国行政诉讼法〉若干问题的解释》(法释〔2015〕9 号),自第 11~16 条在管辖、法律适用、举证责任、判决形式等方面搭建了行政协议诉讼制度的基本架构,但该司法解释于 2018 年最高人民法院公布《关于适用〈中华人民共和国行政诉讼法〉的解释》(法释〔2018〕1 号)后失效,因后者没有涉及行政协议诉讼问题,最高人民法院又专门针对行政协议案件出台了《关于审理行政协议案件若干问题的规定》。

问题”。[1]《最高人民法院关于审理行政协议案件若干问题的规定》第5条也明确规定了行政协议利害关系人的原告资格。[2] 据此规定,利害关系人就公用事业特许经营协议提起行政诉讼的,常见于以下情形:

第一,在利害关系人已经实际享有公用事业特许经营权的情形下,行政机关又通过公用事业特许经营协议将同一权利再次授予给其他私人投资者,即所谓“一女许两夫”。此时,利害关系人有权基于维护自身合法利益之需要,请求法院撤销侵权的公用事业特许经营协议,以保护自身合法权益。在既有裁判中,益民公司诉周口市政府等行政违法案经常被学者们用于说明这一论断。该案中,益民公司于2000年7月经原周口地区建设局审批获得本市管道燃气专营权,周口市计委和周口市人民政府在对益民公司的特许经营权未做任何处理的情况下于2003年6月以邀请招标的方式将周口市天然气管网特许经营权授予亿星公司,益民公司遂提起行政诉讼。法院认定“如果被诉行政行为成立或产生法律效果,益民公司对天然气的经营权就不能行使。所以,益民公司与被诉行政行为有法律上的利害关系,具备本案原告主体资格”。[3] 类似

---

〔1〕 梁凤云:《公私合作协议的公法属性及其法律救济》,载《中国法律评论》2018年第4期。

〔2〕 该条规定:“下列与行政协议有利害关系的公民、法人或者其他组织提起行政诉讼的,人民法院应当依法受理:(一)参与招标、拍卖、挂牌等竞争性活动,认为行政机关应当依法与其订立行政协议但行政机关拒绝订立,或者认为行政机关与他人订立行政协议损害其合法权益的公民、法人或者其他组织;(二)认为征收征用补偿协议损害其合法权益的被征收征用土地、房屋等不动产的用益物权人、公房承租人;(三)其他认为行政协议的订立、履行、变更、终止等行为损害其合法权益的公民、法人或者其他组织。”

〔3〕 参见河南省高级人民法院行政判决书,(2003)豫法行初字第1号;最高人民法院行政判决书,(2004)行终字第6号。

案例还有平某诉义马市交通运输局行政许可案,该案中,在平某尚持有义马市城市公交专营权的情形下,“义马市交通局与义马市万畅公共交通有限责任公司签订义马城市公交经营权转让协议后,终止了平某的营运资格”[1],法院认为义马市交通局此举侵犯了平某的合法权益,平某可以依法起诉。

第二,在公用事业特许经营项目涉及土地利用、规划许可的情形下,利害关系人的土地使用权、房屋所有权或者相邻权受到公用事业特许经营协议侵害。相邻权人的行政诉讼原告资格在行政诉讼法及其司法解释中早就获得认可。“在政府作为国有土地所有权行使者出让国有土地使用权之后,基于国有土地使用权和房屋所有权的私有权益大量出现。在大量既有权益存在的背景下,新的土地开发行为可能触发日照、通风、噪声、振动等相邻关系问题。”[2]在司法实践中,公用事业特许经营项目侵害相邻权的情形并不罕见,且在涉及公共卫生、健康的建设工程规划许可类案件,行政审判中对于原告资格之认定总体上呈放宽趋势,相邻权的认定也并不以物权法所界定的通行、采光、排水等权利为限,还逐步体现对于公民宜居环境的认可。[3]

第三,在公用事业特许经营招投标过程中,参与竞标的私人主体认为其公平竞争权受到侵害的,法院受理其依法针对特许经营协议提起的诉讼。在公用事业特许经营项目市场准入阶段,所有参与公用事业特许经营项目投标的私人主体之间皆存在利益竞争

---

〔1〕 参见河南省三门峡市中级人民法院行政裁定书,(2010)三行终字第6号。

〔2〕 陈越峰:《城市空间利益的正当分配:从规划行政许可侵犯相邻权案切入》,载《法学研究》2015年第1期,第40页。

〔3〕 参见《最高人民法院公报》2004年第3期,第40~43页。

和排斥,应允许其对特许经营协议提出异议诉讼,以保障其“无歧视程序形成请求权”或“平等对待请求权”[1]。我国台湾地区也承认公平竞争权受侵害的诉权效应,相关判决指出:“评定‘最优申请人’的决定,对其他参与竞争之申请人产生排斥的效果,亦即其他申请人将因而失去与政府签订特许投资与建设及营运契约之机会,形同未获准授予签约之权利,乃对于权利及法律上利益之消极损害,其虽非该‘评定最优申请人’决定之相对人,但为该决定效力所及……自得提起撤销诉讼以资救济。”[2]

在实践中,公平竞争权是否受到侵害还要视具体情形而定。以自贡市华燃天然气有限责任公司诉京山县人民政府、京山县住房和城乡建设局城建行政许可案为例。该案中,京山县人民政府于2004年9月委托原京山县建设局(现京山县住建局)与金川公司签订了《京山县城市管道天然气项目投资建设协议书》(以下简称《投资协议》),将京山县境内的管道天然气特许经营权授予金川公司。2005年3月,原京山县建设局(甲方)与金川公司(乙方)、金烨公司(丙方)签订了《关于〈京山县城市管道天然气项目投资建设协议书〉的补充协议》(以下简称《补充协议》),约定甲方授予乙方的城市管道天然气特许经营权从丙方注册之日(2004年12月3日)起正式授予丙方,由丙方承担乙方在《投资协议》中的各项权利义务。2011年6月,京山县住建局(甲方)与金烨公司(乙方)签订了《京山县管道天然气特许经营协议》(以下简称《特许经营协议》),并将《投资协议》和《补充协议》作为前述协议的组成部分。

---

[1] 参见詹镇荣:《公私协力与行政合作法》,台北,新学林出版股份有限公司2014年版,第333页。

[2] 参见詹镇荣:《公私协力与行政合作法》,台北,新学林出版股份有限公司2014年版,第178页。

原告认为,上述《特许经营协议》及《投资协议》、《补充协议》未经公开招投标,违反了法定程序,侵犯了其在京山县境内依法应当享有的公平投资建设权利。被告认为原告成立于2008年5月,而第三人取得特许经营权的时间为2004年9月,不可能侵害原告公平竞争的权利。法院从合同解释的角度出发支持了被告的主张,认为"三份协议具有连续性和整体性,不能以《特许经营协议》的签订时间作为金烨公司取得特许经营权的时间依据。原告成立于2008年5月13日……与上述协议无法律上的利害关系"[1]。

二、私人主体违反特许经营协议时政府的救济方式

对于行政协议纠纷中政府一方的原告资格问题,学理上存在两种不同观点。一种观点认为,行政诉讼制度旨在监督行政权和保障公民权利,政府一方作为行政诉讼原告对行政相对方提起诉讼,违反行政诉讼"民告官"的本质。另外,政府在行政协议签订和履行中享有的行政优益权,也决定了其无须将相对人的违约行为诉至法院。另一种观点则明确反对行政优益权这一主张,认为"在政府特许经营协议中,社会资本方虽然有营利的动机,但它是公共服务的具体提供者,其履行合同义务的行为,就是在实现公共利益。既然如此,何以出让公共任务的行政机关有优益权,真正履行公共任务的私人一方就没有优益权呢?"[2]同时,这类观点认为行政优益权这一概念"将行政机关与私人一方本就事实不平等的关

---

〔1〕 湖北省荆门市中级人民法院行政裁定书,(2016)鄂08行初13号。

〔2〕 严益州:《论行政合同上的情势变更—基于控权论立场》,载《中外法学》2019年第6期。

系予以强化,令契约精神形同虚设"[1],与契约内含的民主性和平等性之间存在必然矛盾。因而,该类观点主张当行政相对人不履行协议约定义务时,除非法律或者协议有明确规定,否则,政府只能向法院起诉。[2]

从世界范围来看,行政机关在行政协议中享有行政优益权得到普遍认可。政府基于公共利益对私人一方履行行政合同的行为行使指挥和监督的权力,在特定情形下单方变更和解除行政合同的权力以及对私人一方恶意违反行政合同的行为予以制裁的权力等,正趋于常态化,即便是主张"所有主体平等适用普通法"的英国,也承认政府合同在"实际操作上不得不迁就公共利益的要求,在某些事项上赋予公共机构私人所无的特权或抗辩"[3]。就大陆法系而言,法国被认为是行政特权最为完整和全面的国家,政府一方对于私人主体不履行公用事业特许经营协议的行为可以直接采取行政制裁,但是无权直接单方面终止公用事业特许经营协议,私人一方不同意解除公用事业特许经营协议而导致纠纷时,必须提交法院裁决。[4] 在德国,立法禁止行政机关采取强制执行的方式实现与行政合同有关的请求权,如果行政契约没有关于即时强制

---

[1] 严益州:《论行政合同上的情势变更——基于控权论立场》,载《中外法学》2019 年第 6 期。

[2] 参见李嘉娜:《市政公用事业监管的行政法研究》,中国政法大学出版社 2012 年版,第 306 ~ 308 页。学者余凌云也认为,行政契约不是一种行政行为,而是合意的产物。这意味着它不能够像行政行为那样通过行政机关单方意志来运作。在行政契约的运作中及其纠纷的解决中,行政机关自身的解决纠纷能力有限,必须依靠法院的力量来推动行政契约纠纷的解决和行政契约的履行。参见余凌云:《论对行政契约的司法审查》,载《浙江学刊》2006 年第 1 期。

[3] 参见王名扬:《法国行政法》,北京大学出版社 2007 年版,第 154 ~ 155 页。

[4] 参见[法]让·里韦罗、[法]让·瓦利纳:《法国行政法》,鲁仁译,商务印书馆 2008 年版,第 570 ~ 571 页、第 579 页。

执行的约定,则"行政机关无权以行政行为方式确认或者强制实现其合同请求权。如果合同当事人拒不履行约定的给付义务,行政机关只能向行政法院起诉"[1]。

从我国现行有效的规定看,当私人主体一方不履行特许经营协议时,行政机关既不能提起行政诉讼,也不能提起民事诉讼。根据全国人大常委会法制工作委员会对《行政诉讼法》的释义,"如特许经营者不按照协议约定提供公共服务的,行政机关可以取消特许经营,这也是行政合同区别于民事合同的重要之处"[2],这无疑是在立法层面承认了政府一方在公用事业特许经营协议履行的过程中,享有行政优益权。那么,在私人主体不履行特许经营协议时,《行政诉讼法》第97条可否作为政府一方非诉执行的依据呢?[3]反对者认为,"虽然行政机关与私人一方无论在话语权力还是在政治资源上,均存在事实不平等,但是承认这种不平等,不代表接受这种不平等"[4],因而《行政诉讼法》第97条不宜直接作为行政机关提供非诉执行的依据。相似的观点主张在行政契约的私人一方违约的情形下,恢复行政机关的原告资格和诉权,认为"我国非诉行政强制执行申请针对的是有效合法且具有可执行力的行政行为,行政契约本身不构成行政或者司法强制执行权的根据,必须对行政契约的有效性先行进行第三方独立判断,之后依据权威裁决进

[1] [德]哈特穆特·毛雷尔:《行政法学总论》,高家伟译,法律出版社2000年版,第381页。

[2] 全国人大常委会法制工作委员会编:《中华人民共和国行政诉讼法释义》,法律出版社2014年版,第44页。

[3] 该条规定:"公民、法人或者其他组织对行政行为在法定期间不提起诉讼又不履行的,行政机关可以申请人民法院强制执行,或者依法强制执行。"

[4] 严益州:《论行政合同上的情势变更——基于控权论立场》,载《中外法学》2019年第6期。

行公法上的强制执行"[1]。综上而言,若私人主体一方违约时,特许经营协议必须经过法院的合法性审查,方可作为行政强制执行的依据。

三、其他替代性纠纷解决方式的适用

在政府特许经营协议纠纷被纳入行政诉讼的受案范围之前,公用事业特许经营协议纠纷之解决存在协商、仲裁和诉讼等多种途径。例如,《城镇供热特许经营协议(示范文本)》第21章规定:"因本协议的签订、履行、变更和解除而产生的争议,甲、乙双方应当通过协商予以解决。协商应当在争议发生的60日内举行。60日内未能就争议解决达成一致的,视为协商失败,甲、乙任何一方均可以遵循本协议规定的其他途径解决争议。""若甲乙双方不能根据第2101条规定解决争议,可依照法律通过仲裁途径解决;或者将该争议按照法律规定,向有管辖权的人民法院提起诉讼。当法律对此类争议的解决方式做出明确结论时,依其结论处理。"由于该示范文本没有限定诉讼的性质,以往实践中此类纠纷亦有提起民事诉讼的情形。[2]

在政府特许经营协议纠纷被纳入行政诉讼受案范围之后,实践中仍不乏对公用事业特许经营协议法律性质的质疑。例如,在南宁市中威公司诉武鸣县人民政府、武鸣县住房和城乡规划建设

---

〔1〕 于立深:《行政契约履行争议适用〈行政诉讼法〉第97条之探讨》,载《中国法学》2019年第4期。

〔2〕 如四川省广汉市三星堆汽车客运服务有限公司与广汉市人民政府投资合同纠纷就是通过民事诉讼程序解决的,详见中华人民共和国最高人民法院民事判决书(2009)民二终字第37号,载最高人民法院民事审判第二庭编:《最高人民法院商事审判指导案例合同卷》(下),中国法制出版社2011年版,第560~568页。

局案中,原告不服被告擅自解除与原告签订的《武鸣县管道燃气特许经营协议书》这一行为而提起行政诉讼,被告则以"本案应属民事合同纠纷案件,应适用民事诉讼法规定的程序、适用合同法等法律、法规进行审理"提出抗辩,认为"本案诉争的特许经营协议的取得并不是依据行政许可法的规定授予,而是根据双方签订的《武鸣县管道燃气特许经营协议书》而取得,双方签订协议时的主体地位是平等的。因此,从协议的签订到履行、到通知解除协议都体现了合同主体的平等性,因此,本案应是民事合同纠纷"。法院则认为"(修订后的)行政诉讼法第十二条第一款第(十一)项已经明确将当事人认为行政机关违法解除政府特许经营协议纳入行政诉讼的受案范围,本案即属于典型的要求确认解除特许经营协议违法的案件,因此,本案属于行政诉讼的受案范围"。[1]

就法国、德国的经验来看,行政诉讼也并非解决政府特许经营协议纠纷的唯一途径。例如,法国"原则上禁止公法人进行仲裁,公共工程承包合同和供应合同例外,在得到有关机关批准之后,可以进行仲裁"[2]。新近研究则表明,2015 年之后,受英国 PFI 的影响,法国开始大规模采取公私合作模式,并将 PPP 等公私合作合同直接纳入公共采购合同体系中,但将其与普通采购合同相区别,允许其在法律适用及纠纷解决方面有所变通,如允许涉外公私合作合同通过仲裁解决争议,同时也通过单行立法允许某些领域的国内公私合作合同纠纷诉诸仲裁,典型如交通运输领域、邮政与电信

---

〔1〕 参见广西壮族自治区南宁市中级人民法院行政判决书,(2014)南市行一初字第 25 号。

〔2〕 王名扬:《法国行政法》,北京大学出版社 2007 年版,第 345 页。

领域、文化领域等。[1] 在德国，联邦最高法院的有关案例表明，“行政法院虽然可以裁判有关公法合同的请求权和拖延损害请求权，但必须将有关之责任请求权的法律争议移交普通法院”[2]，即与责任请求权相关的争议通过民事途径解决。

就现状而言，根据《立法法》第8条之规定，“诉讼和仲裁制度”属于法律保留的范畴，遵循“法无授权即禁止”之原则。因此，2014年修订以后的《行政诉讼法》及其司法解释将行政协议纠纷纳入行政诉讼，使公用事业特许经营协议纠纷因其行政性而被排除在仲裁等民事争议解决途径之外。[3] 然而，在行政协议纠纷被纳入行政诉讼受案范围之前，公用事业特许经营已经实践了10多年，绝大多数特许经营协议中都约定了仲裁，若全盘否定其效力，则有损政府诚信，且仲裁作为公私合作纠纷解决的方式也符合国际惯例。因此，特许经营协议中仲裁条款的效力不应一概而论，原则上无效的同时，也应承认“新行政诉讼法施行以前，根据当时的法律认为有效的除外。我国缔结或者参加的国际条约对行政协议的仲裁条款另有规定的，从其规定”[4]。此外，2017年3月，国家发改委法规司举办的特许经营协议争议解决国际研讨会上就特许经营协议纠纷解决达成的共识之一就是“要在行政诉讼之外，为仲裁裁决留出空间”，其理由之一就是我国特许经营的实践经验已有30年之

---

〔1〕 张莉：《谈法国行政协议纠纷解决》，载《人民司法（应用）》2017年第31期。

〔2〕 [德]哈特穆特·毛雷尔：《行政法学总论》，高家伟译，法律出版社2000年版，第382～383页。

〔3〕 《仲裁法》第2条规定：“平等主体的公民、法人和其他组织之间发生的合同纠纷和其他财产权益纠纷，可以仲裁。”第3条规定，依法应当由行政机关处理的行政争议，不能仲裁。

〔4〕 梁凤云：《公私合作协议的公法属性及其法律救济》，载《中国法律评论》2018年第4期。

久,如将过去视特许经营协议为民事合同的做法完全推倒重来,将引发抵触情绪。[1] 国务院原法制办(2018 年国务院机构改革以后,已取消其设置)于 2017 年 7 月公布的《基础设施和公共服务领域政府和社会资本合作条例(征求意见稿)》第 40 条也规定,"因合作项目协议履行发生的争议,可以依法申请仲裁或者向人民法院提起诉讼",明确了仲裁的可适用性。[2] 《关于审理行政协议案件若干问题的规定》第 26 条最终为仲裁留了一席之地,规定"行政协议约定仲裁条款的,人民法院应当确认该条款无效,但法律、行政法规或者我国缔结、参加的国际条约另有规定的除外"。

正如于安教授所指出的,在我国,"政府特许经营争议解决在行政诉讼与仲裁上的分歧,不仅有历史延续涉及的利益调整问题,而且还涉及广泛和复杂的法律问题。法律问题包括,法律适用上在公法与私法之间的选择、政府特许行为脱离司法审查的监督、仲裁是否有权受理政府因素争议案件的管辖权,以及如何根据我国民法确定合同的民事属性问题等"[3]。笔者认为,为高效便捷地解决特许经营协议纠纷,行政诉讼不应排斥协议约定的纠纷解决方式,第一,基于协议本身具有的意思自治属性,当事人有权自主选择不违反法律、行政法规强制性规定的纠纷解决方式;第二,从保护相对人权益的角度而言,《行政诉讼法》将行政协议纠纷纳入

---

[1] 《国家发展改革委法规司举办特许经营协议争议解决国际研讨会》,载中华人民共和国国家发展和改革委员会网,https://www.ndrc.gov.cn/fzggw/jgsj/fgs/sjdt/201703/t20170331_1107032.html。

[2] 但需要注意的是,根据《立法法》的第 8 条和第 9 条之规定,司法、诉讼和仲裁制度属于法律保留的范畴,应当由全国人大及其常委会通过立法加以规定。除非有全国人大及其常委会的明确授权,国务院不得以行政法规染指司法、诉讼和仲裁制度。在此意义上讲,该条规定与现行《行政诉讼法》第 12 条之规定存在抵触,其合法性和正当性不足。

[3] 于安:《论政府特许经营协议》,载《行政法学研究》2017 年第 6 期。

受案范围的本意应是扩大相对人的救济途径,而非施以限缩;第三,当特许经营权人一方为外商投资者时,排斥仲裁不符合国际商事仲裁的普遍做法。问题是,根据法律保留,在《行政诉讼法》已然将行政协议纠纷纳入行政诉讼受案范围之后,公私双方再就特许经营协议纠纷之解决约定仲裁是否违法律保留?这一矛盾可以从以下两个方面予以化解:其一,若特许经营协议系在 2014 年《行政诉讼法》修订之前订立的,允许其继续有效符合"法不溯及既往"之精神;其二,单行法律另有规定或者我国缔结、参加的国际条约(在效力上等同于国内法)另有规定的,则在法律适用上遵循"特别法优于一般法"之原则,与法律保留并不抵触。另外,根据《立法法》第 9 条之规定,司法制度属于法律绝对保留之事项,只能由全国人大及其常委会通过立法或决定、决议予以规定,所以《关于审理行政协议案件若干问题的规定》第 26 条承认行政法规就行政协议之仲裁解决机制作出另外规定的效力,值得商榷。

四、特许经营项目运营中社会公众的原告资格

公用事业特许经营协议是政府对公用事业的市场准入、运营和退出予以规制的基本载体,协议所蕴含的"平等协商"理念使社会资本方几乎全方位地参与到政府制定和实施规制措施政策的过程,不可避免地存在利益寻租、规制俘获、公私共谋损害公共利益等弊病的现象,如造成国有资产流失、环境污染以及消费者权益受损等。根据我国现行行政诉讼制度,检察机关提起行政公益诉讼是维护公用事业特许经营协议中的公共利益免受损害的重要途径,同时,消费者基于维护自身合法权益之需要向行政机关进行投诉,要求行政机关对私人主体履行公用事业特许经营协议的行为予以监督处理的,行政机关未作处理或者消费者对于行政机关的

处理结果不满意,也可以依法向法院提起行政诉讼。[1] 此时,消费者提起的诉讼虽然本质上仍是主观诉讼,但在结果上可以对公私合作提供公共服务的行为起到监督作用,具有客观诉讼的效果。[2] 然而,从充分保护公共利益或者消费者权益的立场出发,赋予社会组织和消费者个人针对特许经营协议中的违法行为提起诉讼也是值得探索的机制之一。

一方面,就原告资格而言,立法赋予检察机关以公益代表人身份提起行政公益诉讼的权力,并不意味着提起行政公益诉讼的原告资格只能由检察机关所独享。根据我国宪法,公民享有对社会经济文化生活的民主管理权和对国家机关的监督、批评、建议权,公民针对违法行政提起公益诉讼是上述基本权利在司法制度中的具体化。在局势变革和多元化的时代背景下,普通民众对于维护自身权益的强烈愿望,某些社会精英所具有的敏锐观察力和社会正义感,使他们更可能站在维护社会公共利益行动的第一线。[3] 此外,赋予社会组织提起行政公益诉讼的原告资格是公民以集群方式实现民主管理权和民主监督权的有效形式。相比较个人在利益表达及与政府互动中的力量过于弱小,社会团体则具有明显的利益组织化优势和专业技术优势,其对政治参与的程度要远远高于公民个人。[4]

---

〔1〕 参见2018年最高人民法院《关于适用〈中华人民共和国行政诉讼法〉的解释》(法释〔2018〕1号)第12条第5项有关投诉举报人原告资格的规定。

〔2〕 参见梁凤云:《公私合作协议的公法属性及其法律救济》,载《中国法律评论》2018年第4期。

〔3〕 参见林莉红、马立群:《作为客观诉讼的行政公益诉讼》,载《行政法学研究》2011年第4期。

〔4〕 参见黎军:《论通过行业协会实现公众参与》,载《政治与法律》2006年第4期。

另一方面,从我国行政公益诉讼的发展历程看,早期的行政公益诉讼就是由热心公益的律师或者社会组织自发发起的。“尽管那些案件鲜有成功,但对于理论研究而言,却更加强有力地推动和促进公益诉讼理论朝着纵深方向发展,并最终走向瓜熟蒂落,公益诉讼终于进入官方视野,正式成为法律规定。”〔1〕2009年“中华环保联合会诉贵州省清镇市国土资源局不履行收回土地使用权法定职责案”〔2〕作为我国首例由社会组织提起的行政公益诉讼案件,则破除了法院不予受理公益诉讼案件的“寒冰”,有学者将之称为“公益诉讼取得了一个局部的胜利”〔3〕。2014年4月修订的《环境保护法》第58条授权符合条件的社会组织可以对污染环境、破坏生态,损害社会公共利益的行为向人民法院提起诉讼,但未限定为民事公益诉讼,可以说是为社会组织提起环境行政公益诉讼预留了制度空间。

本章小结

从历史上看,将公用事业特许经营视为契约的观念由来已久。早在19世纪中期,英国公共卫生运动的卓越领导者埃德温·查德威克(Edwin Chardwick)就主张政府可以通过招投标的程序与私人主体签订出租提供公共物品的合同,从而在地方污水处理和卫生服务等自然垄断领域引进特许经营权。〔4〕在19世纪中后期至20

---

〔1〕 史绪广:《行政公益诉讼运行中的难点》,载《中国检察官》2017年第9期。

〔2〕 周伟:《中华环保联合会诉贵州清镇国土局:社团公益诉讼开先河》,载《检察日报》2010年1月12日,第6版。

〔3〕 何海波:《行政诉讼法》(第2版),法律出版社2016年版,第200页。

〔4〕 参见[美]小罗伯特·B.埃克伦德、[美]罗伯特·F.郝伯特:《经济理论和方法史》(第4版),杨玉生、张枫林等译,中国人民大学出版社2001年版,第180~182页。

世纪初,美国联邦最高法院的众多判决都表达了"特许即契约"的观点。例如,在 1885 年的新奥尔良水务公司案(*New Orleans Water Works Co. v. Rivers*)中,美国联邦最高法院认为州可以通过颁布立法,规定授予特许时被授予人应享有排他的特权,只要该特许不被当时州的宪法所禁止,它就是一个契约;在 1898 年的瓦拉瓦拉市诉瓦拉瓦拉水务公司(*Walla Walla City v. Walla Walla Water Co.*)案中,亨利 · B. 布朗(Henry B. Brown)法官指出:"基于被许可人提供服务的条件,赋予其通过在道路上铺设管线为城市及其居民提供燃气或水的权力,是州所赋予的特许……该特许是受美利坚合众国宪法保护的契约。"在 1910 年的明尼阿波利斯市诉明尼阿波利斯铁路公司(*City of Minneapolis v. Minneapolis Railway Co.*)案中,明尼苏达州立法机关于 1879 年批准的明尼阿波利斯的市政条例赋予了明尼阿波利斯铁路公司契约权利,而 1907 年的明尼阿波利斯的市政条例则侵害了该公司的契约权利,因而被美国联邦最高法院判决违宪。[1]

1942 年,耶鲁大学的伊尔斯顿 · R. 巴恩斯(Irston R. Barnes)教授在其著作《公用事业管制经济学》中,从美国联邦最高法院的诸多判决中提炼出"默示契约"理论作为公用事业规制的理论基础,巴恩斯教授指出:"如果企业根据专门的特许,有权将其建筑和设备占有公共街道,那么就存在一个默示契约——它要为普遍的公共福祉而接受管制。"[2] 根据默示契约理论,每个特许都是公用

---

〔1〕 参见[美]J. 格里高利 · 西达克、[美]丹尼尔 · F. 史普博:《美国公用事业的竞争转型:放松管制与管制契约》,宋华琳等译,上海人民出版社 2012 年版,第 140 ~ 142 页、第 149 页。

〔2〕 Irston R. Barnes, The Economics of Public Utitily Regulation 42, 740 – 742, F. S. Crofts & Co., 1942. 转引自[美]J. 格里高利 · 西达克、[美]丹尼尔 · F. 史普博:《美国公用事业的竞争转型:放松管制与管制契约》,宋华琳等译,上海人民出版社 2012 年版,第 129 页。

事业和州立法机关或者地方市政当局讨价还价的产物。默示契约理论并不要求私人主体通过特许获得的权利必须反映在正式的书面契约中，认为"缺少对承诺正式形式的要求，并不排除事实上的承诺"。[1] 自20世纪70年代末80年代初以来，随着公用事业服务由公共部门向私人部门转移，特许契约的制度已日渐成熟，明示的特许契约逐渐替代默示的特许契约成为政府部门实现公共治理的重要手段。

我国的公用事业特许经营协议无疑是一种明示契约，是政府在贯彻国家法律法规和公共政策的前提下，为充分发挥私人在公共服务中的创新优势，遵循平等协商、互利合作的原则与私人投资者达成的行政协议，以便更好地为公共利益服务。在形式上，公用事业特许经营协议是公私双方将合作的意图、合作期间等权利义务配置事项以文字固定下来的书面协议，旨在维持长久的友好合作关系并防止事后反悔和合作关系的破裂。在本质上，公用事业特许经营协议是公私合作模式下政府主体对作为特许经营权人的私人主体提供公用事业服务的行为施加规制的主要工具。该规制工具，既不是单纯公法属性也非单纯的私法属性，而是整合了公法与私法、行政法与民法各自的优势，在结果上实现了社会公共利益与私人利益的协调与共赢。[2]

---

〔1〕 233 U.S.195,210(1914).转引自[美]J.格里高利·西达克、[美]丹尼尔·F.史普博：《美国公用事业的竞争转型：放松管制与管制契约》，宋华琳等译，上海人民出版社2012年版，第143~144页。

〔2〕 参见李亢：《PPP的法律规制——以基础设施特许经营为中心》，法律出版社2017年版，"序"第4~5页。

第四章

公用事业政府规制：主体、内容及程序

自1978年至今，以特许经营为主要模式的公用事业市场化历程既是累积经验的过程也是不断试错的过程。在这一过程中，公用事业市场化改革取得显著成效，同时也出现了有害公共利益和消费者合法权益的现象。2015年9月，国家发改委与有关单位组成代表团对英、法两国PPP政府主管部门、专业研究咨询机构、典型PPP项目进行实地调研和访谈，并撰写了万余字的调研报告，指出我国当前PPP改革存在“没有做好真正接受PPP理念的心理准备”“过分关注PPP项目的财政财务功能”“缺乏逻辑清晰的PPP治理结构”“忽略发挥民营资本的作用”等误区。[1] 这些误区之所以产生，症结在于政府规制意识缺乏、法律规则缺失、规制体系不健全，并在根本上可以归结为行政法治建设滞后，致使政府借助改革遁入了私法，推卸了其本应承担的行政法责任。这意味着我国公用事业政府规制需要对政府规制主体、规制内容以及规制程序等事项予以审视并进行相应完善，从而建构科学、理性、高效的政府规制体系。

第一节　公用事业特许经营的规制主体

在公用事业规制体系中，政府并非唯一的规制主体，且政府规制对公用事业发挥的规制作用也并非第一位的。根据当代公共治理的“辅助性原则”，公用事业规制应首先依靠特许经营权人的自我规制、相关社会组织的社会性规制。哈洛和罗林斯教授在第2版的《法律与行政》中这样写道：“自我规制被倡导为一种方法，用来克服‘超负荷’问题以及与直接的国家干预相关联的政策实施问题。基于意识形态上的原因，自我规制同样备受推崇，因为与政府规制相比，自我规制顾及了更大程度的自由或者自治。”[2] 只有当自我规制、社会规制与政府规制的目标发生偏离时，主要是偏离公共利益目标时，政府规制才通过对自我规制、社会规制予以规制而发挥“元规制”作用，也就是说，政府规制是“对规制的规制”。[3]

---

〔1〕 韩志锋、郝雅风等：《发改委团队1万多字英法PPP调研报告首度曝光》，载《建筑市场与招标投标》2016年第4期。

〔2〕 [英]卡罗尔·哈洛、[英]理查德·罗林斯：《法律与行政》，杨伟东等译，商务印书馆2004年版，第638页。

〔3〕 参见[英]科林·斯科特：《规制、治理与法律：前沿问题研究》，安永康译，清华大学出版社2018年版，第6页、第278页。

这意味着,政府对公用事业的市场化运行负有在必要时以“管制者的判断决然取代商业用户市场判断”[1]的规制职责,最终确保享有特许经营权的私人主体以合理价格向消费者提供不间断的、普遍的公用事业服务。换言之,政府作为公用事业的规制主体是不可或缺的,且是关键性的。关注公用事业政府规制主体,首要应关注公用事业规制权限在政府部门之间的分配问题。

一、公用事业政府规制的权限体系

完善的公用事业规制体系应当是以“有规则可依、有规则必依、违反规则必究”为原则建构起的规制金字塔体系。在这个金字塔体系中,制定完善的公用事业规制规则体系是公用事业规制的起点,而规制规则的实施构成公用事业规制的主体结构,对违反规制规则的行为施以制裁则既是确保规制规则得以实施的手段,也是确保规制取得预设效果的事后保障。有学者将这种金字塔形的政府规制体系依权限内容的不同分为体制性规制、运营性规制和合约性规制。体制性规制主要是中央政府对省级政府的规制,重在指导各省区公用事业特许经营项目的建立与运营的基本模式,即在哪些公用事业领域可以采取特许经营、采取何种形式的特许经营以及提供多大程度的财政支持等;运营性规制则是省级政府对下级市县政府在执行公用事业运营维护费方面的规制,重在监督地方政府公用事业特许经营项目运营维护费的执行情况,主要表现为规制主体通过对特许经营项目的执行情况进行监督检查,并作为后期拨付运营维护费以及追究相关政府责任人责任的依

[1] Ernest Gellhorn & Richard J. Pierce, Jr., *Regulated Industries in a Nutshell*, West Publishing Co., 1982, p.7 – 8.

据;合约性规制则是地方政府对公用事业特许经营权人提供公用事业服务的行为予以规制,即政府对私人主体的规制,侧重于对私人主体提供公用事业服务的质量、价格、信息披露等进行监督,因该规制以特许经营协议为主要依据,故而称为合约性规制。[1]

二、我国公用事业规制权限分配的现状

在我国,公用事业特许经营项目的开展存在项目审批主体和项目实施主体之分。根据我国既有的法律、法规、规章、规范性文件,拟实施特许经营的公用事业项目通常由县级以上人民政府根据城市规划的实际需要,按照法定的标准和形式进行审批。根据有关地方实践,公用事业特许经营项目开展过程中,实际授予特许经营权和负责签订特许经营协议的主体,基本上分为两类:第一类是政府授权部门或者行业主管部门,如 2015 年《基础设施和公用事业特许经营管理办法》第 14 条规定,“县级以上人民政府应当授权有关部门或单位作为实施机构负责特许经营项目有关实施工作”,《市政公用事业特许经营管理办法》第 4 条第 3 款规定,直辖市、市、县人民政府市政公用事业主管部门依据人民政府的授权,负责本行政区域内的市政公用事业特许经营的具体实施,这也是目前各地的普遍做法;第二类是一级政府本身,如《深圳市公用事业特许经营条例》第 7 条和第 15 条明确规定,“特许经营权的授权主体是市人民政府”,“……市人民政府应当根据有关招标、拍卖文件与确定的经营者签订特许经营协议,并颁发授权书”。

在项目监管方面,2015 年《基础设施和公用事业特许经营管理

[1] 参见付金存:《中国城市公用事业公私合作机制与政府规制研究》,中国社会科学出版社 2016 年版,第 56~57 页。

办法》第7条规定："国务院发展改革、财政、国土、环保、住房城乡建设、交通运输、水利、能源、金融、安全监管等有关部门按照各自职责，负责相关领域基础设施和公用事业特许经营规章、政策制定和监督管理工作。县级以上地方人民政府发展改革、财政、国土、环保、住房城乡建设、交通运输、水利、价格、能源、金融监管等有关部门根据职责分工，负责有关特许经营项目实施和监督管理工作。"同时第8条要求："县级以上地方人民政府应当建立各有关部门参加的基础设施和公用事业特许经营部门协调机制，负责统筹有关政策措施，并组织协调特许经营项目实施和监督管理工作。"总结上述立法权限配置和地方实践，公用事业政府规制权限配置存在以下两点明显特征，亦是其不足之处。

第一，规制权分配过于分散，各自为政。当前，有关公用事业规制权力配置的状况容易造成多头执法、各自为政的局面，各部门之间缺乏有效的协调和信息共享机制，无形中也增大了规制的成本。以城市污水排放为例，涉及的规制部门高达9个之多。因彼此之间的职能存在交叉和重叠，对于有利可图的"肥差"，各部门都想争，而"烫手的山芋"各部门都不想碰，从而导致重复规制或规制真空现象都时有发生，规制效率严重低下，被戏称为"九龙治水"（如图4－1所示）。这一问题有学者早在改革初期就曾明确指出，但至今没有改善。[1]

〔1〕 图及观点参见肖晓军、吕景春：《公私合作制在中国目前公用事业市场化中面临的问题——以特许经营制度为例》，载《开发研究》2006年第5期。

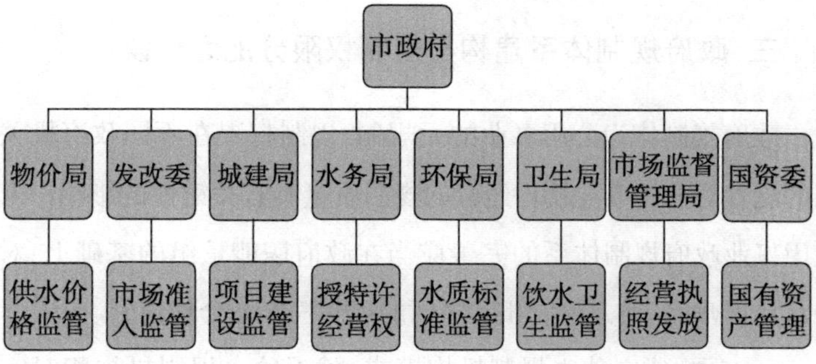

图4-1　城市污水排放的监管职权划分

第二,不同规制机构之间的职权不仅可能存在交叉和重叠,还有可能存在相互矛盾和冲突。例如,在计划经济体制下,政企不分、政资不分和政事不分是公用事业和其他行业领域管理都存在的现象,政府行业主管部门既是企业的运营者和资产管理者,又是行业监管者,“既当裁判又踢足球”的体制实难提高公用事业效率。公用事业进行市场化改革之后,又产生了出资者和管理者分离后的新问题。具体来说,国有资产监督管理部门是公用事业的出资人,并通过管人、管事、管资产来完成国有资产的保值和增值,往往希望以最高的价格出售国有资产,以实现所有者利益的最大化;而公用事业主管部门则经各级人民政府授权对公用事业的运营履行监管职能,希望通过最大限度地利用市场竞争机制使消费者获得物美价廉的公用事业服务。这两个部门在目标上的冲突导致二者在选择特许经营权的授予对象方面持有不同标准,国有资产管理部门看中竞争者的出价,而公用事业主管部门则关心竞争者的实际生产能力,由于出价最高者的实际生产能力并不一定最佳,其结果必然影响特许经营权人的顺利选择。[1]

---

[1]　参见肖晓军、吕景春:《公私合作制在中国目前公用事业市场化中面临的问题——以特许经营制度为例》,载《开发研究》2006年第5期。

三、政府规制体系建构与规制权限分配之建议

政府规制作为公用事业的元规制,规制权限在不同政府机关之间的配置对公用事业特许经营的规制质量具有关键性的影响。未来公用事业政府规制体系的完善应当在政府职能重组的基础上,对中央与地方政府、地方政府相互之间的规制权限做合理划分。

一方面,建立独立规制机构模式,赋予独立规制机构相对完整的立法、行政和纠纷裁决权力,已经是世界趋势,值得思考和借鉴。无论是美国的独立规制机构模式还是英国的综合性部门下相对独立的规制机构办公室,[1]都是规制机构独立行使职权的表现。这

[1] 公用事业民营化改革过程中,英国仿照美国建立了若干独立规制机构,如电信办公室(1984 年)、燃气供应办公室(1986 年)、电力规制办公室(1989 年)、自来水服务办公室(1989 年)和铁路规制者办公室(1993 年)等。根据美国的经验,独立规制机构的成员应主要是来自各行业和消费者事务领域的外部专家,并且这些成员代表了受行政机关活动影响的选区之利益。然而,英国的独立规制机构与美国有着本质上的差异,仍受制于行政机关。尽管独立规制机构取代了部长的地位成为公用事业的规制者,且独立规制机构负责人的权力如评价企业经营业绩的权力、规定企业最高销售价格的权力以及决定企业应承担的社会责任的权力等由国会以法规的形式加以确认,禁止部长对公用事业直接发号施令,但是由于独立规制机构的负责人仍由部长任命,所以独立规制机构的规制框架在很大程度上仍然是部长决策的一种产品。以许可证的颁发为例,虽然许可权可以被授权给规制者,但是关于数量竞争和产业结构的最初决策仍由部长作出,并决定应当颁发多少许可证。由于部长仍享有决策权,所以独立规制机构的职责主要是执行行政决策,具体包括许可的实施、许可的变更和消费者保护。例如,发布命令要求企业对侵犯私人的行为予以赔偿;制定服务质量标准并予以监督;对违反特许合同的企业实施罚款等。当规制机构认为应当根据市场和企业经营状况的变化而变更有关许可事项时,如果企业同意变更,则规制机构有义务予以告知和听取反对意见。如果规制机构和企业就许可证变更事项发生争议时,则规制机构无权强行变更,必须提交公平竞争委员会仲裁。经公平竞争委员会审查,认为需要变更的,则应当提交给部长最后定夺。因此,有学者认为英国的独立规制机构不过是部长行使权力的工具。See Tony Prosser, *Law and Regulators*, Clarendon Press, 1997, p. 46 – 47; Sir William Wade & Christopher Forsyth, *Administrative Law*, 9th ed., Oxford University Press, 2004, p. 154.

种独立性意味着规制机构不仅与受规制的行业不存在任何利益关联,而且也相对独立于其他政府机关,以保证规制的公平和公正。[1] 在我国,尽管相关规定确立了公用事业的行业主管部门作为特许经营规制部门的地位,但是囿于公用事业行业主管部门的权限来自所属人民政府的授予,而非法律的直接规定,而且其权限行使要接受所属人民政府的指导和监督,这使所谓的行业主管部门实际上成为地方政府的附庸。而且,依据现行规定,县级以上地方人民政府发展改革、财政、国土、环保、住房与城乡建设、交通运输、水利、价格、能源、金融监管等有关部门都有权在各自的职责范围内对特许经营项目实施监督,导致公用事业特许经营的监管权限极为分散,行业主管部门的权限被大幅削弱。因此,未来公用事业监管改革的重点之一应是监管机构的改革,在逐步厘清各政府部门规制职能界限的基础上,将各分散的规制职能集中赋予一个相对的规制机构,使私人主体避免多头规制导致的重复规制和规制真空。

另一方面,完善公用事业政府规制还需要合理配置中央与地方政府、地方政府相互之间的规制权限。在中央或地方政府的同级横向权限划分层面,应当通过立法、司法、行政等多种手段促进政府规制机构和规制职能改革,在区分政府部门一般行政管理职能和公用事业规制职能的基础上,将公用事业规制职能从政府部门的一般行政管理职能中分离并集中于一个政府规制机构,由该机构独立行使规制职权并独立承担相应法律后果,还应当通过多种手段促使独立规制机构监管处置权的实体化和程序化,对不同

---

[1] 参见余晖、秦虹主编:《公私合作制的中国试验》,上海人民出版社 2005 年版,第 102～105 页。

类型的特许经营项目采取不同的规制手段和措施,从而确保规制实效。在中央—地方的权限划分方面,中央层级的主管部门在宏观上把握公用事业特许经营发展和改革的基本方向,通过制定宏观监管规则、财政预算拨款、建立公用事业行业的国家标准等对地方政府开展公用事业特许经营项目的数量和质量进行监管,确保地方政府在改革过程中不偏离中央的大政方针、不出现国有资产流失等损害国家利益和公共利益的现象;而对公用事业特许经营项目的具体监管则由地方政府来负责实施,旨在实现本区域内公用事业服务的普遍化、优质化。通过上述权限配置,基本上形成一种公用事业特许经营权主体(企业)对市县级地方政府负责、市县级地方政府对省级政府负责,而省级政府对中央政府负责的自下而上、层级分明的政府规制体系。[1]

第二节　公用事业特许经营规制的主要内容

依公用事业特许经营项目的运营过程,政府对公用事业特许经营规制可以分为对市场准入的规制、对运营的规制和对市场退出的规制。美国联邦最高法院大法官史蒂芬·布雷耶(Stephen G. Breyer)认为,经典的规制活动可以被归纳为六种:(1)通过服务成本定价确保企业获得合理回报的;(2)以初始成本为基础的商品和服务价格规制;(3)以公共利益为目标的市场进入标准设置;(4)对环境污染、产品质量或者工作场所安全控制时所需要标准的设定;(5)以非市场竞争的方式对稀缺资源进行配置;(6)对新产品或者

〔1〕 参见付金存:《中国城市公用事业公私合作机制与政府规制研究》,中国社会科学出版社2016年版,第55~56页。

新市场准入者必须满足的复杂技术或者科学标准进行个别审查。[1] 这种归纳与公用事业特许经营的政府规制在内容上存在高度契合，只不过在不同阶段政府规制的任务有所不同。例如，市场准入阶段的政府规制旨在对资源进行有效的配置，市场运营阶段的规制旨在通过对价格、质量和环境安全等调控实现公共服务的普遍性，而市场退出阶段的规制则以确保公用事业服务的持续性为主要目的。

一、公用事业市场准入的政府规制

公用事业市场准入是政府对公用事业特许经营予以规制的首要环节，其本质是政府对市场资源配置施加干预。一般意义上，公用事业市场准入始于项目招投标，终于特许经营协议之签订，属于典型的过程性行为。因而，在该阶段核心的理论争议在于公用事业市场准入究竟该定性为行政私法行为还是公法行为？实践问题的核心则在于如何确保公用事业市场准入以“公平、公开、竞争、择优”的方式完成？对于前者，理论上大致存在行政私法行为、双阶段行为和行政行为三种不同观点。对于后者，行政法上的竞争者诉讼问题、特许经营权人的信赖保护问题则尤为值得关注。

（一）公用事业市场准入之性质

根据现行规定和公用事业市场准入之实践，我国公用事业市场准入可以划分为特许经营权授予和特许经营协议缔结两个阶段。在特许经营权授予阶段，地方人民政府或其授权的主管部门利用行政职权就需要实施特许经营的公用事业具体项目、参与特

---

[1] See Stephen G. Breyer, *Regulation and its Reform*, Cambridge MA: Harvard University Press, 1982, Chapter 2 - 7.

许经营者需要具备的资格和条件、招投标的基本程序等事项作出单方决定,然后向社会公开招标,并依职权在诸多私人投标者之中通过资格审查、方案预设和质询答辩来择优选择最佳申请人,其结果是通过行政特许行为授予中标者公用事业特许经营权。在这一阶段,政府主体必须严格遵守依法行政、正当程序、公益优先等行政法上的原则,不可以有所懈怠或随意让渡行政职权。在特许经营协议缔结阶段,政府主体与私人主体就合作关系中的权利义务进行讨价还价,政府主体无权强制私人主体接受不平等的权利义务条款,协议的签订必须是双方基于平等意志达成合意的结果,充分体现民法上的平等自由原则。针对公用事业市场准入的上述特征,公用事业市场准入之性质在理论上存在行政私法行为说、行政行为说和双阶段说三种观点。

行政私法行为说的依据是行政私法理论。该理论是随着福利国家的兴起而产生的,它的基本原理是:对于给付关系、服务关系等非支配类型的关系而言,因为其"不处在适用法律以及单方性地行使权力关系之中,也就不受直接法的拘束,法律关系的决定也就和私法相同,行政机关的自由意志也就得到允许"[1]。据此,行政机关可自由选择适用公法方式或私法方式来提供服务,而行政机关采用私法方式完成服务任务的行为应属于私法行为,受私法规范的调整。这一观点是着眼于公用事业市场准入的竞争性和契约性,但忽略了行政权在其中的优势地位。

双阶段理论是德国在办理行政补贴事务中提出的。第二次世界大战之后,学者们认为行政补贴是政府塑造社会和控制经济的

---

〔1〕[日]田中二郎:《公法契约的可能性》,肖军译,载《行政法学研究》2002年第1期。

重要手段,旨在实现公共利益,并因此应当受特定的公法原则和规则的约束。为了扭转实践中德国长久以来认为行政补贴只是私法行为的做法,一些司法判例和理论学说将行政补贴行为拟制地划分为两个阶段(公法决定阶段和以私法方式执行该决定的阶段),从而使政府的某些行政补贴决定接受公法约束,遵守基本权平等保护之原则以及必要的司法审查。具体而言,第一个阶段是行政机关主动依职权或者依当事人申请就是否发放特定补贴、补贴的条件、补贴的形式和补贴的受益人范围等事项作出决定,该决定属于公法性质,最终体现为某一抽象的行政规则或针对具体申请的行政处分;第二个阶段则是为了执行上述补贴决定,行政机关与补贴受领人签订私法性质的契约。双阶理论被提出后很快得到了学理和实践的认同,因为它"似乎是一个理想的方案,一方面试图保证法治国家的约束,另一方面又试图保持成熟而又实用的私法法律形式"。[1] 作为过程性行为,公用事业市场准入跟德国行政补贴在性质上高度相似,呈现明显的双阶特征。然而,以双阶理论界定我国公用事业特许经营市场准入之性质也存在诸多问题:第一,公用事业市场准入本身应当是一个统一的法律关系,如果将其人为地割裂成行政特许和私法协议两个性质不同的法律关系,"违背单一生活法律关系应一体处理的原则"[2]。第二,两个阶段只是法律上的拟制,要在实践中将两个阶段区分开存在实际的困难,在很多时候政府机关并不会按照理论设想的那样先授予特许经营权后签订协议,亦有可能先签订协议后颁发授权书,或者只签订特许

---

〔1〕 参见[德]哈特穆特·毛雷尔:《德国行政法总论》,高家伟译,法律出版社 2000 年版,第 422~427 页。

〔2〕 林明锵:《ETC 判决与公益原则》,载《月旦法学杂志》2006 年第 134 期。

经营协议。第三,作为关键的是,两个阶段的效力关系难以处理,授予特许经营权的效力能否延伸至特许协议的签订及履行阶段?如果特许经营权的授予无效或被撤销,特许经营协议是否能够继续履行?这在理论上存在争议。例如,德国最高法院曾认为,许可贷款处分之后的贷款契约是执行许可处分之措施,该契约缔结后,许可即告消灭;而德国联邦行政法院则认为,准许之行政处分不仅于契约缔结之阶段不消灭,而且其效力及于契约履行阶段。[1] 第四,在解决因公用事业市场准入引发的纠纷时,双阶段理论还存在法律结构上的困难,最突出的问题是如果行政机关在私人主体中标之后拒不签订特许协议,私人主体是否能够通过提起行政诉讼而请求法院判决行政机关从事私法行为?这在我国行政诉讼制度之下难以自洽。

笔者认为,行政行为说着眼于公用事业市场准入的实施主体是国家行政机关、公用事业市场准入的招投标过程更多体现了行政机关的单方意志性以及公用事业市场准入以公共利益为目的等特征,最符合公用事业市场准入的法律性质。第一,政府一方通过招投标单方面决定赋予特定私人主体经营公用事业的权利,表明了行政机关优于私人主体的法律地位,二者在这一阶段形成明显的不对等关系;第二,公用事业是《行政许可法》第 12 条第 2 项规定的"直接关系公共利益的特定行业",其市场准入本质是以行政机关依据《行政许可法》的规定授予私人特许经营权,公用事业特许经营协议本质上是政府主体对私人主体行使特许经营权予以监督的特殊方式,不会改变公用事业特许经营权作为行政特许的本

---

〔1〕 参见林明锵:《ETC 判决与公益原则》,载《月旦法学杂志》2006 年第 134 期。

质;第三,由于在行政纠纷解决过程中,无论是行政复议还是行政诉讼,行政机关一方都要负行政行为合法的举证责任,因此将公用事业的市场准入行为界定为行政行为,也有利于在纠纷发生时更好地维护私人主体的利益,这也与2015年《基础设施和公用事业特许经营管理办法》的立法目的之一"保护特许经营者合法权益"具有一致性。[1]

(二)公用事业市场准入过程中的竞争者诉讼

竞争者诉讼通常由行政机关针对行政相对人作出的授益性行政决定致使与受益人存在竞争关系的第三人(以下简称竞争者)招致不利益而引起,是竞争者而非受益人针对行政机关的授益决定提起的行政诉讼。

公用事业市场准入是通过竞争机制来完成的,同时公用事业特许经营权通常是排他的,这要求政府部门不仅应在招投标过程中严格遵循公开、公平、竞争、择优的原则以保障投标人的公平竞争权,而且应在公用事业特许经营权授予之后维护特许权人的独占经营权。如果私人竞标主体认为行政机关在公用事业市场准入过程中侵犯了其公平竞争权,可以依法提起行政诉讼请求行政机关重新组织招投标,或者请求行政机关直接选择自己为中标人并授予特许经营权。如果是行政机关准入其他私人主体进入特定公用事业市场的行为侵害了自己已经享有的特许经营权,亦可以依法提起行政诉讼请求行政机关不得引入新的竞争者以维持自身的独占经营者地位。

以原告诉讼目的之不同,公用事业市场准入纠纷中的竞争者

---

[1] 《基础设施和公用事业特许经营管理办法》第1条。

诉讼可区分为积极的竞争者诉讼和消极的竞争者诉讼。积极的竞争者诉讼中,原告旨在请求行政机关授予自己特许经营权或者请求行政机关不得作出将同一特许经营权再次授予其他私人主体等有损自己特许经营权的决定;消极的竞争者诉讼中,原告起诉的目的在于请求行政机关不得授予竞争对手特许经营权,通常是认为竞争对手不具备中标资质或者行政机关的招投标程序违反公平、公正原则而请求法院判决行政机关撤销已作出的中标决定,以再行组织招投标。与社会科学的任何分类一样,积极的竞争者诉讼与消极的竞争者诉讼之划分只是一种理想类型。实践当中,在公用事业市场准入环节,原告提起竞争者诉讼的请求通常是复合型的,一般表现为请求行政机关撤销竞争对手的中标人资格或者授予竞争对手特许经营权,同时一并请求行政机关选择自己为中标人并授予特许经营权。如前文提到的益民公司诉周口市政府等行政行为违法案中,益民公司作为周口市燃气特许专营权主体,又受市政府邀请参加周口市燃气特许经营权的招投标,而结果却因市政府将周口市燃气特许经营权授予第三人亿星公司而丧失燃气特许经营资格,故而其诉讼目的不仅仅在于请求法院判决撤销亿星公司的燃气特许经营权,更在于要确保自己在本市的燃气特许经营资格,在诉求上具有明显的复合性。〔1〕

在现行行政诉讼制度框架内,如果原告提起诉讼的目的是请求行政机关授予自己特许经营权或者维持自己已经享有的特许经营权,法院可依据《行政诉讼法》的相关规定视案情作出履行判决、赔偿判决、驳回请求判决和确认判决:(1)如果是参与公用事业特许经营竞标的私人主体认为行政机关拖延开标、评标或定标以致

〔1〕 参见最高人民法院行政判决书,(2004)行终字第6号。

迟迟不公布中标结果而起诉的,法院经审查认为原告主张成立的,则判决行政机关限期履行法定职责;(2)如果是参与公用事业特许经营竞标的私人主体认为招投标行为违法侵害自己公平竞争权而起诉的,法院经审查认为原告主张成立的,则判决行政机关重新组织招投标;(3)如果原告认为行政侵害了自己已经享有的特许经营权,法院经审查理由成立的,法院则判决撤销构成侵权的行政行为;(4)无论上述任何事由给原告合法权益造成损害的,法院都应判决行政机关予以赔偿;(5)无论上述任何事由,法院经审查认为原告主张不成立,则判决驳回原告诉讼请求;(6)如果重新组织招投标或者撤销行政决定会给公共利益造成重大损失的,则法院可以判决确认违法,并要求行政机关采取必要的补救措施。

如果原告因行政机关授予他人公用事业特许经营权而导致自己陷入不利益而起诉的,是否要撤销涉诉的特许经营权则需视情形而定。根据"具有第三人不利效果的授益行政行为之废除"〔1〕理论,如果一个对直接相对人有益的行政行为,对第三人却造成了不利,则第三人有权诉请法院撤销该行为,这是毋庸置疑的。如果撤销涉诉的公用事业特许经营权不会有损公共利益,则基于公平正义之考量,法院应当撤销涉诉的特许经营权,以保障原告合法权益。然而,在撤销涉诉的公用事业特许经营权于公共利益严重有损的场合,则只能做出确认涉诉特许经营权违法的判决,并视原告受损情形要求行政机关给予适当的财产弥补:(1)对于涉诉特许经营权给原告实际造成财产损失的,行政机关应予以照价赔偿或其他相应补救措施以减轻或弥补损害;(2)若行政机关在项目招投标

〔1〕[德]哈特穆特·毛雷尔:《行政法学总论》,高家伟译,中国政法大学出版社2000年版,第307~308页。

过程中徇私舞弊、滥用职权严重损害私人投资主体的公平竞争权，对于参与竞标的私人主体因此而丧失的可期待利益不予赔偿，但应就其为竞标而投入的人力、物力、财力的损失，予以适当赔偿。如在上述益民公司案中，益民公司的核心诉求为撤销亿星公司的燃气特许经营权，并继续维持其燃气专营权的法律效力。最高人民法院经审查认为，尽管被告违法授予亿星公司燃气特许经营权的行为侵害了益民公司的燃气专营权，但是基于公共利益之考量，仅作出确认亿星公司的燃气特许经营权违法，并要求被告依法对益民公司予以财产补偿的判决。〔1〕该案充分体现了利益衡量原则在公用事业特许经营项目竞争者诉讼中的重要性。

(三)特许经营权人的信赖保护问题

特许经营权人的信赖保护问题与上述竞争者诉讼问题存在交叉，但是视角有所不同。在我国公用事业特许经营实践中，主要存在两种不同类型的信赖利益保护问题，一是多边法律关系中的信赖利益保护，即在某一私人主体已经实际享有公用事业特许经营权的情形下，政府又引进新的竞争者从而侵害到私人主体的特许经营权，使行政机关、私人主体和第三人即新竞争者之间形成多边行政法律关系；二是双边法律关系中的信赖利益保护，即不存在第三人的情形下，获取公用事业特许经营权的私人主体对政府违法授予的特许经营权存在信赖利益。

1. 多边法律关系中的信赖利益保护

公用事业市场准入制度的核心就在于通过授予私人主体长期的、排他性特许经营权以限制新进入者在受规制的市场中开展竞

〔1〕 参见最高人民法院行政判决书，(2004)行终字第6号。

争,从而保护私人主体获取合理的回报。一方面,公用事业的基本必需品属性要求服务商按照固定的价格提供普遍服务,而无须考虑其实际成本;另一方面,“若非供应商预期从交易中获得的回报足以收回包括已投入资本的竞争性回报在内的所有经济成本,他不会投资这笔交易”〔1〕。公用事业因其规模经济性而需要巨额初始投资,同时因其必需品属性而不能进行掠夺性定价,所以收益周期相对漫长,为有效地吸引社会投资,则行政机关必须承诺给私人主体较长期限内的排他性特许经营权,从而避免私人预期外的市场竞争。正如美国总统经济顾问委员会于1996年报告中指出的那样:“如果允许预期之外的竞争,不给公用事业以合适时机得到其预期的完全回报机会,那么公用事业的回报率会降低,也就否认了诱使他们最初投资公用事业时所允诺的回报率。”〔2〕如果行政机关在要求公用事业特许经营权人按照固定价格提高普遍服务的同时却允许新的主体进入,则已经实际享有特许经营权的私人主体就会因缺乏新进入者享有的定价自由而在竞争中处于不利地位。对于排他性的公用事业特许经营权而言,引进新的市场主体则意味着既有特许经营权主体将丧失该排他性权利。因此,行政机关一旦将某项公用事业特许经营权授予特定的私人主体,就应当尽可能地保障该私人主体对特许经营权存续之信赖,不得引进新的竞争者侵害该私人主体的特许经营权。

---

〔1〕[美]J.格里高利·西达克、[美]丹尼尔·F.史普博:《美国公用事业的竞争转型:放松管制与管制契约》,宋华琳等译,上海人民出版社2012年版,第105页。

〔2〕[美]J.格里高利·西达克、[美]丹尼尔·F.史普博:《美国公用事业的竞争转型:放松管制与管制契约》,宋华琳等译,上海人民出版社2012年版,第105页。

存续保护并非没有例外，若获得排他性特许经营权的私人主体无法促进以经济效率和用户福祉为主要内容的社会公共利益，则政府部门有权清除准入壁垒、不公平税收、不适当补贴和其他程序障碍以放宽市场准入。例如，英国电信领域在1991年之前一直是英国电信公司与莫克瑞公司“双寡头垄断”的状况，而1991年英国政府开始推行电信行业民营化，导致大量企业进入该产业从而结束英国长期以来在电信领域的垄断政策。[1] 此外，当国家法律和政策发生变化且为了公共利益，政府部门有权变更或终止特许经营权，但应当就因此给私人特许经营权主体造成的损失予以赔偿。例如，在我国公用事业市场化改革初期，一些地方通常采取行政审批的方式授予私人公用事业特许经营权，《招标投标法》实施以后，国家政策发生转向，要求公用事业特许经营项目公开向社会招标选择投资主体，导致一些地方对先前存在特许经营权的项目重新进行招投标，因此引发了纠纷。以前文述及的益民公司诉周口市政府等行为违法案为例，该案中，益民公司于2000年通过行政审批方式获得本市燃气特许经营权，而后周口市政府于2003年委托周口市计委对周口市的燃气特许经营权重新组织招投标，并将燃气特许经营权授予第三人亿星公司，从而导致益民公司的燃气经营权终止。法院对公共利益、益民公司利益和亿星公司利益进行综合权衡之后，判决对益民公司因燃气经营权被终止而对其先期资金投入造成的损失，由周口市人民政府、市计委于判决生效之日起6个月内采取相应补救措施，对益民公司的合法投入予以合

[1] 参见王俊豪：《英国政府管制体制改革研究》，上海三联书店1998年版，第138页。

理弥补。[1] 这是信赖保护原则中财产保护方式的体现。

2. 双边法律关系中的信赖利益保护

特定情形下,私人主体对违法获得的特许经营权亦可能存在信赖利益。根据相关法律规定,在公用事业市场准入的过程中,行政机关可基于多种情形违法授予私人主体特许经营权。例如,“行政机关工作人员滥用职权、玩忽职守授予特许经营权,超越法定职权授予特许经营权,违反法定程序授予特许经营权,对不具备竞标资格或者不符合法定条件的竞标人授予特许经营权”等诸多情形。[2] 如果公用事业特许经营权的违法授予并不存在任何可归责于私人主体的事由,且私人主体深信该特许经营权的授予是合法的,并因此进行了相关的资金投入或者工程建设,则行政机关原则上应允许私人主体继续享有该项特许经营权;如果基于公共利益之需要不得不撤销该项特许经营权时,则应当对受特许人造成的财产损失依法给予赔偿。例如,在上述益民公司案中,就第三人亿星公司而言,周口市政府、市计委在未依法废止益民公司的燃气专营权并对益民公司的合法投入予以合理弥补的情况下,便直接发布了招标方案并通过邀请招标而非公开招标的方式将燃气特许经营权授予亿星公司,导致亿星公司获得燃气特许经营权的程序严重违法。然而,亿星公司燃气特许经营权之授予程序违法并无明显过错,因此依据《行政许可法》,亿星公司对该燃气特许经营权具有信赖利益,应采取合理措施予以保护。[3]

---

〔1〕 参见河南省高级人民法院行政判决书,(2003)豫法行初字第1号;最高人民法院行政判决书,(2004)行终字第6号。

〔2〕 参见《行政许可法》第69条。

〔3〕 参见河南省高级人民法院行政判决书,(2003)豫法行初字第1号;最高人民法院行政判决书,(2004)行终字第6号。

二、公用事业项目市场运营的政府规制

《市政公用事业特许经营管理办法》第 10 条规定："主管部门应当履行下列责任：(一)协助相关部门核算和监控企业成本，提出价格调整意见；(二)监督获得特许经营权的企业履行法定义务和协议书规定的义务；(三)对获得特许经营权的企业的经营计划实施情况、产品和服务的质量以及安全生产情况进行监督；(四)受理公众对获得特许经营权的企业的投诉；(五)向政府提交年度特许经营监督检查报告；(六)在危及或者可能危及公共利益、公共安全等紧急情况下，临时接管特许经营项目；(七)协议约定的其他责任。"概括上述规定并结合有关规制理论，政府对于公用事业运营过程的规制应主要包括普遍服务规制、价格规制、质量规制和环境安全规制等事项。

(一)普遍服务规制

根据市场自由原则，任何企业都可以为了自身利益拒绝与客户交易，但是该规则不适用于公用事业。这是因为，公用事业服务的"基本必需品"属性决定了公用事业特许经营权人负有向全部有需求意向并准备支付公平合理价款的消费者提供同等服务的义务。据此，一旦私人主体被授予特定的公用事业独占经营权，行政机关就有权采取适当措施强制私人主体向所有希望获得该项服务并愿意支付相应对价的用户提供无差别的服务，包括特许经营区域范围内的所有用户，及特定条件下政府指定的特许经营区域之外的用户。

1. 特许经营区域范围内的普遍服务

政府作为公共利益的代表，应当要求获得特许经营权的私人

主体向特许经营区域范围内所有愿意支付服务价格的消费者提供同等的公用事业产品和服务,并有权禁止私人主体为了追求自身利益最大化只向发达地区或者人口密集的地区提供公用事业服务,而不对欠发达地区或者人烟稀少的地区提供服务。在 1917 年的昆斯(Queens)燃气公司诉纽约州公用事业委员会案中,美国联邦最高法院指出:企业一旦将财产投入公共使用,就不能在特许经营所涵盖的领域内只选择向有利可图的区域提供服务,而不为其他地区提供服务。因为这样做不仅会造成后一类地区的发展受到限制,而且会使得在这些地区的居民生活不适。纠正公用事业的这种不适当做法正是公用事业委员会存在的重要目的之一。[1]我国《行政许可法》第 67 条明确要求公用事业特许经营权人应当向特许经营区域范围内所有用户提供普遍服务,《城市供水特许经营协议(示范文本)》第 102 条也规定:"中国法律另有规定的除外,乙方不得拒绝或停止向特许经营区域范围内符合城市规划及用水地点具备供水条件的用户供水。"

特许经营区域范围内的服务义务还要求私人投资者"必须要有充分的容量,不仅能为所有要求服务的用户提供服务,还要满足用户的峰值需求量"[2]。换言之,特许经营权人必须不断地提高自身的服务供给能力以满足特许经营区域范围内的用户对公用事业产品和服务的需求增长。通常下述几种情形可能导致用户需求增长:第一,因新建居民住宅等原因致使特许经营区域范围内的用

---

〔1〕 *New York ex rel. New York & Queens Gas Company v. McCall*, 245 U. S. 345, 1917.

〔2〕 [美]J. 格里高利 · 西达克、[美]丹尼尔 · F. 史普博:《美国公用事业的竞争转型:放松管制与管制契约》,宋华琳等译,上海人民出版社 2012 年版,第 121 页。

户数量增加,私人主体有义务向新增用户提供服务;第二,用户数量既定,但在特定条件下用户对公用事业服务的需求量增加,如居民在盛夏天气的用水量远远多于平时;第三,因突发性的公共卫生事件等导致公用事业服务的需求量在短时间内激增等。第三种情形如构成《市政公用事业特许经营管理办法》第 13 条所称的"承担政府公益性指令任务",获得特许经营权的私人主体因此遭受经济损失的,行政机关应当予以相应补偿。

2. 特许经营区域范围外的延展服务

在特定条件下,政府会要求公用事业的特许经营权人超出特许经营区域范围向其他区域提供延伸服务。美国联邦最高法院通过一系列判决发展出强制延伸服务应当满足的条件。例如,在 1925 年的伍德黑文(Woodhaven)天然气公司诉纽约州公用事业委员会案中,纽约州公用事业委员会以行政命令的方式要求伍德黑文天然气公司向专营区域之外的邻近社区提供延伸服务,美国联邦最高法院指出:"各州不应要求企业通过新增高额投资的方式来向新的地域提供延伸服务,除非出现必须需要企业使用其财产来满足公共利益,以及向这种财产的征用提供了公正补偿的情况。"[1]再如,在 1933 年的州际商业委员会诉俄勒冈——华盛顿铁路暨航运公司一案中,州际商业委员会要求俄勒冈——华盛顿铁路暨航运公司向俄勒冈境内提供 187 公里的延伸服务的决定(为此该公司将增加近 900 万美元的成本支出),美国联邦最高法院认为"如果国会意欲赋予(规制)委员会某种强制权力,要求服务厂商通过巨额投资向那些从未涉足或从未试图涉足的区域提供服务,

[1] *New York ex rel. Woodhaven Gaslight Company v. Public Service Commission*, 269 U. S. 244, 1925.

那么这一意图应当在有关法律条款中予以明示"[1],并判决州际商业委员会无权要求航运公司为向新的区域提供延伸服务而建设新支线。

我国既有的法律、法规、规章和规范性文件等未对强制延伸服务作出明确的规定,但在《城市供水特许经营协议(示范文本)》中存在类似强制延伸服务的条款。该示范文本第91条规定,由于城市规划要求,政府部门需要企业提供另外供水服务,甲、乙双方应进行协商,努力就修改本协议达成共识。笔者认为,可借鉴美国的有益经验,只有在满足如下条件时方可要求私人主体延伸服务范围:第一,法律明确授予政府主管部门享有强制私人主体延伸服务的权力;第二,必须是为满足公共利益的需要而不得不强制私人主体延伸服务范围,舍此没有其他选择;第三,由强制延伸服务给私人主体造成的负担,政府主管部门应给予公正的经济补偿,或者通过提供费率或价格塑造达到与补偿同样的效果。

(二)价格规制

一方面,公用事业服务是公民基本生活的必需品,如果获得公用事业特许经营权的私人主体为牟取暴利而滥用其垄断地位实行掠夺性定价,势必影响公民正常获取公用事业服务;另一方面,私人主体盈利不足将无法有效吸引投资,导致私人投资不足甚至撤资,最终亦将影响公用事业普遍服务的实现。因此,价格规制就成为各国平衡公用事业普遍服务与私人主体合理利润诉求的重要手段,但各国经济、法律制度不同,所采取的价格规制措施也就不同。

以英美为例。美国对私有私营、基本没有竞争的垄断产业采

---

〔1〕 Charles F. Phillips, Jr., *The Regulation of Public Utilities: Theory and Practice* (3rd ed.), Public Utilities Reports, Inc., 1993, p. 567.

取“最低回报率”限价模式,其运行大体方式如下:首先由企业向政府规制部门申请提高产品或者服务的价格,政府规制部门将在一定的时间段内对那些影响产品或者服务价格的因素做必要的市场调查,然后根据这些因素的变化情况对企业申请作出回应,主要是确定企业的最低回报率,以此为企业定价提供指引。英国对公用事业价格的规制则采取 RPI - X 的“最高限价”模式。该模式最初是针对英国电信市场规制提出的,其公式为 PI≦RPI - X,其中 PI 是受规制电信业务的价格指数,RPI 是零售物价指数,X 是生产效率因子,如果 RPI 减去 X 的结果为负值,则电信企业应该降低价格;结果为正值,则电信企业可以适当提高价格,但仍不应高于社会零售物价指数。例如,假设经营期限内 PRI 为 10%,生产 X 为 5%,则意味着厂商在此期间价格允许调升的最高上限为 5%。这一模式后来被广泛运用于英国对民营化后的垄断产业的规制。相较而言,两种模式各有所长。在美国的“最低回报率”限价规制模式下,提高成本引起的风险和降低成本带来的利益都由消费者承受,很容易导致企业恣意扩大投资。但是,美国的价格规制受行政程序法的严格约束,允许利害关系人充分参与、公开辩论价格的制定与变更,这种程序要求在很大程度上弥补了该模式容易恣意扩大投资的缺陷。根据英国的最高限价模式,提高成本引起的风险和降低成本带来的利益都由企业来承担和享受,因而会极大地激励企业降低生产成本、提高生产效率。[1]

我国公用事业进行市场化改革以后,公用事业价格由过去的政府直接定价转向遵循市场规律定价。根据《价格法》,经营者有

---

〔1〕 参见周林军:《公用事业管制要论》,人民法院出版社 2004 年版,第 182 页;王俊豪:《英国政府管制体制改革研究》,上海三联书店 1998 年版,第 126 页。

权依法自主定价,政府一般不进行事先干预,但是政府可在必要时对重要的公用事业价格和公益性服务价格实行政府指导价或者政府定价。2002 年《关于加快市政公用行业市场化进程的意见》要求"市政公用产品和服务价格由政府审定和监管,应在充分考虑资源的合理配置和保证社会公共利益的前提下,遵循市场经济规律,根据行业平均成本并兼顾企业合理利润来确定市政公用产品或服务的价格(收费)标准"。党的十八届三中全会再次强调,要在重要公用事业、公益性服务、网络型自然垄断环节继续实行政府定价,但是要提高透明度,接受社会监督[1]。因此,在政府统一定价的原则下,公用事业特许经营权人不得擅自提高公用事业的服务价格或者收费标准,否则将由价格主管部门依照国务院《价格违法行为行政处罚规定》的相关规定予以处罚。

为了确保私人投资者在低于成本价服务时仍持续有效的运营公用事业,政府通常采取行政补贴予以资助。作为政府对价格进行规制的主要手段,行政补贴可分为直接补贴与间接补贴。直接补贴是政府财政直接资助社会弱势群体。例如,我国张家口市于 2000 年 11 月出台城市供水价格调整方案,规定最低生活保障线以下的家庭凭市民政局发放的最低生活保障证、特困职工凭市总工会发放的特困职工证,每 3 个月到市供水总公司按每月 5 吨水量退还水费。全市用于贫困家庭的水价补贴预计每年 30 万元左右。[2] 间接补贴则是政府财政通过向特许经营权主体提供金钱资助的方式替其分担服务成本,从而确保公用事业产品和服务的价格维持

〔1〕 2013 年《中共中央关于全面深化改革若干重大问题的决定》。

〔2〕 参见邹东涛、秦虹等:《社会公用事业改革攻坚》,中国水利水电出版社 2006 年版,第 46 页。

在消费者普遍可以接受的水准。例如,2002 年《关于加快市政公用行业市场化进程的意见》规定,“市政公用企业通过合法经营获得的合理回报应予保障。若为满足社会公众利益需要,企业的产品和服务定价低于成本,或企业为完成政府公益性目标而承担政府指令性任务,政府应给予相应的补贴”。再如,2021 年《城镇供水价格管理办法》第 13 条第 2 款也规定:“考虑当地经济社会发展水平和用户承受能力等因素,由于价格调整不到位导致供水企业难以达到准许收入的,当地人民政府应当予以相应补偿。”

除此之外,在特定条件下,政府部门也允许私人投资者申请上调公用事业价格。例如,2021 年《城镇供水价格管理办法》第 26 条规定,“供水价格由各省、自治区、直辖市定价目录确定的定价部门制定或者调整。消费者、供水企业、供水行政主管部门及有关方面可以向价格主管部门提出定调价建议”。根据 1998 年《城市供水价格管理办法》(《城镇供水价格管理办法》实施后,该办法已被废止),供水企业可以在出现下列情形之一时,向城市供水行政主管部门提出调价申请:第一,按国家法律、法规合法经营,价格不足以补偿简单再生产的;第二,政府给予补贴后仍有亏损的;第三,合理补偿扩大再生产投资。[1] 该办法虽然已经失效,但是上述规定不乏合理之处。当然,为了保证城镇居民的合理用水负担,价格部门实施供水价格调整应向社会公告调整方案并举行听证会,价格调整决定应向社会公开。

(三)质量规制

作为公民日常基本生活的必需品,公用事业服务必须具备特

---

〔1〕 参见原国家计委、原建设部《关于印发〈城市供水价格管理办法〉的通知》(计价格〔1998〕1810 号,已被废止)第 5 条、第 10 条、第 11 条、第 19 条、第 20 - 24 条、第 26 条。

定的品质,才能保证公民的生命健康权和财产权免受不必要的损害。在公用事业特许经营制度的安排下,政府代表社会向私人主体购买公用事业服务,并对这类服务的提供负有最终责任。“在这种情况下,认为政府不关心新私有化实体所提供的服务的质量是错误的……政府通常都会对其实施某种形式的监管制度。”[1]

在质量规制方面,英国的经验颇具代表性。撒切尔夫人在公用事业民营化改革之初,就注重对私人提供公用事业服务的质量规制。“与当时的观点一致的是,觉得保证质量将有利于英国电信公司,特别是面临即将到来的竞争。”[2]但是由于缺乏明确的法律规定,加之撒切尔政府过分追求经济效率,一定程度上牺牲了公共服务质量。为改善公共服务质量,约翰·梅杰(John Major)于1991年继任首相后基于“公民有权根据他们的需要,以合理的价格,期待高质量的物品和服务”这一理念发动了一场质量规制运动,“实际上是英国政府对公民公共服务的一种承诺,承诺包括了服务内容、服务标准、服务程序和时限、违诺责任等具体内容”[3],它“要求政府各部门、各行业、各机构制定并检查自己的服务标准,并作出服务承诺……顾客有权依据各部门、各机构以及提供公共服务的企业所制定的标准得到自己所需要的服务”[4]。梅杰政府希冀

---

〔1〕[英]达霖·格里姆赛、[澳]莫文·K.刘易斯:《公私合作伙伴关系:基础设施供给和项目融资的全球革命》,济邦咨询公司译,中国人民大学出版社2008年版,第55页。

〔2〕[英]卡罗尔·哈洛、[英]理查德·罗林斯:《法律与行政》,杨伟东等译,商务印务馆2004年版,第615页。

〔3〕程军、王彬彬、王海滨:《基于“公民宪章”运动的英国公共服务标准化建设与启示》,载《大众标准化》2014年第6期。

〔4〕张定准:《英国“公民宪章”运动的现状与前景》,载《深圳大学学报(人文社会科学版)》1996年第1期。

通过这种方式将公共服务置于公众监督之下,从而达到提高公共服务质量和水平之目的。"截至 1992 年 9 月,有 28 个公共服务系统发布了公开的服务承诺。在 47 个郡级地方政府中,有 30 个已经或准备采用这种方式作为提高服务水平的手段。到了 1996 年,发布的全国性服务承诺达 42 个,几乎所有的政府部门、公共服务部门和已私有化的垄断性公用事业都对其业务设定了目标,并公布各主要方面的工作业绩情况、效率和质量,取得了明显的成效。"[1]以自来水产业为例,为维护消费者的权益,自来水管制办公室推出了一个"服务标准保证方案",如果自来水经营企业不能提供满足这一标准的服务,消费者有权要求企业给予 10 英镑的经济赔偿。如果企业和顾客不能就赔偿达成一致而发生纠纷,可以提交自来水管制总监作出仲裁。[2]

我国对公用事业服务质量的规制主要包括服务质量标准管理和服务持续性要求两大方面的内容。就服务标准管理而言,我国设有专门的标准化管理机构,并实行统一管理与分工负责相结合的管理体制,而且我国许多地方立法都对公用事业的服务质量提出了明确的要求。例如,《济南市城市供水条例》第 28 条明确规定:"城市供水主管部门应当加强对供水企业、自建设施供水单位、二次供水单位执行国家城市供水水质标准情况的监督检查,委托具有相应资质的检测机构对水质进行检测,并定期向社会发布水质公告。卫生主管部门应当按照职责,对供水水质进行监督检测。"同时本条例第 51 条还规定,供水企业、自建设施供水单位、二

[1] 赵京国:《英国"公民宪章"运动对我国推行行政服务标准化的启示》,载《湖北函授大学学报》2014 年第 7 期。

[2] 参见王俊豪:《英国政府管制体制改革研究》,上海三联书店 1998 年版,第 279 页。

次供水单位的供水水质、水压未达到国家标准的，由城市管理行政执法部门责令限期改正，并处以5万元以上10万元以下罚款。

要求公用事业服务必须满足持续性，根源于公用事业关系公民基本生活需求这一事实。对于公用事业特许经营权人而言，服务的持续性意味着其不得擅自停产停业。例如，2012年《安徽省城镇供水条例》第33条规定："供水单位应当按照规定的供水水压标准，保持不间断供水，或者按照供用水合同分时段供水。因工程施工、设备维修等确需停止供水或者降压供水的，经城镇供水行政主管部门批准后，供水单位应当提前二十四小时在停止供水或者降压供水的区域内公告；因发生灾害或者紧急事故不能提前通知的，供水单位应当在抢修的同时，在停止供水或者降压供水的区域内公告，尽快恢复正常供水，并报告城镇供水行政主管部门。影响消防灭火的，应当同时报告公安机关消防机构。连续超过二十四小时不能正常供水的，供水单位应当向城镇供水行政主管部门报告，并采取应急供水措施，保证居民基本生活用水的需要。"对于行政机关而言，公用事业服务的持续性要求政府一方在公用事业特许经营权主体出现生产、经营困难或者其他原因影响公用事业服务的持续供给时，必须采取有效措施保证市政公用事业服务不得因此中断，如对公用事业的经营进行临时接管并尽快选定新的合适的特许经营权主体，从而保障公共产品或公共服务的持续稳定提供。

（四）环境安全规制

公用事业的环境安全规制属于典型的社会性规制，是指政府以促进自然环境保护和经济协调发展为目的而制定并实施的各项政策与措施。注重环境保护的意识最早可以追溯到雅典城邦国家时代。雅典城邦的公民曾经发出这样的誓言:“我们将把这城市传递下去,它不仅不比被传递到我们手中时更差,而且更伟大,更美好,更美丽。”[1]随着后工业化时代的到来,当代资源和生态环境问题日益突出,向人类提出了严峻的挑战。1972 年 6 月,联合国人类环境全体会议通过《人类环境宣言》,呼吁各国政府和人民保持和改善人类环境;1989 年 5 月,联合国举行第 15 届环境署理事会通过《关于可持续发展的声明》提出资源和环境可持续发展的理念;1992 年 6 月,联合国环境与发展大会则通过《里约环境与发展宣言》,提出了“人类环境权”这一概念。[2] 随着资源与环境保护的重要性日渐深入人心,人民愈加认识到,“假定,污染同时造成了不可逆转的生态恶化,并且这种恶化被认为将对下一代造成不利影响……此时,基于公益的理由,规制便成为必需”[3]。

环境规制一直以来为我国政府所重视,早在 1989 年,全国人大常委会就通过了《环境保护法》,授权地方人民政府和环境行政主管部门对环境进行治理和监督。《环境保护法》于 2014 年 4 月 24 日由第十二届全国人民代表大会常务委员会修订通过,修订后的《环境保护法》第 4 条明确规定,“保护环境是国家的基本国策”,第 5 条确立了“坚持保护优先、预防为主、综合治理、公众参与、损害担责”的环境保护原则。同时,《环境保护法》还通过建立生态保护补偿制度、排污许可制度、污染者付费制度(排污缴费)、环境污染责

---

〔1〕 [美]乔治·弗雷德里克森:《公共行政的精神》,张成福等译,中国人民大学出版社 2003 年版,第 121 页。

〔2〕 参见刘学谦等著:《可持续发展前沿问题研究》,科学出版社 2010 年版,第 3~7 页。

〔3〕 [英]安东尼·奥格斯:《规制:法律形式与经济学理论》,骆梅英译,中国人民大学出版社 2008 年版,第 36 页。

任保险制度、信息公开和公众参与制度、环保奖励制度、违规排放处罚制度等来贯彻和践行环境保护这一基本国策。此外,《环境保护法》第12条规定"每年6月5日为环境日",以此向社会宣传国家环保理念。

就公用事业特许经营而言,环境安全问题无疑是政府对公用事业运营加以规制的重要目标。以城市生活垃圾处理为例。随着我国的城市化进程迅速发展,因城市扩张和城市人口暴增导致的城市生活垃圾成为城市发展的负担,如何处理这些生活垃圾也已经成为困扰城市管理者的巨大难题。2002年《关于加快市政公用行业市场化进程的意见》将城市生活垃圾处理列入可以实行特许经营的公用事业范围,实践中城市生活垃圾处理也基本上采取了市场化模式,以特许经营的方式授予了私人主体。囿于目前的技术条件限制,我国获得城市生活垃圾处理特许经营权的企业通常采取焚烧的方式处理城市生活垃圾,尽管较之于传统的填埋措施,焚烧能够在一定程度上减轻环境污染,但是并不像所标榜的那样环保。垃圾焚烧产生大量的二恶英、低灰、飞灰、重金属及各种污染物,对空气质量和人体健康有极大的危害。因此,我国有必要从技术、社会、经济、财政、制度以及环境等各方面考虑,探索真正环保并节能的垃圾处理方式。

值得注意的是,环境规制会增加私人主体的生产成本,进而影响公用事业服务的价格。在英国,自来水产业环境规制是饮用水检测所和国家江河管理局的职责范围,但环境质量管理者和经济管理者应联合监督企业实施改进环境的投资项目。[1] 根据自来

[1] 参见王俊豪:《英国政府管制体制改革研究》,上海三联书店1998年版,第279页。

水办公室的测算，自来水产业如果要达到欧共体对环境管制所规定的标准，则污水处理成本将在很大程度上抬高自来水的价格，将导致自来水产业在1995年至2000年的平均收费价格增长率比通货膨胀率高出5%。[1] 对私人主体因探索资源利用率高、环境破坏性小的先进生产技术手段和经营管理模式而进行的资金投入，政府是否要予以适当的经济补贴，则属于国家政策考量的范畴。根据我国《环境保护法》第11条，我国实行环保奖励制度，[2] 在有些地方的公用事业特许经营实践中也得到施行，如《大连市供热用热条例》第5条规定："市及区(市)县人民政府及其供热用热主管部门，应当鼓励建设低能耗、低污染的供热项目，限制并逐步取消高能耗、高污染的供热项目。对在供热工作中做出显著成绩的单位和个人，给予表彰和奖励。"

三、公用事业特许经营的退出规制

市场退出是公用事业特许经营规制的最后环节，也是"加强市政公用事业监管"和"健全市政公用事业监管体系"进程中不可或缺的一环。作为涉及国计民生的基础性行业，公用事业市场退出规制的好坏既关系到国家能否确保经济安全和市场秩序及消费者能否获得持续稳定的公用事业服务，也关系到特许经营权人能否实现必要的经济自由。2014年9月23日，财政部下发《关于推广运用政府和社会资本合作模式有关问题的通知》(财金〔2014〕76号)明确提出地方各级财政部门要在与私人签订协议时将"退出安

---

〔1〕 参见杨欣:《变革与回应:民营化的行政法研究》，中国政法大学2006年博士学位论文，第130页。

〔2〕 该条规定："对保护和改善环境有显著成绩的单位和个人，由人民政府给予奖励。"

排”作为重点关注事项之一。2014 年 11 月 26 日,国务院《关于创新重点领域投融资机制鼓励社会投资的指导意见》(国发〔2014〕60 号)明确要求:“政府要与投资者明确 PPP 项目的退出路径,保障项目持续稳定运行。”国家发改委随即发布《关于开展政府和社会资本合作的指导意见》(发改投资〔2014〕2724 号)将“退出机制”作为“加强政府和社会资本合作项目的规范管理”的重要的一环予以规范,并提出政府方要“依托各类产权、股权交易市场,为社会资本提供多元化、规范化、市场化的退出渠道”。“应当讲,社会资本方的退出机制安排已经纳入为国家和各部委关于 PPP 机制的应有内容,列入 PPP 合同管理和文本的重要组成部分,成为 PPP 合同的关键环节之一,并提出了退出机制的框架性要求”〔1〕,但是目前各地公用事业特许经营的实践中“重准入轻退出”仍是亟待治理的问题。“如何设计市场退出制度以契合公用事业特许经营引入竞争和公益保障的双重目标就成为行政法学研究和相关行政立法所面对的重要课题。”〔2〕

(一)公用事业市场退出规制的基本原则

公用事业特许经营权一旦被授予私人主体,便成为私人主体的一种财产权,则公用事业市场退出就属于特许经营权人对私有财产的一种处置。根据市场自由原则,市场主体有为获取竞争利益而继续经营的权利,也有迫于竞争压力而退出市场的权利。然而,公用事业的特殊性决定了“私有财产从来不是完全私有的,自

---

〔1〕 邢旭:《PPP 模式中社会资本方退出机制研究》,载政府采购信息网 2016 年 12 月 20 日,http://www.caigou2003.com/ll/ndts/2678797.html。

〔2〕 章志远、黄娟:《公用事业特许经营市场退出法律制度研究》,载《学习论坛》2011 年第 6 期。

由企业从来不是完全自由的”[1],私人投资者不可能在该领域随意进出。因为“公用事业需满足共同利益的需要,而共同利益的满足是不能中断的,任何中断都可能导致集体生活的极度混乱”[2]。为确保公用事业服务的持续和稳定,公用事业特许经营权人不能凭借个人利好而随意终止公用事业服务,此谓之限制退出原则。这种限制体现为两个方面,一方面,政府有权要求公用事业特许经营权人不得随意中断、终止公用事业服务,也不能未经政府同意而擅自将公用事业特许经营权转让给他人;另一方面,当特许经营权人因不可抗力、资金周转困难导致生产经营能力不足以提供持续有效的公用事业服务,或者公众对其产生了信任危机,政府亦有权强制特许经营权人退出服务。

1. 禁止擅自停止公用事业服务

一旦私人主体被授予公用事业服务的特许经营权,则应当按照法律规定或者特许经营协议的要求向公众提供持续稳定的公用事业服务,非经政府部门允许,不得擅自停止公用事业服务。

美国联邦最高法院的诸多判例表明禁止私人擅自停止服务是公用事业规制的重要内容。例如,在1872年的塔尔科特诉派恩格鲁镇案(*Talcott v. Pine Grove Township*)中,法官的附带意见指出:“通过国家权威迫使铁路继续运营并履行对公众的全部责任,是毫无疑问的。”在1885年一宗涉及铁路运输的案件中,纽约州法院认为:“……从平实的原则出发,铁路财产一旦投入公共用途且系公共用途所必需,则必须践行公共使用的承诺,从而全面实现其创设

---

[1] [美]保罗·萨缪尔逊:《经济学》(上卷),高鸿业译,商务印书馆1979年版,第210页。

[2] [法]让·里韦罗、[法]让·瓦利纳:《法国行政法》,鲁仁译,商务印书馆2008年版,第455页。

时的目的。"[1]1918年,美国联邦最高法院在另一宗涉及地方性铁路的案件中重申:"如果一家铁路公司负有维护和运营某条铁路的制定法义务或契约义务,它将会被禁令或训令(mandamus)强迫这样做,即便继续运营会亏损。"[2]

在法国,司法判例确立了公用事业的连续性原则,要求获得公用事业特许经营权的私人主体必须按照特许契约提供连续的公用事业服务,不得无故中断。为此,法国最高行政法院通过一系列案件建立了不可预见理论。根据该理论,除了不可预见的行为之外,获得公用事业特许经营权的私人主体不得因维持经营存在金钱上的困难而停止服务。这里的不可预见行为主要是指外在于公私双方的经济偶然事件,如始料不及的经济动荡、自然灾害等不可抗力,致使私人主体面临破产倒闭的危险。不可预见理论之运用需满足三个条件:第一,鉴于战争、严重经济危机之类搅乱形势事件的反常性和特殊性,缔约双方都不可能合情合理地作出预测;第二,此类事件独立于缔约双方的意愿之外;第三,此类事件不可避免地扰乱了契约履行的条件,特许经营权人无从获利,经营亏损,而且亏损的严重性和持续性超出了私人主体的合理预期。不可预见理论虽然很重要,但是实践中却因为行政补贴、价格调整等机制的存在而极少应用。[3]

---

〔1〕 参见宋华琳:《市政公用事业特许契约中的退出规制》,载余凌云主编:《全球时代下的行政契约》,清华大学出版社2010年版,第62~63页。

〔2〕 See J. Gregory Sidak & Daniel F. Spulber, *Deregulatory Takings and the Regulatory Contract*: *The Competitive Transformation of Network Industries in the United States*, Cambridge University Press, 1998, p. 128.

〔3〕 参见[法]让·里韦罗、[法]让·瓦利纳:《法国行政法》,鲁仁译,商务印书馆2008年版,第574~575页;杨解君编:《法国行政合同》,复旦大学出版社2009年版,第38页。

在我国,向用户提供持续稳定的服务是《行政许可法》第 67 条第 1 款课予公用事业特许经营权人的法定义务,并在公用事业特许经营实践中得到普遍贯彻。例如,根据《城市生活垃圾管理办法》第 21 条和第 35 条,从事城市生活垃圾经营性清扫、收集、运输的企业不得擅自停业、歇业;确需停业、歇业的,应当提前半年向所在地直辖市、市、县人民政府建设(环境卫生)主管部门报告,经同意后方可停业或者歇业。同时,特许经营权人应当向用户提供持续稳定的公用事业服务也是特许经营协议的约定义务,如《城镇供热特许经营协议(示范文本)》第 17 章第 2 条第 1 款第 2 项规定:"非经甲方批准,乙方不得自行决定或促使自身停热、解散、歇业。"

2. 禁止擅自处置公用事业特许经营权

所谓擅自处置公用事业特许经营权,是指特许经营权人未经政府准许,而将该公用事业特许经营权出售、出租、抵押等所有可能危害公用事业服务稳定的行为。《关于加快市政公用行业市场化进程的意见》明确规定,获得特许经营权的企业在经营期间,未经政府及行业主管部门批准而擅自转让或变更特许经营权的,由市政公用行业主管部门报城市政府批准后予以相应处理,情节严重的,应取消其特许经营权。《行政许可法》第 9 条明确了行政许可不得转让的原则,即"依法取得的行政许可,除法律、法规规定依照法定条件和程序可以转让的外,不得转让"。《市政公用事业特许经营管理办法》第 18 条也规定,擅自转让、出租特许经营权或者擅自将所经营的财产进行处置或者抵押的,主管部门应当依法终止特许经营协议,取消其特许经营权。为什么要限制特许经营权人处置作为个人财产的特许经营权呢?这是因为公用事业特许经营权具有一定的"人身"属性。申言如下:

公用事业特许经营作为行政特许,是行政机关"基于行政、社会或者经济上的需要,将本来属于国家或者某行政主体的某种权利(力)赋予私人的行政行为"[1]。为了确保公用事业服务在转移至私人主体之后,公众仍能以合理的价格获得一定质量的连续的稳定的公用事业服务,政府通常会要求私人主体具备特定的资质,如必须是企业法人,企业经营管理、技术管理负责人具备相应的从业经历和业绩,具有与特许经营项目相适应的资金和设备、设施能力,具有良好的银行资信和财务状况以及与其业务规模相适应的偿债能力等必要条件。在政府将公用事业的特许经营权授予私人主体之前,必须对私人主体是否具备行使该项特权的必备资质或条件进行审核。因此,公用事业特许经营权的授予与私人主体的个体属性密切相关。只有当私人主体符合政府事先拟定的条件时,才有可能获得特许经营权。由于私人主体的资信和财务状况、偿债能力不能脱离私人主体而独自转让,其人员的从业经历和从业资格、业绩等更是具有明显的人身属性,不能对之行使出租、出借、转让、出卖等处分行为,因而,以上述条件为标准授予的公用事业特许经营权也不能成为自由交易的客体。

尚需指出的是,公用事业特许经营权不得擅自处置,不等于公用事业特许经营权的非流通性是绝对的。只是公用事业特许经营权的流通不得有损公用事业服务的持续性和有效性,因此需要公共利益的代表者即政府的同意。例如,《城市供水特许经营协议(示范文本)》第121条规定:"为安排供水工程项目融资,乙方有权依适用法律以其在本协议项下的权利给贷款人提供担保,并且为贷款人的权利和利益在供水工程用地的土地使用权、供水工程设

---

〔1〕 姜明安主编:《行政法与行政诉讼法》(第3版),北京大学出版社、高等教育出版社2007年版,第263页。

施或供水工程和服务所需的乙方的任何其他资产和权利上设抵押、质押、留置权或担保权益。但此类抵押、质押、担保权益设置(包括此类权益设置的变更)均须取得甲方书面同意,甲方不得不合理地拒绝同意。”

(二)公用事业市场退出的基本类型

公用事业的限制退出原则不等于禁止市场退出,结合我国现有的法律、法规、规章和规范性文件对公用事业市场退出的有关规定,可以依退出原因的不同将公用事业市场退出划分为四种类型:第一,特许经营权期限届满;第二,因特许经营权人申请提前解除特许经营协议;第三,因法律或者政策的变化被政府部门撤回特许经营权;第四,特许经营权人违反法律规定或者特许经营协议约定导致政府部门依法收回特许经营权。

1. 特许经营权期限届满

公用事业竞争性特许经营权的显著特征是具有固定期限。为了促进竞争并提高公用事业服务的效率,特许经营权人只能在固定期限内经营公用事业。公用事业特许经营权的期限通常由政府根据特许项目的特点、投资规模、特许的方式、投资回报期和有关法律法规等因素来确定,并在特许经营协议中载明。期限届满时,私人主体则不再享有公用事业的特许经营权,政府应重新选择特许经营权人。如《城市供水特许经营协议(示范文本)》第 113 条规定:“特许经营期满,甲方授予乙方的特许经营权终止。”《城镇供热特许经营协议(示范文本)》第 12 章第 1 条也明确载明:“特许经营期限届满时,特许经营协议自动终止。”

《行政许可法》第 50 条规定:“被许可人需要延续依法取得的行政许可的有效期的,应当在该行政许可有效期届满三十日前向作出行政许可决定的行政机关提出申请。但是,法律、法规、规章另有规定的,依照其规定。”公用事业特许经营权是否可以延展?由于公用事业市场准入是通过招投标等竞争机制实现的,“准予原特许经营权人申请延展特许经营期无异于直接屏蔽了竞争机制。囿于公用事业的自然垄断属性,特许经营者往往处于行业垄断地位,设定特许经营期限则在一定程度上限制了垄断性。准予原特许经营者仅通过申请就可以重新获得特许经营权,显然扼制了竞争,不利于提升特许经营项目的运营效率。同时,这种缺乏公开竞争机制的特许权授予,易于沦为政府的寻租工具”[1]。因此,本条不应适用于公用事业特许经营权的延展。为确保公用事业服务的持续性,政府应当在特许经营权期限届满之前的合理期限内,重新就公用事业的特许经营进行招投标,且不得变相限制竞争。

2. 特许经营权人申请提前解除特许经营协议

特许经营权人申请提前解除特许经营协议是指在约定的公用事业特许经营权期限届满之前,因特定事由的发生导致特许经营权人无法继续提供公用事业服务,或者继续提供公用事业服务将导致其承受严重亏损甚至破产倒闭的风险,而向政府提出提前终止特许经营协议的申请,政府经依法审查之后收回公用事业特许经营权并实施临时接管。这里的特定事由通常包括两类因素:其一,发生不可抗力,如自然灾害、战争、突发公共事件等造成国内国际形势突变,市场的稳定性受到较大影响,以至于特许经营权人面临的社会经济环境恶化,生产成本急剧上升,继续提供公用事业服务将破产倒闭;其二,因特许经营权人自身的原因,如经营管理不

[1] 章志远、黄娟:《公用事业特许经营市场退出法律制度研究》,载《学习论坛》2011 年第 6 期。

善造成长期亏损，或者因重大股权变更、资产重组使公司陷入僵局，根本无法继续正常提供公用事业服务。例如，根据《城市供水特许经营协议(示范文本)》第140条的规定，当出现不能归因于城市供水企业的原因造成原水水质恶化或供应不足的情形，且已经对供水企业妥善地履行供水协议产生了实际的不利影响，则供水企业有权在约定的期限内向政府主管部门提出终止特许经营协议的申请。

对于公用事业特许经营权人提出的提前终止协议申请，政府应当在合理期限内作出答复。政府部门经审查认为可以提前终止特许经营协议的，在作出“同意”答复的同时，应当指定特许经营权人移交产权和相关设备设施的日期。政府则应在特许经营权人完成上述移交后，按照特许经营协议约定的日期和标准向特许经营权人支付相应补偿。但是，特许经营权人在政府同意解除特许经营协议之前不得擅自停止正常的公用事业经营与服务。[1] 如果政府经审查认为特许经营权人的境遇在客观上并没有达到非终止特许经营协议不可的程度，且提前终止特许经营协议将导致公用事业服务面临中断的风险，则政府应当与特许经营权人协商变更特许经营协议或者签订补充协议，通过行政补贴或者其他合理方式以确保私人主体有效的生产经营能力。

3. 情势变更导致特许经营权被提前收回

《行政许可法》第8条规定：“行政许可所依据的法律、法规、规章修改或者废止，或者准予行政许可所依据的客观情况发生重大

〔1〕 例如，《市政公用事业特许经营管理办法》第17条规定：“获得特许经营权的企业在协议有效期内单方提出解除协议的，应当提前提出申请，主管部门应当自收到获得特许经营权的企业申请的3个月内作出答复。在主管部门同意解除协议前，获得特许经营权的企业必须保证正常的经营与服务。”

变化的,为了公共利益的需要,行政机关可以依法变更或者撤回已经生效的行政许可。由此给公民、法人或者其他组织造成财产损失的,行政机关应当依法给予补偿。”因此,当授予公用事业特许经营权所依据的法律或者政策发生变化,或者授予特许经营权当时所依据的客观情况发生重大变化,政府有权在特许经营权期限届满之前提出终止特许经营协议,并收回特许经营权。例如,《城市供水特许经营协议(示范文本)》的要求,当政府主管部门因不可抗力事件而无法继续履行特许经营协议,且在可预见的时期内无法恢复履行的,有权终止特许经营协议。

政府因法律或者政策变化,或者客观情况的改变而拟决定提前收回特许经营权的,应当将拟提前收回决定及其理由事先告知特许经营权人,并征求特许经营权人意见。特许经营权人同意提前终止特许经营协议的,政府应在特许经营权人履行固定资产和权利证明的移交义务之后,按照法律的要求或者特许经营协议的约定向特许经营权人支付补偿款项。例如,《城市供水特许经营协议(示范文本)》第116条规定:“甲方有权在乙方没有任何违约行为的情况下提前____日通知乙方提前终止本协议,但是应按照本协议支付补偿款项。”

法院在审理因政府提前收回特许经营权发生的纠纷时,“对行政机关提出政府行为作为不可抗力事由,法院应综合考量政府行为中行政机关的预见能力和控制能力,对行政机关采用严格审查的标准。厘清违约、情势变更和不可抗力,防治行政机关利用不可抗力逃避法律责任”[1]。仅以“河南省新乡市宁晋县佳源热力有

---

[1] 王敬波:《论政府行为作为行政协议诉讼中的不可抗力》,载《华东政法大学学报》2020年第4期。

限公司诉延津县人民政府”案为例作出说明,该案基本案情和裁判如下:

原告宁晋县佳源热力有限公司与被告延津县人民政府于2014年8月签订《投资协议书》,被告批准由原告负责投资建设燃煤供热锅炉作为热源以及投资建设和经营管理供热区域内的供热管网。2017年5月27日,双方签订了《补充协议》,约定原告成立延津县恒源热力有限公司(以下简称恒源热力公司)作为项目公司,负责上述协议约定的供热工作。2017年3月27日,新乡市环境保护局下发《新乡市环境保护局关于加快推进集中供热燃煤锅炉实施超低排放改造的通知》(以下简称《超低排放改造通知》),要求恒源热力公司等单位的现有燃煤供热锅炉必须在2017年8月底前完成煤改气替代或超低排放改造,否则将予以拆除。因恒源热力公司未进行集中供热燃煤锅炉改造,被告开始寻找新的热源。原告认为被告未按照约定履行行政协议义务,诉至法院。被告提出抗辩称,“新乡市环保局下发《超低排放改造通知》将原告列入新乡市2017集中供热燃煤锅炉治理任务表,要求原告在2017年8月底前完成改造工作。国家法律、法规及政策变化属于‘情势变更’,合同各方当事人均无过错,也无法抗拒”,故原告不能要求其承担违约责任。一审法院援引《基础设施和公用事业特许经营管理办法》第38条和

第48条[1]认为本案中《超低排放改造通知》构成不可抗力,“因供热燃煤锅炉实施超低排环保部门要求集中供热燃煤锅炉实施超低排放改造,原告未在规定期限内进行燃煤锅炉改造,原、被告签订的《投资协议书》及《补充协议》已不具备继续履行的条件,且不能履行《投资协议书》及《补充协议》系不可归责于双方的原因所致”,“因原告未在规定期限内进行燃煤锅炉改造,被告采取措施保证辖区居民供暖服务持续性与稳定性的行为,是被告应尽的义务,不属于不履行约定义务或者履行义务不符合协议约定的情形”。上述裁判说理得到二审法院认可。[2]

王敬波教授对法院的上述说理提出了批评,认为该案中认定《超低排放改造通知》是否构成不可抗力,“关键是县政府是否可以或者应当对‘煤改气’的环保政策有所预见”,“该案中法院既没有梳理国家环保政策的变化,也没有要求被告说明是否了解国家环保政策的情况,更没有具体审理协议签订时各方是否对环保政策进行过讨论等细节,仅根据政策变化就得出不可抗力的结论,并驳回原告诉讼请求过于武断”。[3] 笔者对此予以认同。一般认为,

---

[1] 《基础设施和公用事业特许经营管理办法》第38条规定:“在特许经营期限内,因特许经营协议一方严重违约或不可抗力等原因,导致特许经营者无法继续履行协议约定义务,或者出现特许经营协议约定的提前终止协议情形的,在与债权人协商一致后,可以提前终止协议。特许经营协议提前终止的,政府应当收回特许经营项目,并根据实际情况和协议约定给予原特许经营者相应补偿。”第48条规定:“特许经营者因不可抗力等原因确实无法继续履行特许经营协议的,实施机构应当采取措施,保证持续稳定提供公共产品或公共服务。”

[2] 参见郑州铁路运输中级法院行政判决书,(2018)豫71行初490号;河南省高级人民法院行政裁定书,(2018)豫行终2995号。

[3] 王敬波:《论政府行为作为行政协议诉讼中的不可抗力》,载《华东政法大学学报》2020年第4期。

不可抗力是不能预见、不能避免并不能克服的客观情况，在认定不可抗力时，除依据事件性质及外部特征等客观标准外，还需特别考量当事人的预见能力和预防能力。[1] 因此，在行政协议履行过程中，法律颁布、政策出台等政府行为可否构成不可抗力，应依当事人尤其是政府一方的主观预见程度予以判断。例如，在该案中，根据国家环保政策之发展趋势，“被告作为县政府在签署协议时，知晓或者应当知晓国家环保政策的趋势和时间要求，虽然无法准确判断本省的具体政策颁布的时间和要求，本着谨慎注意义务，应当在签署合同时，将政策的改变作为重点考量因素”[2]。

4. 因违法或违约导致的政府部门依法收回特许经营权

除却上述不可抗力之外，政府之所以在约定的公用事业特许经营权期限届满之前收回公用事业特许经营权，通常还有两种原因：其一，特许经营权的授予本身是违法的；其二，公用事业特许经营权人违法从事特许经营事项的活动或者未能善意履行特许经营协议所约定的义务。为行文简便起见，笔者将前一种情形称为事前错误，后一种情形称为事后错误。

（1）事前错误

按照特许经营权的违法授予是否可归责于私人主体，事前错误分为单纯因政府的过错而违法授予特许经营权和因私人主体的过错致使政府违法授予特许经营权。前者主要是指《行政许可法》第 69 条第 1 款规定的因行政机关工作人员滥用职权、玩忽职守，或超越法定职权，或违反法定程序，或对不具备相关资格或者不符合

---

〔1〕 韩世远：《合同法总论》（第 3 版），法律出版社 2016 年版，第 369～375 页。

〔2〕 王敬波：《论政府行为作为行政协议诉讼中的不可抗力》，载《华东政法大学学报》2020 年第 4 期。

法定条件的私人主体授予特许经营权,以及其他违法授予特许经营权的情形;后者主要是指《行政许可法》第 69 条第 2 款规定的私人主体采用欺骗、贿赂等不正当手段获取公用事业特许经营权的情形。

依据《行政许可法》第 69 条第 1 款和第 4 款前半段的规定,单纯因政府的过错而致使公用事业特许经营权的授予违法的,获得特许经营权的私人主体依法享有信赖利益,并不要求政府必然撤销特许经营权。根据该条第 3 款,如若撤销该特许经营权将会给国家利益和公共利益造成重大损害,则当然不予撤销;如若维持该特许经营权并不会给国家利益、公共利益或者他人合法权益造成损失,而撤销该特许经营权则严重损害到私人主体的利益,则政府亦应作出不予撤销的决定。在上述两种情形下,政府在决定维持该特许经营权的同时应采取相关补救措施使违法的授权行为尽可能得以治愈。[1] 当且仅当撤销该特许经营权所赢得的社会公共利益将远远大于维持特许经营权所保障的私人利益时,政府才必须作出予以撤销的决定。如若私人权益因撤销特许经营权而遭受损害的,政府应当依法给予赔偿。[2]

根据《行政许可法》第 69 条对于私人主体采用不正当手段获取的公用事业特许经营权,政府应当以撤销为原则。当且仅当撤销该特许经营权可能对公共利益造成重大损害的,才不予撤销。在为了公共利益而不予撤销该特许经营权的情况下,有关的行政机关应对此采取相应的补救措施。如果撤销该违法的特许经营权

---

〔1〕 姜明安主编:《行政法与行政诉讼法》(第 3 版),北京大学出版社、高等教育出版社 2007 年版,第 236 ~ 238 页。

〔2〕 参见《行政许可法》第 69 条第 4 款、第 74 条和第 76 条。

只会给公共利益造成一般的损害，则此时政府部门仍应严格遵守依法行政原则，撤销该违法的特许经营权，以维护法律的权威与尊严。对于因此给国家利益、公共利益或者他人合法权益造成的损失，政府部门应采取相应的补救措施；对于以不正当手段获取特许经营权的私人主体而言，其基于该特许经营权所获利益属于非法所得，应依法没收；私人主体对于因撤销违法的特许经营权而遭受的其他损失，亦无权获得行政赔偿。[1]

(2)事后错误

所谓事后错误，是指公用事业特许经营权在授予当时是合法的，但获得特许经营权的私人主体却利用该特许经营权实施从事了违法或者违规行为，或者以非法方式从事特许经营事项的活动，或者因故意或者重大过失从事了违反特许经营协议约定的行为，从而影响公用事业服务的效率和质量，危及公共利益，最终致使政府提前终止特性经营协议，并撤销该特许经营权，本质是行政特许的吊销。

值得注意的是，即便是因事后错误而导致私人主体丧失特许经营权的情形，政府仍应在特许经营权人移交项目资产和权利之后对其进行差价补偿，以充分保护私人投资者的合法权益。例如，《城市供水特许经营协议(示范文本)》第124条第2款规定："甲方应按照乙方在融资文件项下尚未偿还的贷款人的本金、利息、罚息和其他债务的金额补偿乙方，在任何情况下，该补偿金额应不超过按照甲方、乙方共同委托的资产评估机构对乙方移交的全部固定

〔1〕 参见《最高人民法院关于执行〈中华人民共和国行政诉讼法〉若干问题的解释》(已失效)第58条、第59条；《行政许可法》第69条第4款、第74条和第79条。

资产、权利所做评估的评估值。[注:(1)甲方应视项目情况要求乙方的注册资本金应达到一定的比例;(2)如项目公司是外商投资企业,其外资比例应符合国家外资准入政策。]"

第三节 公用事业特许经营的规制程序

"将政府权力纳入具有理性化结构的程序之中,并运用程序制度来规制权力行使过程中的恣意和专断,是整个法治进程中人民一直不断努力的重心所在。"〔1〕时至今日,研究者们对于行政程序的重要价值已经达成普遍共识,即有效的程序制度不仅能够"通过限制恣意、保证理性选择、让决策者'作茧自缚'以及反思性整合等功能促成实体决定的客观正确"〔2〕,而且行政程序"允许当事人介入行政过程并对行政决定发表个人意见,有利于实现其对行政决定的认同并予以自觉履行,从而提高行政效率"〔3〕。此外,"平等(通过多数表决制予以实现)、可理解性和私人自主等程序设计可以把人定义为受到尊重的或者自尊的道德和政治主体"〔4〕,从而彰显对人格尊严的尊重。公用事业政府规制是行政权作用于公用事业领域的具体体现,遵循科学、理性的程序规制对于提高公用事业规制的效率十分重要。公用事业规制是过程性行为,不同阶段的程序制度设计有所差异。下文将重点阐述市场准入阶段以及退

---

〔1〕 王锡锌:《行政程序法理念与制度研究》,中国民主法制出版社2007年版,第24页。

〔2〕 参见季卫东:《程序比较论》,载《比较法研究》1993年第1期。

〔3〕 参见姜明安主编:《行政法与行政诉讼法》(第7版),北京大学出版社、高等教育出版社2019年版,第333页。

〔4〕 参见[美]杰瑞·L.马肖:《行政国的正当程序》,沈岿译,高等教育出版社2005年版,第185~195页。

出阶段的规制程序制度，前者侧重于私人投资主体的选择应符合“公平、公开、竞争、择优”原则，后者则应以确保公用事业服务的连续性为首要原则。因公用事业运营阶段的规制涉及价格规制、质量规制、服务普遍性规制以及环境规制等诸多事项，规制事项不同，规制目标也不同，故而规制程序难以统一。例如，价格规制通常需要听证，而环境规制则以专业机构的环境评估报告为必经程序，限于篇幅，此不展开论述。

一、“公平、公开、竞争、择优”的市场准入程序

根据现行法律规范和制度实践，我国的公用事业市场准入主要是通过招投标等竞争方式完成的，基本上包括三个主要环节：第一，拟定项目实施方案并公开招标；第二，遵循“公平、公开、竞争、择优”的原则甄选出最佳的私人投资主体；第三，政府授予私人投资方特许经营权并与其签订特许经营协议。同时，根据《招标投标法》和《政府采购法》的有关规定，招投标的方式包括公开招标、邀请招标、竞争性谈判、单一来源采购、询价和国务院监管部门认定的其他方式。其中，公开投标招标应当作为主要方式，然而，在实践中，政府在市场准入程序中采取不公正、不透明的方式选择私人投资者的现象并不鲜见。针对既有问题，笔者就公用事业市场准入之完善提出如下建议。

第一，统一市场准入方式。当前公用事业市场准入方式不一，除公开招投标以外，还有招募、邀请招标、公开协商、直接委托等诸多方式，与《行政许可法》和《招标投标法》规定的竞争准入方式明显不符。2015 年《基础设施和公用事业特许经营管理办法》第 15 条作出统一要求，即“应当通过招标、竞争性谈判等竞争方式选择特许经营者”，但是并没有明确是否必须公开招标，换言之，邀请招

标也可以作为公用事业市场准入的方式之一。笔者认为,只有在通过公开招标不能选出适格的私人投资方时,出于公共利益的急迫需要,才能以邀请招标的方式选择私人投资方。

第二,增强招投标程序中甄选程序的专业性,尤其是评标委员会委员的专业性,做到公正、有责。公用事业特许经营领域的招投标,应加强评标专家队伍建设,扩大专家学者的专业范围,不仅限于技术、经济等方面,而应扩展到财务、法律、金融、建筑、化工等专业领域。同时,地方政府或者其授权部门应当向社会公开专家的选聘程序和选聘标准,接受公众监督,减少公众对参与评审的专家的专业性和公正性的质疑。在具体项目的评审方面,与投标人有利害关系的专家不得进入相关项目的评标委员会,已经进入的应当更换。此外,加强对评审委员的监督和约束,加大评审专家的违规成本,对违法违规评审的行为进行警告、罚款等处罚,直至取消担任评标委员的资格;构成犯罪的,还应依法追究刑事责任。

第三,制定合理细致的评审程序。一是增加对基础性评审项目和评审标准的规定,不仅包括财务计划,还应考虑将信用与信誉、建设营造、经营管理、运营维护同类工程的业绩、资质或经验、资金、财务与融资能力、专业知识与技术力量等内容纳入基础性评审项目。评审标准则可分为技术类和非技术类,技术类评审标准应考虑成本、收益、实用性等因素,特别注意应加入技术性评比基准,以应对不同技术的选择问题。非技术类评审标准应符合公平、合理、普遍适用等原则。二是增加协商的程序性规定。平等协商是综合评审中经常运用的方法,其结果对最终的评审结果具有重大影响,但由于缺乏具有参考价值和适用程度较高的协商程序规则,导致协商程序争议频发。因此,设计一套具有普遍适用性的协商程序实有必要,包括平等协商的参与主体、地点、协商流程、附参与主体签名的协商记录等作出细致、合理的规定。

第四,厘清授予特许经营权与签订特许经营协议之间的关系。根据《行政许可法》,行政机关以招投标方式授予特许经营权的,应当对中标人作出准予行政许可的决定并颁发特许经营权许可证。《市政公用事业特许经营管理办法》和《基础设施和公用事业特许经营管理办法》只要求"项目实施单位与依法选定的特许经营者签订特许经营协议",相关规定并未涉及是否需要颁发特许经营权许可证。笔者认为,公用事业市场准入是以政府授予公用事业特许经营权为标志的,即私人投资主体只有获得政府颁发的特许经营权证书,才真正在法律意义上获得特许经营权。相较而言,特许经营协议只是公私双方明确权利义务的关系的载体,是一种规制工具,并非特许经营权的载体。因此,实践中,如果行政机关仅与私人投资方签订特许经营协议,而不颁发特许经营权证书,则构成特许经营权授予的程序瑕疵。

第五,政府主体违反"公平、公开、竞争、择优"的程序原则授予公用事业特许经营权的,要严格落实其法律责任,包括行政责任和刑事责任。例如,根据《行政许可法》第60条和第74条,上级行政机关和行政监察机关有权对下级行政机关实施行政许可的行为进行监督检查,及时纠正行政许可实施中的违法行为,行政机关违法授予行政许可的,由其上级行政机关或者监察机关责令改正,对直接负责的主管人员和其他直接责任人员依法给予行政处分;构成犯罪的,依法追究刑事责任。再如,《市政公用事业特许经营管理办法》第30条明确规定,主管部门及其工作人员对不符合法定条件的竞标者授予特许经营权的,由对其授权的直辖市、市、县人民政府或者监察机关责令改正,对负主要责任的主管人员和其他直接责任人员依法给予行政处分。

二、公用事业市场退出的一般程序

公用事业市场退出涉及多方利益,规范市场退出程序,对于防止政府在退出规制中滥用权力侵害私人主体利益以及从公共利益角度确保公用事业服务的持续稳定极为必要。在公用事业退出规制体系中,经常被采用的程序制度包括退出申请和批准、公开公告和行政注销。

(一)退出申请和批准

所谓退出申请和批准,是指获得公用事业特许经营权的私人主体因不可抗力、经营管理不善等原因而无力继续从事公用事业服务,应就其欲终止公用事业特许经营协议的意思表示准确无误地传达给公用事业特许经营权的授予主体,只有经授权行政机关批准之后,方可以终止服务。《行政许可法》第67条第1款明确规定:"取得直接关系公共利益的特定行业的市场准入行政许可的被许可人……未经作出行政许可决定的行政机关批准,不得擅自停业、歇业。"公用事业特许经营权人未经城市政府及行业主管部门批准,擅自停业、歇业,影响到社会公共利益和安全的,由主管部门报城市政府批准后予以相应处理,对情节严重的应取消其特许经营权,并可以实施临时接管。[1] 此外,为了保障公用事业服务不因私人投资者的突然退出而中断,特许经营权人需要提前终止特许经营权的,应在合理期限之前向政府提出申请。例如,《贵州省市政公用事业特许经营管理条例》第24条规定,特许经营权人因不可抗力以外的其他原因需要提前终止特许经营权的,应当提前

---

〔1〕 参见《关于加快市政公用行业市场化进程的意见》和《市政公用事业特许经营管理办法》第18条。

半年向特许经营权授权主体提出申请。

特许经营权的授予主体收到特许经营权人提前终止特许经营协议的申请之后,应当就特许经营权人陈述的事实进行调查,并可以组织专家或者委托中立的第三方对特许经营权人的持续运营能力进行评估,然后根据调查评估的结果决定批准或不予批准。一方面,由于特许经营权人退出会影响公用事业服务的持续性和稳定性,因此,应当给予行政机关充足的时间对特许经营权人的运营状况、该公用事业服务的可替代性、消费者对该公用事业服务的依赖性展开论证,并确保能够在此期间内找到合适的公用事业服务替代主体,在此之前,特许经营权人有义务保证正常的公用事业经营与服务。另一方面,特许经营权人通常是在生产经营状况严重不济的情况下,才会请求提前终止特许经营权,故而为了保障特许经营权人的合法权益并督促行政机关积极履行职责,立法应当规定行政机关处理终止特许经营权申请的合理限期。例如,《市政公用事业特许经营管理办法》第 17 条要求"主管部门应当自收到获得特许经营权的企业申请的 3 个月内作出答复"。参照公用事业特许经营招投标过程自拟定项目方案到发布招标公告并接受投标申请,再到甄选竞标主体直至公示期结束,最快也需要 2 个月至 3 个月的时间,因此,3 个月的答复期限较为妥适。在政府部门作出答复之前,特许经营权人不得擅自停止公用事业服务。

(二)公开公告

根据《基础设施和公用事业特许经营管理办法》第 45 条,"公用事业特许经营协议的变更和终止,应按规定向社会公开"。这是因为特许经营协议的变更和终止不仅会影响公用事业服务的连续性和稳定性,而且可能影响公用事业服务的质量和价格,与公共利益存在密切联系。因此,特许经营权人拟退出公用事业服务的,向社会公开公告不仅是保障公众知情权的需要,也是特许经营权人履行信息公开义务的要求。根据2019年修订的《政府信息公开条例》第55条,公用企事业单位应当依照“相关法律、法规和国务院有关主管部门或者机构的规定”予以“公开在提供社会公共服务过程中制作、获取的信息”。住房和城乡建设部于2022年2月实施的《供水、供气、供热等公共企事业单位信息公开实施办法》对公用事业单位实施信息公开的原则、范围、方式、法律责任等内容作出了相对细致的规定。根据该办法,停止公用事业服务类的信息,诸如停水及恢复供水信息、停气及恢复供气信息、停热及恢复供热信息等被列入公用事业单位应当重点公开信息范畴。

根据现行有关规定,特许经营权人拟退出公用事业服务的,应当在向政府部门提交提前终止特许经营权的申请之后、政府部门答复之前,将其拟退出特许经营权的基本计划、拟退出的公用事业服务地域范围(部分退出的情况下)、请求提前终止特许经营权的原因、向政府部门提交申请的时间等事项通过公开渠道告知消费者。可供特许经营权人采用的公开途径包括企业网站、公开栏、办事大厅、电子显示屏、便民资料、新闻媒体、信息发布会等。为便于公众知晓,特许经营权人可以综合运用上述多种途径发布相关信息。发生停水、停气、停热等紧急情况时,应当将有关信息在用户所在地立即公开。对于其他非紧急情况,特许经营权人可将相关信息自向政府部门提交退出申请之日起20个工作日内向消费者公开。特许经营权人违反上述告知义务的,则由行业主管部门责令改正;情节严重的,对单位直接负责的主管人员和其他直接责任人员依法给予相应的行政处罚;涉嫌犯罪的,依法移交司法机关追究相应的刑事责任。

(三)行政注销

无论何种原因致使公用事业的特许经营权被依法撤回、撤销或者终止的,政府部门都应当依法办理注销手续。《行政许可法》第70条规定了行政机关应当依法办理有关行政许可注销手续的六种情形,分别是:(1)行政许可有效期届满未延续的;(2)赋予公民特定资格的行政许可,该公民死亡或者丧失行为能力的;(3)法人或者其他组织依法终止的;(4)行政许可依法被撤销、撤回,或者行政许可证件依法被吊销的;(5)因不可抗力导致行政许可事项无法实施的;(6)法律、法规规定的应当注销行政许可的其他情形。除第2项之外,其余五项皆可适用于公用事业特许经营权的注销。其中,因第1、4、5和6项导致的特许经营权注销一般仅涉及公用事业特许经营权人从事公用事业服务的资格丧失,而第3项导致的特许经营权注销则涉及公用事业特许经营权人市场主体资格的消亡。由此,可将公用事业特许经营权的注销划分为经营资格的特许被注销和市场主体资格的被注销。行政机关注销特许经营权人的经营资格,通常由授予公用事业特许经营权的行政机关依法收回特许经营权凭证,并向社会公告,即可完成。与此不同,市场主体资格的注销因涉及企业法人的清算程序,程序复杂而烦琐。与经营资格的注销一样,特许经营权人的市场主体资格被注销后,行政机关也应向社会予以公告。

三、公用事业的临时接管程序

2015年《基础设施和公用事业特许经营管理办法》第47条和第48条分别规定了在发生突发应急事件或者不可抗力导致特许经营者不能继续履行特许经营协议时,政府部门应启动应急预案或者其他措施,保障公用事业服务的持续稳定。在保障公用事业服务持续稳定的诸多手段中,临时接管扮演着重要角色。因为临时接管在本质上是对私人财产权的侵害,因此其实施必须具有正当性。根据比例原则,启动临时接管程序在实体上应当满足下列条件:第一,目的正当性,即必须是为了保障公用事业服务的持续稳定,保障公共利益;第二,手段有助于目的实现,这要求临时接管的实施能够有效地保障公用事业产品和服务的正常供应;第三,手段之必要性,即临时接管在指导、警示、责令整改、罚款等一般性行政措施难以达成目标时方才采用,防止接管过早给私人财产权造成不必要侵害,同时也增加行政开支和社会成本;第四,满足公益和私益之均衡性,即实施临时接管时不得为了较小的公共利益而对私人投资者的财产利益构成较大损害。

就立法而言,我国有关公用事业临时接管的规定散见于《市政公用事业特许经营管理办法》以及相关的地方性法规、地方政府规章和规范性文件中,存在法律位阶较低,条文简单、粗疏、分散,遗漏甚多,缺乏可操作性等诸多问题,有待于进一步完善。实践中,因为在临时接管的条件、决定程序、实施程序和后续救济程序等方面缺乏可以直接适用的明文规定,致使公用事业临时接管无法奏效,并进而影响正常社会生产生活秩序的事例时有发生。例如,2003 年 5 月,湖北十堰市建设局与十堰市公交集团有限公司签订特许经营协议,将城市公交事业全盘民营化。十堰市公交公司运营期间,由于公交司机对工资待遇不满而多次与公交公司发生严重利益冲突,甚至因此而集体停运。2008 年 4 月,十堰市政府为恢复公交秩序不得不派驻工作组对公交公司的特许经营进行临时接管。在该事件中,由于十堰市政府一直对民营资本抱有幻想而未能及时对停运的原因展开调查,并在认清形势的基础上对公交特许经营权及早进行接管,致使公交司机在短短5年的特许经营时间内爆发了4次集体停运事件。同时,具体实施接管的过程中,“在事先没有告知的情况下,由十堰市政府副秘书长担任书记的公交公司‘临时党委’,接管了公交公司财产、冻结企业账户……严重侵犯了民企的合法权益”[1],这导致了后续矛盾的进一步激化。因此,完善公用事业临时接管的基本程序对于保障特许经营权人的财产权和公用事业服务的持续稳定性意义重大。原则上,临时接管的基本程序应包括启动、决定(听证)和实施三个重要环节。

第一,启动公用事业临时接管程序视私人投资者退出公用事业市场的不同原因(前文已述),可以分为政府依职权主动启动临时接管程序和依私人投资者申请启动临时接管程序。无论是依职权的启动方式还是依申请的启动方式,政府部门在拟决定启动临时接管程序前都必须履行如下职责:其一,查明相关事实,以确保启动临时接管程序的事实确凿、主要证据充分;其二,听取私人投资者、利害关系人的意见和相关专家意见,防止因偏听偏信盲目接管,损害政府信誉和私人投资者合法权益;其三,将拟作出的临时接管决定告知私人投资者和利害关系人;其四,其他相关职责,以确保政府诚信和保障私人投资者权益。

第二,公用事业临时接管决定前的听证程序。“特别强调通知和获得听证的机会的听证权要求,这是普通法对自然正义的第二个根本要求。”[2]公用事业特许经营权一旦被授予私人投资者,在关乎公共利益的同时,也成为私人投资者的特殊财产权。在此意

---

〔1〕 陈周锡:《全国首例公交民营化遇挫真相》,载《经济观察报》2008年6月2日,第7版。

〔2〕 [美]迈克尔·D.贝勒斯:《程序正义——向个人的分配》,邓海平译,高等教育出版社2005年版,第49页。

义上，临时接管是对私人财产权的侵犯。为了防止行政机关滥用权力损害私人财产权，在非紧急条件下对临时接管事项实施公开听证，充分听取私人主体、利害相关人以及社会公众对政府接管公用事业的意见，既是政府守信的体现，也是法律保障私人合法财产权的要求。

第三，临时接管的正式实施。在这一过程中，应充分注意保障公众知情权和私人投资者的财产利益，不仅应将临时接管的项目名称、接管方和被接管方的名称、接管双方的权利义务、接管期限等向社会公开，还应当建立临时接管实施过程中的监督程序，提供各种途径保障社会公众对临时接管的监督。从既有实践来看，临时接管期限届满后有两种不同的处理结果：其一，通过接管整顿，被接管方的生产经营能力得到恢复，此时临时接管终止，接管方将特许经营项目归还给被接管方；其二，被接管方在临时接管期间没有恢复正常经营能力，甚至经营继续恶化，或者有其他违法违规行为不宜再继续运营公用事业特许经营项目，则政府应及时引入适格的第三方主体，对原私人投资者进行资产和业务重组，以确保公用事业服务的持续稳定不受影响。

本章小结

我国的公用事业市场化改革是由消费者日益增长的公用事业服务需求和政府财力难以为继的矛盾尖锐化所引发的，改革的目的在于通过减少政府干预、充分发挥市场竞争优势以提高公用事业服务的质量与效率、缓解政府财政负担并满足公用事业服务需求。然而，根据公私合作制的理念，发挥市场竞争机制的作用并不等于国家责任的全面退却，而只是责任形式的转变，即由直接的供给责任转为间接的规制与担保责任，以确保私人能够合法、有效地提供公用事业服务。整体而言，我国公用事业特许经营的政府规制仍需完善。

第一，转变理念，树立规制意识，强化规制责任。改革初期，许多地方政府片面重视非公资本对于缓解政府财政负担的作用，抱着求快和“甩包袱”的心理引进外国资本和民营资本，忽视对私人主体的规制，致使公共利益受到损害。一种明显错误的观念就是单纯地将市场化改革视为融资体制改革，一些地方政府为了缓解财政压力，往往不对公用事业的产业特殊性、公用事业市场化的政治风险和财政风险等进行深入研究，便盲目授予私人主体公用事业特许经营权，结果上“要么急切地低价贱卖致使国有资产白白流失，要么想当然地选择报价最高者从事特许经营，表面上通过溢价出售使国有资产保值增值，实则为特许经营者日后假借虚增成本而任意加价提供了冠冕堂皇的理由”[1]。加之法治观念的淡薄，在谈判过程中不能合理地确定双方之间的权利义务、风险负担和责任划分，在市场准入、税收、财政补贴等方面给予私人资本不合理的优惠，甚至约定高额的固定回报。结果，非但没能解决政府的难题，反而导致了国有资产的大量流失，并造成合作关系不能长久维系。[2] 同时，“羊毛出在羊身上”，由于规制不足，私人投资主体为尽早回收出价并赢利不惜采取掠夺性定价和“撇奶皮”等行为，导致“质量上不去，价格节节高”的怪诞局面，严重损害了消费者的

〔1〕 章志远：《公用事业特许经营及其政府规制——兼论公私合作背景下行政法学研究之转变》，载《法商研究》2007年第2期。

〔2〕 国务院办公厅于2002年9月发布《关于妥善处理现有保证外方投资固定回报项目有关问题的通知》(国办发〔2002〕43号，现已失效)要求以“改”“购”“转”“撤”等方式取消对外方投资的固定回报。

利益,危及公用事业服务的普遍化。随着特许经营项目在越来越多的公用事业领域得以展开,必须转变改革观念,将促进和提升公共利益作为改革的最高目标,同时树立责任观念,强化规制意识。

第二,完善公用事业立法,尽早制定统一的公益事业立法。自改革以来,我国公用事业特许经营主要是以政策为主导而展开的。尽管在2014年之后中央层面将公用事业市场化改革相关立法工作提上日程,但长期无“法”可依的状态并未得到较大改善。首先,尽管在城市各公用事业领域存在一系列单行的法律、行政法规或部门规章,但是这些法律、法规和规章多制定于公用事业市场化改革的起步和探索阶段,〔1〕“计划”色彩明显,无法适应当前公用事业特许经营发展的趋势和要求。其次,这种单行法林立的状态导致相关执法部门往往只顾及本部门或本行业的利益,而忽视与其他部门或其他行业的协调与统一,不利于从整体上推进公用事业对国民经济的促进作用。最后,虽然国务院办公厅于2018年3月印发《国务院2018年立法工作计划》将制定“PPP条例”列入立法工作计划,〔2〕但有关公用事业特许经营的统一规定迄今仍停留在部门规章层面,〔3〕主要是原建设部2004年颁布、2015年修正的《市政公用事业特许经营管理办法》和2015年由国家发改委、财政

〔1〕 例如,我国《水法》《铁路法》《邮政法》《电力法》《公路法》分别制定于1988年、1990年、1986年、1995年和1997年,尽管之后都有过不同程度的修订,但是仍无法跟上当前公私合作理念之下公用事业市场化改革的节奏。

〔2〕 参见张璐晶、马铭悦:《PPP立法进行时:政府能否一票否决?》,载《中国经济周刊》2018年第28期。

〔3〕 需要说明的是,财政部起草并于2016年年初公布了作为PPP基本法的《政府与社会资本合作法(征求意见稿及说明)》,但因各方利益难以协调而未能实施。国务院原法制办于2017年7月公布了《基础设施和公共服务领域政府和社会资本合作条例(征求意见稿)》,至今未有实质进展。

部、住建部、交通运输部、水利部和中国人民银行六家联合发布的《基础设施和公用事业特许经营管理办法》,地方实践仍然是以地方性法规、地方政府规章乃至政策性文件为主要依据,效力低、权威性差,而且缺乏有关政府规制义务的可操作性规则。[1] 此外,既有规则之间不协调,相互冲突的现象时有发生。例如,在市场准入方面,依照《招标投标法》《政府采购法》《行政许可法》等相关规定,公用事业特许经营的市场准入必须招投标,但现实中普遍存在的竞争性磋商和二次招标豁免并行的操作;在争议解决方面,各项目协议约定的仲裁条款与《行政诉讼法》规定的行政协议诉讼存在冲突;在行为定性方面,特许经营权与《行政许可法》规定的特许之间的关系也有待明确等。[2] 鉴于以上现状,有学者指出,有必要制定一部统一的公用事业基本法对公用事业规制作出原则性规范,重点就规制的基本原则、规制主体及其权限、规制方式和规制程序、被规制主体的救济途径和规制主体的责任等作出各行业通用的规定。在基本法统率之下,建立健全与现代市场经济体制相匹配的,适应当前公用事业特许经营发展趋势的公用事业法律体系。[3]

第三,在注重对公用事业进行经济性规制的同时,提升政府的社会性规制意识。长期以来,我国对公用事业领域的规制都主要

---

〔1〕 值得肯定的是,第十三届全国人大二次会议通过了《外商投资法》,对原《中外合资经营企业法》、《外资企业法》及《中外合作经营企业法》中的相关制度予以扬弃和完善,从投资促进、投资保护、投资管理和法律责任等方面对外商投资行为作出了规定,这对于进一步规范公用事业领域的政府与外商资本合作有积极作用。

〔2〕 参见刘世坚:《PPP 立法与配套制度体系刍议》,载微信公众号"水木ESG"2016 年 8 月 17 日,https://weixin.qq.com/s/-qw8eq7G2kgyJeuDjc5Q3w。

〔3〕 参见邢鸿飞、徐金海:《公用事业法原论》,中国方正出版社 2009 年版,第 7 章。

集中在市场准入规制、产品和服务的价格规制等方面,而诸如对卫生和公共安全、资源和环境的可持续发展等社会性规制则起步晚,发展滞后。就经济性规制而言,也存在诸多问题。例如,政府采取使用的"企业成本+税费+合理利润"的价格规制模式,对私人投资者无法产生足够的激励;没有严格按照"公平、公开、竞争、择优"的原则选择公用事业的特许经营者,导致市场准入的竞争性不足,相关行业的市场真实成本有待核实;政府尚未普遍采用交叉补贴、设立普遍服务基金等手段来促进公用事业服务的普遍化;就企业外部规制而言,尚缺乏健全的听证制度以及广泛动员社会公众和舆论的力量对企业行为予以监督。[1] 除此之外,公用事业规制需要政府部门有能力支付足够的人、财、物等资源和成本,而随着近年来社会性规制受到重视,囿于专业性不足、资源、能力等缺陷,政府在公用事业的安全、质量、卫生、环境、最低服务水平等方面实现有效规制有待加强。[2]

---

[1] 参见肖晓军、吕景春:《公私合作制在中国目前公用事业市场化中面临的问题——以特许经营制度为例》,载《开发研究》2006年第5期。

[2] 参见李丹阳:《当代全球行政改革视野中的公私伙伴关系》,载《社会科学战线》2008年第6期。

第五章

政府规制的延伸：特许经营权人的公法义务

长久以来，行政法都致力于追求政府行为的合法性(legitimacy)。为此，行政法始终以警惕的态度对待政府这个"必要的恶"，并将政府行为与私人行为严格区分：前者须遵守所有的宪法原则和行政法上的正当程序要求，并受制于司法审查；而后者则不受宪法和行政法的调整。然而，自20世纪70年代末以来，"在世界范围内，许多政府仿佛都在萎缩，都在将他们的许多传统职能外包给私人主体，有时则是间接地转移给严重依赖私人主体的地方政府"[1]。随着政府的传统职能转移给私人主体，行政法只约束政府行为的传统原则

[1] See Jody Freeman, *The Contracting State*, Florida State University Law Review, Vol. 28, No. 155, 2000, p. 155.

也受到了如下挑战:私人主体在行使传统上属于政府公共职能的同时,是否也要一并承担与之相伴随的行政法义务,诸如理性、参与、公开和正当程序等?本章将围绕公用事业特许经营权人的行政法义务进行展开。

第一节　特许经营权人承担行政法义务之缘由

获得合理的、无差别的、不间断的公用事业服务是公民基本的社会性权利,属于生存权的范畴,为多部国际性人权条约所肯定。也正因如此,提供公用事业服务一度被认为是政府不可推卸的义务,是国家尊重和保障人权的体现。20 世纪 70 年代末之前,大多数国家的公用事业都是由政府依照国家的计划性指令来兴办和实施的,仅遵循有限的市场原则。公用事业服务义务因政府力所不逮而转移至私人部门之后,公用事业服务作为社会生活"基本必需品"的属性并没有因此而改变,公用事业服务的公共任务属性亦没有因此而改变。为了确保私人主体向公民提供合理的、无差别的、不间断的公用事业服务的义务,传统上仅仅约束行政机关的公法原则,也获得了适用于特许经营权人的机会。

一、获得公用事业服务作为基本人权

诞生于启蒙运动和资产阶级大革命的近代人权理论是以保障自由权为核心目的而建构的。这一时期的人权在本质上是承认国家成员拥有"排除国家、否定统治的领域","在这一领域中,纯粹的个人目的通过个人的行为自由得以满足",而其保护方式为"个人拥有要求承认其消极地位的请求权,并禁止国家机关对消极地位

的任何妨害”。[1] 换言之,这一消极地位的保障仅仅是要求国家对个人自由不得干涉,而国家是否可以采取积极措施促成各项自由之实现则在所不问。第二次世界大战结束之后,随着现代国家行政职权范围的扩展,国家全方位地承担起发展社会经济文化生活等责任,同时也赋予了个人要求国家积极履行发展经济、促进就业、保障安全、提供教育医疗、完善公共交通等义务的法律请求权。“对个人而言,这就是一种受法律保护的要求国家积极履行义务的能力;对国家而言,则是为了个人利益开展活动的法律义务”[2]。这种个人能够要求国家积极履行义务的能力,在学理上被称为社会性权利,其实现有赖于国家制定法的认可,尤其是一国宪法之认可。

通说认为,社会权入宪较早地出现在1919年《德意志国宪法》(《魏玛宪法》),该法第151条第1款“经济生活秩序必须符合正义之基本原则,并以保障人人得以有尊严地生存为目的”[3]之规定表明,国家有义务基于正义保障公民的社会性权利,公民则有权要求国家积极主动地介入社会生活,通过提供社会福利、保障弱势群体权益、推广和兴办教育等措施确保社会正义的实现。例如,我国《宪法》第14条有关“国家合理安排积累和消费,兼顾国家、集体和个人的利益,在发展生产的基础上,逐步改善人民的物质生活和文化生活。国家建立健全同经济发展水平相适应的社会保障制度”

---

〔1〕[德]格奥尔格·耶里内克:《主观公法权利体系》,曾韬、赵天书译,商务印书馆2022年版,第90页、第108页。

〔2〕 Zustimmend O. Mayer, Le droit admin. Allemand p. 152 N. 28. 转引自[德]格奥尔格·耶里内克:《主观公法权利体系》,曾韬、赵天书译,商务印书馆2022年版,第123页。

〔3〕《世界各国宪法》编辑委员会编译:《世界各国宪法(欧洲卷)》,中国检察出版社2012年版,第208页。

之规定,以及第45条“中华人民共和国公民在年老、疾病或者丧失劳动能力的情况下,有从国家和社会获得物质帮助的权利”之规定,是我国公民享有社会权的宪法体现,也是公民个人请求国家提供物质帮助的最高法律依据。

综上所述,社会权入宪的根本目的是保障和维持个人的体面生存。在此意义上,凡是关乎公民生存发展的权利都可以纳入社会性基本权利的范畴。毫无疑问,公用事业服务作为生活基本必需品,关系到个人能否“得以有尊严地生存”,获得合理的、无差别的、不间断的公用事业服务是公民社会性基本权利的应有内容,因而为国际人权法明确肯定。例如,1948年通过的《世界人权宣言》第25条强调:“人人有权享受与维持他本人和家人的健康和福利相适应的生活水准,包括食物、衣着、住房、医疗和必要的社会服务……”1966年《经济社会及文化权利国际公约》第11条第1款也要求“本公约缔约各国承认人人有权为他自己和家庭获得相当的生活水准,包括足够的食物、衣着和住房,并能不断改进生活条件。各缔约国将采取适当的步骤保证实现这一权利,并承认为此而实行基于自愿同意的国际合作的重要性。”如何理解所谓“相当的生活水准权”?克雷文(Craven)认为,这一权利在概念上应当被解释涵盖所有的基本需求(basic need),包括安全的饮用水以及公共交通、住房权等,而住房权的含义至少应当包括水、电、暖等家庭基本能源。[1] 1988年《美洲人权公约的附加议定书》(又称《圣萨尔瓦多议定书》)第11条规定:“人人应有在健康环境中生活的权利和

---

〔1〕 参见骆梅英:《基于权利保障的公用事业规制》,浙江大学2008年博士学位论文,第31页。

得到基本的公共服务的权利。”[1]这些国际性的人权公约虽然没有明确提出公民有获得基本的公用事业服务的权利，但是无论是“相当的生活水准”，还是“适当的生活条件”，抑或是“在健康环境中生活”和“得到基本的公共服务”，必然离不开取水、照明、采暖、通信、交通等人民日常生活不可或缺的公用事业产品和服务。

以用水为例，国际公约对于公民取水用水的权利做出了相对完善的规定。例如，1979年《消除对妇女一切形式歧视公约》第14条第2款第(h)项规定：“缔约国应采取一切适当措施保证农村地区妇女有权享受适当的生活条件，特别是在住房、卫生、水电供应、交通和通讯方面。”[2]联合国经济、社会、文化权利委员会第29届会议(2002年)通过了《第15号一般性意见：水权(〈经济、社会、文化权利国际公约〉第十一和第十二条)》(E/C. 12/2002/11)，提出“水是一种有限的自然资源，是一种对维持生命和健康至关重要的公共消费品。水权是一项不可缺少的人权，是人有尊严地生活的必要条件。水权也是实现其他人权的一个前提条件”，明确“水权保证人人能为个人和家庭生活得到充足、安全、可接受、便于汲取、价格合理的供水。足够量的安全水是防止缺水死亡，减少与水有关的疾病，消费、做饭和满足个人与家庭卫生需要所必须”，并详细规定了水权的法律依据、水权的规范性内容，以及各缔约国在确保公民享有基本水权方面应履行的义务和违反相关义务应承担的责

---

〔1〕 彭峰：《国际法与比较法视野中的水权研究》，载《长江流域资源与环境》2010年第3期。

〔2〕 彭峰：《国际法与比较法视野中的水权研究》，载《长江流域资源与环境》2010年第3期。

任。[1]联合国发布的《2019 年世界水资源发展报告》(United Nations World Water Development Report)主题为“不让一个人掉队”，报告指出“获取安全的饮用水和卫生设施被认可为基本人权，因为这对保障人类健康不可或缺，是维持全人类尊严的基本条件”，尽管当前水资源面临的压力将持续升高，但是“必须优先确保有足够的水(和适当质量的水)以满足每个人的基本需求(家庭和生计)”，尤其是“针对劣势群体缺乏饮用水和卫生服务的问题”，“要全面保障人权”。[2]

二、国家任务社会化的多米诺效应

国家全面介入公用事业领域是在 20 世纪初随着福利国家的诞生而开始的。第一次世界大战之后，各国为扭转战争造成的经济困难而加强对经济过程的干预，并为特别保障居民最基本的生活需要而建立国家供给体系和生活必需品企业，从而开启了国家供应公用事业服务的闸门。[3] 1929 年以后的经济大萧条和第二次世界大战的爆发则彻底打破了亚当·斯密“看不见的手”的神话，

---

〔1〕 这些国家义务包括：(1)确保个人和家庭为预防疾病而获取必要数量的、充足和安全的水；(2)确保所有人(特别是贫困或边缘化群体)不受歧视地享有获取水、利用水设施和水服务的权利；(3)确保实际上利用能提供充足、安全和经常供水的水设施和水服务的权利；(4)确保取水时人身安全没有危险；(5)确保所有水设施和水服务公平分布；(6)采取和实施面向所有公民的国家水战略和水行动计划；(7)监督实现或未实现水权的程度；(8)采取针对性的、低成本的水方案，以保护贫困和边缘化群体；(9)采取措施以防止、治疗和控制与水有关的疾病，特别是确保有适当的卫生设施。转引自骆梅英：《基于权利保障的公用事业规制》，浙江大学 2008 年博士学位论文，第 33 页、第 35 页。

〔2〕 《联合国发布〈2019 年世界水资源发展报告〉》，载中国城镇供水排水协会网 2019 年 8 月 6 日，https://www.cuwa.org.cn/guojidongtai/40.html。

〔3〕 参见[德]施密特·阿斯曼等：《德国行政法读本》，于安等译，高等教育出版社 2006 年版，第 51 页。

西方资本主义各国为拯救民生展开声势浩大的国有化运动，公用事业因关涉国计民生而被纳入国家的专属任务范畴。

到了20世纪70年代末80年代初期，各国社会经济已经从战后的颓败中复苏并取得较大发展，民众对公共服务质与量的需求也日渐高涨。同时，国家行政对公共服务的大包大揽导致国家官僚组织日益膨胀，人员剧增成尾大不掉之势，巨大的财政负担导致政府入不敷出。于是，以减轻国家任务、削减政府开支为目标的政府再造运动席卷西方各国，公用事业之供给由政府部门向私人主体转移成为各国政府再造的共有举措之一。在安东尼·奥格斯看来，经济问题无疑是这场运动的导火索，同时实用主义和意识形态的因素也发挥了至关重要的作用。〔1〕 以英美为例予以说明。

一方面，就经济问题而言，1973年和1978年的两次石油危机再度重创两国的经济，政府财政赤字猛增，无力投资耗资巨大、收益周期漫长的公用事业。在英国，自20世纪60年代后期起，国有化政策固有的限制竞争、行政垄断、腐败和公共开支等副作用日益浮现，并引发高失业率和高通货膨胀率两大并发症，英国经济开始停滞不前，两次石油危机则进一步摧垮了英国经济；而美国政府同样为财政赤字大为光火。〔2〕 另一方面，倡导私有制和市场支配为原则的经济思想于20世纪五六十年代抬头，并顺势迅速取代凯恩斯的政府干预主义成为主流思潮。

在上述背景下，以回归市场为核心的价值理念自大西洋两岸

---

〔1〕 参见[英]安东尼·奥格斯：《规制：法律形式与经济学理论》，骆梅英译，中国人民大学出版社2008年版，第293页。

〔2〕 [美]戴维·奥斯本、[美]特德·盖布勒：《改革政府：企业精神如何改革着公营部门》，上海市政协编译组、东方编译所编译，上海译文出版社1996年版，第1~2页。

的英国和美国迅速向世界范围内蔓延。前文提及,英国为了缓解财政赤字剧增、失业率居高不下、经济衰退的状况,1979 年撒切尔政府掌权伊始便铁腕实施私有化政策,大规模出售国有企业,极力推进国有企业民营化进程。同一时期的美国,政府则通过契约形式将市政服务外包给私人从而实现了市政服务的民营化。受英美影响,在之后的二三十年间,“民营化已经成为席卷世界的滚滚洪流,无论是社会主义国家,还是资本主义国家,无论是发达国家还是发展中国家,都在推行民营化,还有很多国家正在考虑实施民营化”[1]。尽管后来公私合作取代民营化成为公用事业领域的主导性制度安排,但是私人参与公用事业服务已成为不可阻挡之势。

公用事业服务的供给义务由政府转移给私人主体之后,公民获取公用事业服务作为一项社会福利性基本权利的性质并不会随之改变。传统上,保障公民社会性基本权利的义务在于政府,当公用事业服务的直接供给义务由政府转移至私人主体手中,则意味着私人主体也要担负保障公民这一社会性基本权利的义务以及与之相应的公共责任。换言之,公用事业的公共物品属性以及公民获取公用事业产品和服务属于积极的社会福利权之性质并不因其提供主体而有异,故而在公用事业市场化之后,获得特许经营权的私人主体也应当履行向所有有需求的公民以合理价格提供普遍、优质的公用事业产品和服务之义务,如同政府亲自履行一般。否则,就要受到包括被取消特许经营权在内的相应公法制裁。

---

[1] Dennis A. Rondinelli, *Privatization, Governance, and Public Management: The Challenges Ahead*, Business and the Contemporary World, Vol. 10, No. 2, 1998, p. 149 – 170.

三、私法保护公用事业基本权之不足

“从各国的民营化经验来看，私人组织在自利动机的驱使下偏离公共利益的可能性是不容否认的，对此私法并未提供足够的防范和控制机制。”[1]公用事业市场化之后，私法所尊奉的意思自治和契约自由原则在很大程度上阻碍了公民获得普遍公用事业服务。这是因为，在特许经营的制度安排下，公用事业消费者和特许经营权人以服务合同为纽带建立起一种“我付费，你服务”的私法买卖关系。例如，《安徽省城镇供水条例》第31条第1款规定：“供水单位应当与用户依法签订供用水合同，明确双方的权利、义务和违约责任。”如果只允许消费者与特许经营权人之间的服务合同接受纯粹的私法调整，则后者在缔约中的优势地位将置公用事业消费者于不利的处境。一方面，公用事业服务合同往往是格式合同，由特许经营权人预先拟定，在服务价格、服务质量、履行方式、免责条件等方面未经与用户协商，如果消费者拒绝接受不合理的合同条款而放弃与特许经营权人缔约，则无法获得基本的日常必需品，反之则意味着为了获得基本必需品而不得不承担不合理的对价。另一方面，当特许经营权人认为与某一消费者缔约无法获得预期的经济利益时，则以契约自由为借口而拒绝为其提供必需的公用事业服务，也将会给该消费者的正常生活造成严重困扰。

基于上述理由，必须通过立法限制公用事业特许经营权人的契约自由，为公用事业特许经营权人设定强制缔约义务，以确保社会公平。我国有不少法律明确规定了公用事业服务特许经营权人

---

[1] 金自宁：《公法/私法二元区分的反思》，北京大学出版社2007年版，第92页。

的强制缔约义务。例如,在电力行业,我国《电力法》(2018 年修正版)第 26 条明确规定“供电营业区内的供电营业机构,对本营业区内的用户有按照国家规定供电的义务;不得违反国家规定对其营业区内申请用电的单位和个人拒绝供电”;同时第 29 条明文规定了供电企业负有向用户持续供电、不得无故中断的义务,即“供电企业在发电、供电系统正常的情况下,应当连续向用户供电,不得中断”;第 64 条还规定:“违反本法第二十六条、第二十九条规定,拒绝供电或者中断供电的,由电力管理部门责令改正,给予警告;情节严重的,对有关主管人员和直接责任人员给予行政处分。”《民法典》第 648 条也强调了电力行业的强制缔约义务,即“向社会公众供电的供电人,不得拒绝用电人合理的订立合同要求”。综观上述规定,如果供电企业拒绝向消费者供电或者中断供电给消费者造成损失的,不仅要承担相应的民事责任,还要依照《电力法》承担行政法上的相关责任。又如,根据《邮政法》(2015 年修正版)第 15 条和第 18 条,邮政企业的邮政普遍服务业务与竞争性业务应当分业经营,邮政企业在未经邮政管理部门批准的情形下不得擅自停止办理或者限制办理信件、包裹寄递及邮政汇兑等普遍服务义务。再如,根据《电信条例》(2016 年修订版)第 5 条和第 43 条的规定,电信业务经营者“应当为电信用户提供迅速、准确、安全、方便和价格合理的电信服务”,“必须按照国家有关规定履行相应的电信普遍服务义务”,“国务院信息产业主管部门可以采取指定的或者招标的方式确定电信业务经营者具体承担电信普遍服务的义务”。不一而足。

综上所述,公用事业消费者与特许经营权人之间绝非纯粹的私法买卖关系,特许经营权人一方对于是否提供服务是不自治的。公用事业的特许经营权人负有必须满足用户基本生活需求的公用事业服务义务,这种义务不是由用户与特许经营权人约定的,更多地体现为一种公法上的强制性义务,而公法上强制义务之违反必然要受到公法上的相应制裁。

第二节 特许经营权人的行政法义务范围及其界限

公用事业服务的"公共任务"属性并不因承担主体不同而有所差异,这要求特许经营权人在提供公用事业服务的过程中必须受制于行政法规范的约束。根据行政法学理,私人主体在实际履行公用事业服务义务的过程中,应承担的行政法义务范围通常包括:第一,在提供服务的过程中在服务价格、服务质量等方面遵循平等的原则;第二,中断供应服务的行为必须遵循正当程序原则;第三,履行必要的信息公开义务,确保社会公众对公用事业的知情权、监督权和建议权。与此同时,作为市场交易中的民事主体,特许经营权人提供公用事业服务的活动应遵循市场经济规律和私法规则,其私法属性要求行政法学研究"在缺乏深思熟虑的情况下……应该抵制将私人主体视作行政机关加以约束的冲动"[1]。因此,为避免行政法对私人权利的过度干预,特许经营权人承担行政法义务应以必要的经济自由权为限。

一、特许经营者的平等对待义务

公用事业特许经营权人为所有愿意支付合理对价的消费者提供同等的服务是平等原则在公用事业服务领域的具体体现。根据

[1] Jody Freeman, *Private Parties, Public Functions and the New Administrative Law*, Administrative Law Review, Vol. 52, 2000, p. 857.

平等原则,公用事业服务的特许经营权人应当向特许经营区域范围内所有希望获得服务并愿意支付相应对价的个人、家庭、法人或其他组织以合理价格提供同等质量的服务,而毋庸考虑用户的籍贯、民族、性别、肤色、学历、身体健康状况、收入水平或支付能力等因素,尤其不得对收入水平低或支付能力差的消费者有任何歧视,不得因任何不相关及不合理的因素导致服务价格或服务质量的差异。

公用事业特许经营权人的平等对待义务是由特许经营权人的垄断地位和公用事业服务的必需品属性所决定的,是反歧视原则在公域治理中的合理运用。反歧视原则要求,具有垄断地位的服务提供者负有以合理价格向所有顾客提供持续、公平服务的义务。该原则之形成最早可以追溯至欧洲中世纪时与公共职业有关的规范。在当时,普通法要求那些以向一般公众提供劳动或者服务为业的"公共职业"人(如旅馆老板、渡船夫和公共运输者等)应当向所有顾客不加区别地提供服务并只能收取合理费用,如果他们未尽到这种义务,将要承担民法和刑法规定的法律责任。美国联邦最高法院在1876年的芒恩诉伊利诺伊州(*Munn v. Illinois*)案中运用了公益相关原则为规制谷物仓储业务价格的州立法提供正当性依据。该案中,伊利诺伊州于1871年通过一项谷物法案,要求凡在州内从事谷物仓储业务必须申请营业执照并且设定了费率收取标准的最高限额。原告认为这是对私人财产的侵犯,要求法院判决法案违宪。美国联邦最高法院认为原告所从事的是州规制权限范围内的公共事务,谷物法案是对商业的正当规制,没有超出州的权限,从而确立了州基于公共利益需求对私人经济行为进行规制的权力。[1]根据“公益相关事务”原则，普通法对那些在向公众提供公共服务方面享有法律或者事实上垄断地位的自然人或者法人施加控制，要求他们以合理价格不加歧视地向所有公众提供有效的公共服务。20世纪之初，英国枢密院在针对一个案件所作的判决中确立了“基本必需品”原则，该原则认为，由于“基本必需品”的提供者在事实上居于垄断地位，所以他们必须承担一种默示责任，即向所有提出要求并准备支付合理价款的人们提供那些必需品。[2]

在我国，《行政许可法》第67条规定了“取得直接关系公共利益的特定行业的市场准入行政许可的被许可人”负有“履行普遍服务的义务”，从而确立了公用事业特许经营权人在提供服务过程负有平等对待义务的一般规则。2015年施行的《基础设施和公用事业特许经营管理办法》第46条有关“特许经营者应当对特许经营协议约定服务区域内所有用户普遍地、无歧视地提供公共产品或公共服务，不得对新增用户实行差别待遇”之规定则再次强调了公用事业特许经营权人在提供公用事业产品和服务时负有“平等对待”之公法义务。此外，许多单行法律、法规中也明确了具体行业中特许经营权人的平等对待义务，如上文提到《电力法》要求供电营业机构“不得违反国家规定对其营业区内申请用电的单位和个人拒绝供电”，《电信条例》要求“电信业务经营者必须按照国家有关规定履行相应的电信普遍服务义务”，《邮政法》要求“邮政企业在城市每周的营业时间应当不少于六天，投递邮件每天至少一次；在乡、镇人民政府所在地每周的营业时间应当不少于五天，投递邮

〔1〕 See *Munn v. Illinois*, 94 U. S. 113, 1876.

〔2〕 参见[新西兰]迈克尔·塔格特编：《行政法的范围》，金自宁译，中国人民大学出版社2006年版，第8页。

件每周至少五次”,这种城市和乡镇的“按比例对待”是邮政类普遍服务平等对待的体现。[1]

就司法实践而言,我国尚未将私人提供公用事业服务的活动纳入行政诉讼受案范围,消费者与公用事业特许经营权人之间的纠纷往往诉诸行政救济或者民事诉讼途径。例如,根据《电力法》第29条第2款以及第64条之规定“用户对供电企业中断供电有异议的,可以向电力管理部门投诉”,受理投诉的电力管理部门应当“责令改正,给予警告;情节严重的,对有关主管人员和直接责任人员给予行政处分”。在消费者与公用事业特许经营权人因“拒绝服务”或者“提供差别服务”而引发的民事诉讼中,法院也会注意到公用事业特许经营权人负有平等对待义务。例如,江西省新余市中级人民法院在审理一起供气合同纠纷案中指出“正是因为水、电或者燃气用户交纳开户费取得的是水、电或者燃气供用系统及各项设施的长期使用权,所以,只要水、电或者燃气用户有用水、电或者燃气的需求,水、电或者燃气的供方就有供给的义务”[2]。在该案中,法院以“只要有需求,供方就有供给义务”的逻辑表明:公用事业特许经营权人非依正当理由,不得拒绝提高公用事业产品和服务,必须履行平等对待义务。

---

[1] 在公用事业市场化改革之后,许多地方性立法都对公用事业特许经营权者提出了“向消费者普遍、无歧视地”通过服务的要求。例如,2005年《北京市城市基础设施特许经营条例》第20条要求:“特许经营者应当按照规划,在特许经营协议约定的服务区域内向消费者普遍地、无歧视地提供公共产品或者服务。特许经营者不得对新增用户连接特许经营的供水、供气、供热、污水处理等设施收取设施投资补偿费等接入费用。”再如,《杭州市市政公用事业特许经营条例》第21条第1项也提出:“按照规划和社会需要,在特许经营协议约定的服务区域内向消费者普遍地、无歧视地提供安全、合格的产品和优质、持续、高效的服务。”

[2] 参见江西省新余市中级人民法院民事判决书,(2007)余民二终字第02号。

二、正当程序原则对特许经营权人的要求

根据行政正当程序的要求，如果公权力主体意欲作出任何行为或决定时，尤其是可能对利害关系人产生不利影响的行为或决定时，应当向利害关系人说明作出该决定或实施该行为的理由，并允许利害关系人发表维护个人利益的意见。恰如杰瑞·L. 马肖(Jerry L. Mashaw)所说的那样："无论我们对哪些程序属性会导致不公正的感受表述得多么模糊，我们通常总是把程序侵犯形容为在一定程度上不尊重我们的个性，不把我们作为人来认真对待。"[1]因此，行政正当程序原则的价值不仅仅在于防止公权力主体恣意侵害公民权以实现实体正义，而且其更为重要的价值在于对个体尊严的维护与保障。

要求私人主体遵循正当程序原则在域外早有先例。早在1978年，墨菲法官在福布斯诉新南威尔士骑马俱乐部有限责任公司一案中指出："当我们离开屋主的纯内部领域以及只影响个人的合同，而转入那些其实施会明显影响到公众的那些权力时，正当程序的要求就越来越多，也不再允许有专断和不合理的行为……事情到了这个阶段，将一个人不明不白地排除在公共赛马场外的权力，应该视作须遵循正当程序的公共权力。"[2]

在英国的一个因用户不满电力企业自行停止供电而提起诉讼的案件中，原告的主张之一便是被诉的中断供电的行为没有说明理由，也没有给予原告申辩的机会，违反自然公正原则。法院在审

[1] [美]杰瑞·L. 马肖：《行政国的正当程序》，沈岿译，高等教育出版社2005年版，第175页。

[2] [新西兰]迈克尔·塔格特编：《行政法的范围》，金自宁译，中国人民大学出版社2006年版，第14页。

理过程中认为,电力企业中断供电可能对公民的实质性权益产生影响,因此应当考虑合理相关的因素,且在程序上应当遵循自然公正原则。在该案中,被告在作出中断供电的决定时,没有审慎考虑相关因素,包括原告的家庭具体情况和电力监管机构有关谨慎对待支付困难用户的有关政策,因而中断供电决定在实体上存在不合理之处。另外,被告在作出中断供电的决定前,并没有给原告陈述和申辩的机会,程序上属于不当。〔1〕

美国联邦最高法院也认为,公民有权对私人主体侵犯了正当程序权利的行为提起诉讼。例如,在1946年的马什诉亚拉巴马州(*Marsh v. Alabama*)案中,美国联邦最高法院认为契卡索镇(Chickasaw)的警察禁止马什(Marsh)在小镇范围内散发宗教传单并给予其惩罚的行为应当遵循正当程序,听取马什的意见并给予申辩机会;〔2〕在1969年的斯尼亚达克诉家庭财务公司(*Sniadach v. Family Finance Corp.*)和1972年的富恩特斯诉谢文(*Fuentes v. Shevin*)两个案件中,美国联邦最高法院则认为,一旦债权人的私行为转化为政府行为,就必须接受《美国宪法第十四修正案》的正当程序条款,通知债务人并给予其申辩的机会;〔3〕在1974年的杰克森诉大都会爱迪生公司案(*Jackson v. Metropolitan Edison Co.*,以下简称Jackson案)中,申请人主张爱迪生公司在未给予她任何通知的前提下停止供电违反了正当程序条款,得到道格拉斯(Doug-

〔1〕 参见骆梅英:《基于权利保障的公用事业规制》,浙江大学2008年博士学位论文,第111页。

〔2〕 See *Marsh v. Alabama*, 326 U. S. 501, 1946.

〔3〕 参见彭亚楠:《谁才有资格违宪?——美国宪法的"政府行为理论"》,载赵晓力主编:《宪法与公民》,世纪出版集团、上海人民出版社2004年版,第247页。

las)法官和马歇尔(Marshall)法官的认同;[1] 在 1983 年的布鲁姆诉亚雷特斯基(*Blum v. Yaretsky*)案中,被告是一家私人疗养院,原告则是在该疗养院接受护理的病人,原告认为被告未给予其合理通知并告知其听证便作出将其改派较低层级护理的决定违反正当程序条款,获得少数反对意见的赞同。[2]

上述域外经验对于我国要求公用事业特许经营权人遵循行政正当程序具有重大的借鉴意义。特许经营权人提供公用事业服务的行为不仅显著地影响着不特定的公众,而且与公共利益有着密切的联系,是人们日常生活的必需品。一旦特许经营权人拒绝提供服务,消费者所受到的伤害绝非单纯的经济损失,而是无法维持合乎尊严的正常生活。因而,特许经营权人是否为消费者提供服务、提供何种服务,不属于特许经营权人完全意思自治的范畴,而属于法律规定的强制性义务。当消费者与特许经营权人就服务的提供或中止发生争议时,消费者一方至少应获得正当程序的保护。如上文提到我国《电力法》第 29 条规定,“因供电设施检修、依法限电或者用户违法用电等原因,需要中断供电时,供电企业应当按照国家有关规定事先通知用户。用户对供电企业中断供电有异议的,可以向电力管理部门投诉;受理投诉的电力管理部门应当依法处理”,是公用事业特许经营权人的正当程序义务在供电领域的具体体现。

三、特许经营权人的信息公开义务

1914 年,曾任美国联邦最高法院大法官的路易斯·布兰代斯

---

〔1〕 See *Jackson v. Metropolitan Edison* Co., 419 U. S. 345, 1974.

〔2〕 See *Blum v. Yaretsky*, 457 U. S. 991, 1983.

强调信息公开在金融市场中的作用时说过这样一句脍炙人口的名言："阳光是最好的防腐剂，灯光是最好的警察。"[1]这句话常被公法学人借用来形容公开、透明的权力运作对于确保政府日常活动符合依法行政和公共利益的要求、保护公民的合法权益有极其重要的价值。这不仅是现代民主政治发展的要求，也是实现政府善治、防治腐败的良药。然而这剂良药的疗效却因20世纪80年代以来的私人参与公共治理而减弱了。在公用事业产品和服务的提供通过公私合作这种方式由政府部门转移给私人主体之后，因私人主体营运不具有公部门营运"易受民主监督、信息公开程度高、使用者参与空间大"[2]等优点，公众监督公用事业领域的公共治理由此面临挑战。一方面，政府部门通常以不负有保管相关信息的义务为由，逃避理应承担的行政法责任，通过与特许经营权人共谋而遁入私法；另一方面，特许经营权人则利用其垄断经营权有选择性地向社会发布信息，或者以晦涩难明的语言文字考验公众的理解力，或者以商业秘密为由拒绝发布信息，从而造成消费者的信息不对称。以价格信息为例，由于公用事业关涉到公民的生存权，其价格是否合理对于公民生活极其重要。判断公用事业的价格是否合理通常需要考查特许经营权人的成本与财务状况等关键因素，而特许经营权人则通常将成本和财务信息视为商业秘密予以严加保护，几乎不存在向社会公布的可能。基于上述考量，特许经营权人是否应承担与政府部门一样的信息公开义务以及二者之间的联系和区别成为公法学人予以特别关注的问题。

---

〔1〕 Louis D. Brandeis, *Other People's Money and How the Bankers Use It*, Frederick A. Stokes Company Publishers, 1914, p. 92.

〔2〕 蔡秀卿：《从行政之公共性检讨行政组织及行政活动之变迁》，载《月旦法学杂志》2005年第5期。

1. 特许经营权人为何承担信息公开义务

"因为责任机制涉及对于公共服务履行质量的解释,如果信息无法获致,那么问责就无法展开。"[1]因此,"从民众知情权和现代社会公共治理的需要着眼,任何公共权力下有关或影响民众利益的公共信息都应当成为公开的对象"[2],特许经营权人理应担负起公开公用事业服务信息的法律义务。之所以让特许经营权人承担与政府一方相似的信息公开义务,是因为特许经营权人提供公用事业产品和服务在本质上关乎公共利益,"它们提供的社会公共服务,在本质上属于公共行政,更多的是给付行政的内容,或者是其拥有替代国家或者地方公共团体进行决定的权限"[3],因而需要公众以获取相关信息的方式对其履行公共任务的情况予以知悉,并在此基础上对其行为予以监督。换言之,特许经营权人信息公开与一般政府信息公开一样,都属于公法上的义务。

我国立法向来注重保障公民对于公用事业服务的知情权。《基础设施和公用事业特许经营管理办法》(2015 年)第 45 条第 2 款则明确要求:"实施机构和特许经营者应当将特许经营项目实施方案、特许经营者选择、特许经营协议及其变更或终止、项目建设运营、所提供公共服务标准、监测分析和绩效评价、经过审计的上年度财务报表等有关信息按规定向社会公开。"2019 年《政府信息公

---

〔1〕 A. C. L. Davies, *The Public Law of Government Contracts*, Oxford University Press, 2008, p. 217.

〔2〕 王锡锌:《公众参与和行政过程——一个理念和制度分析的框架》,中国民主法制出版社 2007 年版,第 148 页。

〔3〕 余凌云:《行政法讲义》(第 3 版),清华大学出版社 2019 年版,第 450 页。

开条例》第55条在对原2008年《政府信息公开条例》第37条[1]进行修订的基础上也再次重申公用事业单位负有信息公开之义务,规定:"教育、卫生健康、供水、供电、供气、供热、环境保护、公共交通等与人民群众利益密切相关的公共企事业单位,公开在提供社会公共服务过程中制作、获取的信息,依照相关法律、法规和国务院有关主管部门或者机构的规定执行。全国政府信息公开工作主管部门根据实际需要可以制定专门的规定。"2020年12月7日,国务院办公厅印发《公共企事业单位信息公开规定制定办法》,第2条明确要求,"国务院有关主管部门应当根据《中华人民共和国政府信息公开条例》第五十五条和本办法的要求,制定或者修订教育、卫生健康、供水、供电、供气、供热、环境保护、公共交通等领域的公共企事业单位信息公开规定"。

2. 特许经营权人履行信息公开义务之特点

尽管特许经营权人信息公开与政府信息公开同属于公法上的义务,但是考虑到特许经营权人的私主体本性,特许经营权的信息公开义务在公开依据、公开范围、公开途径以及纠纷解决途径等方面应有别于政府部门,不能将其与政府部门等同视之。

第一,在信息公开依据方面,2019年修订后的《政府信息公开条例》第55条对原第37条做出相应修改和完善,将原要求公用事业单位的信息公开"参照本条例执行"修改为"依照相关法律、法规和国务院有关主管部门或者机构的规定执行"。这种修改实质上

---

[1] 2008年《政府信息公开条例》(已废止)第37条明确规定"教育、医疗卫生、计划生育、供水、供电、供气、供热、环保、公共交通等与人民群众利益密切相关的公共企事业单位在提供社会公共服务过程中制作、获取的信息的公开,参照本条例执行,具体办法由国务院有关主管部门或者机构制定",从而为提供公用事业服务的主体设定了信息公开的法定义务。

是承认了社会行政与被授权组织行政的差别,意味着特许经营权人作为公用事业企业,其提供公用事业产品和服务属于社会行政,而非法律法规授予的职权,因而其履行信息公开义务不必严格执行《政府信息公开条例》的要求,只需"依照相关法律、法规和国务院有关主管部门或者机构的规定执行"即可。例如,供水、供气、供热等公用事业单位信息公开的直接依据为住房和城乡建设部于2021年12月31日发布《供水、供气、供热等公共企事业单位信息公开实施办法》。

第二,在公开范围上,从保护公共利益和公众知情权的角度而言,公用事业特许经营项目信息仍需遵守"公开为原则、不公开为例外"。其中实体性例外包括内部管理信息,过程性信息,自主运营信息以及法律、法规、具体实施办法规定的公开豁免的信息;程序性例外则包括信息不存在、未保存信息、须加工汇总或者属于咨询类的信息。[1] 具体而言,"一方面,特许经营权人应和政府一样将特许经营协议的合同文本向公众全面公开(涉及商业秘密的条款除外),不应把知识产权作为不予公开的理由;另一方面,特许经营权人需要向政府定期提交项目公司财务报告、审计报告,以及特许经营报告(内容包括特许经营资产、发展、管理、经营计划的执行情况和企业基本状况等)、特许经营财务报告、重大事故报告、安全质量报告和服务质量报告,这些报告同时向社会公开"[2]。但是,毋庸置疑的是,当私人投资者以商业秘密为由主张公开豁免,则

---

〔1〕 参见彭錞:《公共企事业单位信息公开的审查之道:基于108件司法裁判的分析》,载《法学家》2019年第4期。

〔2〕 喻文光:《PPP立法中的八大重点问题探讨》,载微信公众号"中国政府采购杂志"2017年8月28日,https://mp.weixin.qq.com/s/WpFxMRNBTV3-05Np_0Y7Mg。

“可能会限制公众获取他们接受的服务所依赖的合同条款信息”[1]。根据国务院《公共企事业单位信息公开规定制定办法》第7条的规定：“公共企事业单位信息公开规定应当以清单方式明确列出公开内容及时限要求，并根据实际情况动态调整。在确定公开内容时，应当坚持既尽力而为又量力而行，重点包括下列信息：(一)与人民群众日常生产生活密切相关的办事服务信息；(二)对营商环境影响较大的信息；(三)直接关系服务对象切身利益的信息；(四)事关生产安全和消费者人身财产安全的信息；(五)社会舆论关注度高、反映问题较多的信息；(六)其他应当公开的重要信息。公开内容原则上以长期公开为主，如果涉及公示等阶段性公开的内容，应当予以区分并作出专门规定。”

第三，就信息公开途径而言，特许经营权人履行信息公开义务不以自身直接公开为限，这也是与政府信息公开的不同之处。根据我国现有的法律法规，特许经营权人主要通过两种途径公开公用事业服务过程中制作、获取的信息。第一种途径是公用事业单位将相关事项报主管部门备案，通过主管部门间接公开；第二种途径是由特许经营权人自身依照相关规定直接公开。无论是哪种公开方式，只要相关信息能够为公众所知晓，即视为特许经营权人正当履行了信息公开义务。

第四，特许经营权人不依法或者依规公开信息引发纠纷的，纠纷解决途径与政府不履行信息公开所致纠纷的解决途径亦有不同。2019年修订后的《政府信息公开条例》第55条第2款规定，“公共企事业单位未依照相关法律、法规和国务院有关主管部门或

〔1〕［英］A. C. L. 戴维斯：《社会责任：合同治理的公法探析》，杨明译，中国人民大学出版社2015年版，第24页。

者机构的规定公开在提供社会公共服务过程中制作、获取的信息，公民、法人或者其他组织可以向有关主管部门或者机构申诉，接受申诉的部门或者机构应当及时调查处理并将处理结果告知申诉人”。2020年国务院《公共企事业单位信息公开规定制定办法》第8条也规定，“公共企事业单位信息公开的监督方式，以向各级主管部门申诉为主，原则上不包括申请行政复议或者提起行政诉讼。法律、行政法规另有规定的，从其规定”。根据上述规定，公用企事业单位不依法或依规公开信息引发纠纷，无须通过行政复议或者行政诉讼的方式予以解决，而是“向有关主管部门或者机构申诉”，由此彰显了公用企事业单位与行政机关的区别。

四、特许经营权人承担行政法义务的界限

公用事业服务向私人主体转移之目的是利用私人主体灵活自由的经营方式和管理理念，以减轻政府财政负担和高成本低产出问题，从而提高公用事业服务的效率。尽管在这一过程中，私人主体因承担了传统上属于政府的公共职能而有必要遵守一定的公法义务，但决不可无视私人主体与政府部门之本质区别而要求私人主体人承担与政府部门等量的公法义务，否则，将影响私人主体的经济自由并对公用事业服务的效率产生不利影响。换言之，允许私人主体根据市场原则自主调整生产经营活动，是公私合作制的应有之义。更为重要的是，正如德国《魏玛宪法》第151条第2款所宣称的那样：“唯以实现受害者权利或者满足公共福祉之重要需求为目的，方可实行法律强制。”[1]因此，私人主体承担行政法义

---

〔1〕《世界各国宪法》编辑委员会编译：《世界各国宪法（欧洲卷）》，中国检察出版社2012年版，第208页。

务的限度应止步于必要的经济自由。

经济自由是现代市场经济社会的基本权利,内含了三个方面的要求,即消费者合法的选择自由不受干涉、生产者合法的生产自由不受干涉和合法的市场交易自由不受干涉。[1] 对于提供公用事业服务的特许经营权人而言,其享有的经济自由权是指在符合特许经营目的之前提下,法律和政府规制主体应当允许特许经营权人对不涉及公共利益之事项享有一定的自主权。“如营业不能自由,则个人不能发展自己之财力,以行其交易上之自由竞争,势必使工商业无显著之进步。”[2] 那么,如何区分特许经营权人的行为属于公共利益领域还是纯粹的私经济自由领域?实践中将取决于法院对个案的自由裁量权。对此,我们或许能够从德国 1989 年的汉堡电厂案裁判与 1997 年德国电信股份公司案的裁判中窥测出些许端倪。在这两个案件中,法院需要解决的问题均涉及民营化后公私混合企业在宪法上的基本权能力问题,但却作出了几乎截然相反的判决。

在汉堡电厂案中,汉堡电力股份有限公司(以下简称汉堡电厂)72% 左右的股份由汉堡市政府独资设立的汉堡市参与行政有限公司持有,其余 28% 股份则分散给约 28,000 名私人股东。案件起因于汉堡电厂停止对某一拒绝交纳欠费的客户提供用电。终审法院指出,尽管《德国基本法》保障个人的一般行动自由权、平等权、地方自治权等权利,但是汉堡电厂在所从事的供电服务范围内,不得一般性地主张上述权利。理由在于:第一,供电义务属于

---

〔1〕 参见李嘉娜:《市政公用事业监管的行政法研究》,中国政法大学出版社 2012 年版,第 136 页。

〔2〕 张知本:《宪法论》,中国方正出版社 2004 年版,第 1 页。

国家的生存照顾义务,属于"公任务"范畴,因而汉堡电厂停止供电的行为并非私法上的事项;第二,无论国家是否掌握供电企业之全部资金都不会影响供电行为之"公任务"属性;第三,汉堡电厂是否可以停止供电,受电力法规的高密度管制,几乎不存在"私法上的自主性"。〔1〕

与汉堡电厂案的结果不同,联邦行政法院于1997年审理德国电信股份有限公司不服监管机构对管网互联协议的管制措施提起的诉讼中,肯定了民营化后的德国电信股份有限公司享有《德国基本法》所保障的营业自由权和财产权。联邦行政法院明白地揭示,该案争议所涉及的活动属于企业单纯从事私经济活动的行为,因而电信股份有限公司享有基本权能。这也是该案与汉堡电厂案的最大区别所在。由此可以看出,"生存照顾"与"私经济活动"似乎可以被认定为德国司法上判断私人主体行为是"公"还是"私"的两种对立的标准:当行为涉及生存照顾的范畴,则属于公共行政或公共利益领域,否定其基本权能力;当行为属于单纯的私经济活动,则肯定其基本权能力。然而,尚有疑问的是,如何将私人主体的行为准确地归入私经济活动或者生存照顾义务,德国司法实践始终未提出客观明确的区分标准。〔2〕

还要进一步提出的问题是,法院应当在多大程度上保护特许经营权人的经济利益,才不至于损害消费者利益?在英国,一个较为极端的例子是2004年上议院裁判的马西奇诉泰晤士水务公司(*Marcic v. Thames Water Utilities*)案。该案中,原告马西奇(Marcic)的房屋

---

〔1〕 参见詹镇荣:《民营化法与管制革新》,台北,元照出版有限公司2005年版,第71~73页。

〔2〕 参见詹镇荣:《民营化法与管制革新》,台北,元照出版有限公司2005年版,第73~75页。

位于城区的低洼处,因当地排水系统存在结构性缺陷,致其财产数次被排水道溢出的积水淹没。根据1991年《英国水产业法》,私营性质的泰晤士水务公司依法负有对马西奇居住区域内的排水系统进行维护和检修的义务。于是,马西奇起诉泰晤士水务公司构成不作为侵权。上诉法院支持了马西奇的主张,但是最终却被上议院推翻。上议院认为支持马西奇的主张将造成泰晤士水务公司以及其他类似的公用企业在日后陷入此类的侵权诉讼而无法脱身,最终将在根本上影响泰晤士水务公司的定价政策和服务的总体提供。[1] 在该案中,上议院无疑过分保护了泰晤士水务公司的利益,造成了公用事业消费者的合法权益为经济效率埋单的后果。

综上可见,德国、英国在承认公用事业服务的私人提供者需要承担公法义务的同时,也有意对该私人主体行为的公私属性进行识别,拒绝不加区分地将公法义务强加于提供公用事业服务的私人。再观我国,从上文的讨论可知,尽管在规范依据和司法实践中都能找到要求特许经营权人承担平等对待义务、正当程序义务以及信息公开等义务的实例,但是承认公用事业特许经营权人应承担必要公法义务的态度却显得尤为慎重。整体来看,现阶段相关立法和实践更注重强调特许经营权人的私主体特性,侧重于保障特许经营权人经济自由,避免将特许经营权人视为行政机关对待。如上文提到公共企事业单位信息公开的依据及其监督方式与政府信息公开做了明显区分。上述状况的产生在很大程度上可归因于我国行政主体理论和行政救济制度架构的限制,即只认可行政机关和被授权组织在行使公权力时受公法制约,而将那些事实上从

---

〔1〕 参见[英]彼得·莱兰、[英]戈登·安东尼:《英国行政法教科书》(第5版),杨伟东译,北京大学出版社2007年版,第567页。

事社会公共治理活动的主体拒在公法监督大门之外。实际上,从公用事业服务事关公民基本生存的特性以及公用事业特许经营权人的垄断地位看,特许经营权人提供相关公共服务的行为有必要受到公法规则的约束,只有纯粹的民事活动才受私法规则调整。[1] 随着中国行政法学对第三部门和社会公权力行政的研究逐渐加深,上述情形应将有所转变。

第三节 特许经营权人承担行政法义务的进路

早在 1987 年,道恩·奥利弗(Dawn Oliver)于一篇很有影响力的文章中追问司法监督权正当化的理由时提出:“如果机构的权力影响到公共利益或个人及组织的权利或实质利益,那么该机构如何行使该权力就应当接受司法审查。”[2] 借鉴这一观点,当提供公用事业服务的私人主体之行为切实地影响到公用事业普遍服务等公共利益的实现,该行为需遵循行政法义务。因为在这种情况下,私人主体的行为已经由单纯的私经济行为转变为具有公共职能属性的行为。应当如何在理论上解释这种转化?这涉及行政法应采取什么样的进路来干预私人主体提供公用事业服务的行为。本节拟从美国和英国对公用企业进行司法审查的个案中寻找可资借鉴的一般性规律,以期对我国行政主体理论之完善有所助益。

---

〔1〕 余凌云:《行政法讲义》(第 3 版),清华大学出版社 2019 年版,第 450 页。

〔2〕 “Is the Ultra Vires Rule the Basis Judicial Review?”[1987]PL543. 转引自[新西兰]迈克尔·塔格特编:《行政法的范围》,金自宁译,中国人民大学出版社 2006 年版,第 48 页。

一、美国经验:"政府行为"标准

美国的政府行为(state action)[1]理论是在美国联邦最高法院在探讨宪法能否约束私人主体及其行为这一问题的过程中逐步发展起来的,被认为是"美国法中最为重要的问题"[2]。根据这一理论,如果某一私人行为被认定足以构成政府行为,那么就要履行宪法和行政法规范赋予的义务,并且应当接受司法审查。

(一)政府行为判断标准的演变

早在距离《美国宪法第十四修正案》通过(1868 年)11 年之后的 1879 年,美国联邦最高法院在弗吉尼亚州诉里夫斯(*Virginia v. Rives*)案中就宣布"宪法第十四修正案的全部规定……都只关涉国家行为,而无关私人的任何行为"[3]。在 1883 年的民权诸案中,美国联邦最高法院采取了同样的立场,认为《美国宪法第十四修正案》"所禁止的是具备特定性征的政府行为,个人对公民权利的侵犯则不属于该修正案的主题"[4],因而私人经营的商业拒绝为黑人提供服务并不违反《美国宪法第十四修正案》的平等保护条款,

---

〔1〕 这里国家行为括国家的立法、司法、行政等所有行为,与我国《行政诉讼法》第 13 条第 1 项规定的国家行为有所不同。根据最高人民法院《关于适用〈中华人民共和国行政诉讼法〉的解释》第 2 条,后者是指国务院、中央军事委员会、国防部、外交部等根据宪法和法律的授权,以国家的名义实施的有关国防和外交事务的行为,以及经宪法和法律授权的国家机关宣布紧急状态、实施戒严和总动员等行为。

〔2〕 Charles L. Black, Jr., *The Supreme Court,* 1996 *Term-Foreword*: *"State Action", Equal Protection, and California's Proposition* 14, Harvard Law Review, Vol. 81, 1967, p. 69.

〔3〕 See Erwin Chemerinsky, *Rethinking State Action*, Northwestern University Law Review, Vol. 85, 1985, p. 507.

〔4〕 Erwin Chemerinsky, *Rethinking State Action*, Northwestern University Law Review, Vol. 85, 1985, p. 507 – 508.

并裁定国会于1875年制定的《民权法案》缺乏宪法依据。此案之后,美国联邦最高法院就《美国宪法第十四修正案》的适用问题在政府行为与私人行为之间划定了一条明确的界限:受约束的只能是政府行为而非私人行为。在随后百余年的历史之中,这项司法解释逐渐发展成宪法的一般原则,即除了《美国宪法第十三修正案》规定的禁止蓄奴可以直接为私人设定义务之外,其他任何宪法义务的主体都只能是政府。[1]

20世纪中叶,声势浩大的民权运动对政府行为理论产生了巨大冲击。有学者提出,"宪法保护不能也不应该局限于由政府作为形式当事人的行为"[2]。受民权运动的影响,美国联邦最高法院开始了在私域中寻找政府行为的尝试。在1948年谢莉诉克雷莫(*Shelley v. Kraemer*)案中,美国联邦最高法院拒绝执行具有种族歧视性质的私人协议,认为法院执行种族歧视性的私人协议构成政府行为,从而间接宣告了该协议违法。[3] 该案被认为是"迄今为止最高法院对国家行为的最宽泛解读"[4]。在该案之后的一系列判决中,美国联邦最高法院"在界定哪些私人行为可被认定为政府行为的案例中并没有采取一致的标准"[5],以至于政府行为理

---

〔1〕 参见彭亚楠:《谁才有资格违宪?——美国宪法的"政府行为理论"》,载赵晓力主编:《宪法与公民》,世纪出版集团、上海人民出版社2004年版,第236~237页。

〔2〕 Craig M. Bradley, *Untying the State Action Knot*, Journal of Contemporary Legal, Issue 7, 1996, p. 224.

〔3〕 See *Shelley v. Kraemer*, 334 U. S. 1, 1948.

〔4〕 Paul Schiff Berman, *Cyberspace and the State Action Debate: The Cultural Value of Applying Constitutional Norms to "Private" Regulation*, University of Colorado Law Review, Vol. 71, 2000, p. 1304.

〔5〕 Sheila Suess Kenndey, *When is Private Public? State Action in the Era of Privatization and Public-Private Partnerships*, George Mason Civil Rights Law Review, March 2001, p. 208.

论领域被学者们称为“概念灾区”(conceptual disaster area)[1]。尽管政府行为的认定标准变动不居,[2]但是公共职能标准在其中通常为核心判断要素。

公共职能标准最早萌芽于1946年的马什诉亚拉巴马州案。在该案中,私营性质的海湾造船公司(Gulf Shipbuilding)是契卡索镇的所有权人和经营权人,镇上所有社区、街道和设施设备都属于该公司的财产,镇上的警察虽来自县警察局但是工资则由该公司支付。马什是一名传教士,某天她在该镇散发宗教宣传册时,因未事先申请而被警察要求离开。在马什表示拒绝后,警察逮捕了她并以擅自进入为由对她提起刑事指控。马什则申辩称警察的行为侵犯了宪法赋予她的言论自由和正当程序权利。美国联邦最高法院指出,市镇管理行为的性质不因管理人是政府还是私营公司而异,“既然建造并管理这些设施的最初目的是为公众谋福祉(to benefit the public),既然这样的管理行为在本质上属于一项公共职能(public function),那么就应当接受州的规制”,从而将该公司的行为认定为政府行为。[3]

---

[1] Charles L. Black, Jr., *The Supreme Court, 1996 Term-Foreword: "State Action", Equal Protection, and California's Proposition 14*, Harvard Law Review, Vol. 81, 1967, p. 95.

[2] 美国联邦最高法院在不同案例中运用不同的标准大致包括:(1)私人主体从事的行为在传统上属于政府公共职能;(2)政府和私人主体之间存在足以影响私人行为性质的利益互惠关系;(3)政府对某一私主体在人员、管理、活动等方面的存在实质性的控制;(4)政府对某一私行为进行了鼓励或采取其他手段使该行为成为法律义务;(5)某私人行为的实施因借助了司法程序或者政府行政力量而与政府行为构成共同行为等。参见彭亚楠:《谁才有资格违宪?——美国宪法的“政府行为理论”》,载赵晓力主编:《宪法与公民》,世纪出版集团、上海人民出版社2004年版,第247页。

[3] See *Marsh v. Alabama*, 326 U. S. 501, 1946.

由该案可知,公共职能标准的基本逻辑为:如果私人主体从事的行为在传统上属于政府公共职能,则该私人行为可构成政府行为。然而,1978 年的弗拉格兄弟公司诉布鲁克斯案(*Flagg Brothers, Inc. v. Brooks*)在判断何为"公共职能"的问题上则采取了较为保守的立场,将公共职能严格限定为"国家传统专属职能"。大法官威廉·哈布斯·伦奎斯特(William Hubbs Rehnquist)指出"尽管许多职能传统上都由国家履行,但由国家享有专属履行权的职能则是极少数的"[1]。此后,公共职能标准的适用范围相对较窄,诸如私营企业向公众提供公用事业服务、私立学校解除雇员、私立医院对病人的病房安排等,都不构成政府行为,因而不受行政正当程序、平等保护等原则的约束。[2]

美国联邦最高法院否认私营企业向公众提供公用事业服务构成政府行为的代表性案例是 Jackson 案。该案的焦点问题在于电力服务公司爱迪生公司未经事先通知便中断对原告供电的行为是否构成政府行为,并受正当程序条款的约束。大法官伦奎斯特为代表的多数意见认为爱迪生公司的行为不属于政府行为,理由如下:(1)公司的行为与其垄断地位之间不存在足以建立"政府行为"的关系;(2)公司的行为不属于履行公共职能,因为制定法没有规定政府应当提供公用事业的义务;(3)州公用事业委员会依照州的法律批准公司的基本费率,仅仅说明委员会认为州法允许公司依照自己的意愿适用有关的程序,而没有试图通过国家认可的程序建立政府行为的目的,因为没有任何迹象表明委员会

---

〔1〕 See *Flagg Brothers, Inc. v. Brooks*, 436 U. S. 149, 1978.

〔2〕 参见彭亚楠:《谁才有资格违宪?——美国宪法的"政府行为理论"》,载赵晓力主编:《宪法与公民》,世纪出版集团、上海人民出版社 2004 年版,第 243 页。

想要这么做;(4)州政府并不是爱迪生公司事务的共同参与人(a joint participant)。[1] 总之,美国联邦最高法院否认爱迪生公司的供电行为属于政府行为的原因在于政府缺乏对爱迪生公司的实际控制,且制定法没有明定政府是公用事业服务的义务主体。

20 世纪 80 年代之后,随着美国市政服务外包的不断推进,希拉·苏伊斯·肯迪(Sheila Suess Kenndey)指出,"政府以合同形式将服务职能外包成为更为普遍的方法,'政府'的性质已发生改变,相应地,宪法框架之下的'政府行为'也变成一个发展中的概念……如果政府行为标准不随之改变以适应新的现实,我们将处于丧失对行政权之行使进行合宪性审查的危难之中",与之相反的是,"大量的证据表明,政府契约的繁荣背后则是对政府行为的不切实际的狭隘的理解……这已经造成了法学对宪法权利保护的明显不足"。[2] 例如,1983 年的布鲁姆诉亚雷特斯基案(*Blum v. Yaretsky*,以下简称 Blum 案)中,美国联邦最高法院拒绝承认公私合作制度安排下私人提供公用事业服务的行为构成政府行为,申言如下:

被告是一家由医疗补助计划资助的(medicaid - funded)私人

---

〔1〕 See *Jackson v. Metropolitan Edison* Co., 419 U. S. 345, 1974.

〔2〕 Sheila Suess Kenndey, *When is Private Public? State Action in the Era of Privatization and Public-Private Partnerships*, George Mason Civil Rights Law Review, March 2001, p. 204.

疗养院。[1] 根据美国联邦条例的规定,获得政府资助的私人疗养院必须成立由医师组成的资助使用审查委员会(utilization review committee,URC)对病人的护理行为进行周期性评估,并以此决定病人的护理级别是否需要调整。在该案中,隶属于被告的URC作出将病人布鲁姆(Blum)转移至较低级别护理的决定,并通知了负责医疗补助计划的市政府官员减少向疗养院支付布鲁姆的护理费用。于是,州政府官员决定,除非布鲁姆同意转入较低一级别的护理,否则不再为其提供福利。布鲁姆认为URC在作出决定后没有给予其合理的通知,也没有告知其听证的权利,因而违反了《美国第十四修正案》的正当程序条款。美国联邦最高法院大法官伦奎斯特代表的多数意见认为尽管被告受到州政府的严格规制,州政府对被告调整病人医疗福利的决定表示赞同,但是被告的决定仍不构成政府行为,并指出"本案所争讼的决定在本质上是私人当事人根据专业标准作出的医疗判断,而非由州政府作出的,而且私人疗养院并没有履行传统上被认为专属于政府的职能"[2]。

比较Blum案与1974年的Jackson案可知,美国联邦最高法院

---

〔1〕 根据《社会保障法案》(The Social Security Act, 42 USCS 1396 et seq.)第19条,医疗补助计划是以经济状况调查为基础的、由美国联邦与州共同负责的一项资助项目,内容是向有未成年儿童(dependent children)的低收入家庭、老年人和盲人或残疾人提供医疗保健。在具体运作方面,美国联邦政府向各州提供财政方面的支持以偿还由穷人引起的医疗成本,偿还的最主要对象是私人疗养行业。如果各州不能遵循联邦的法律和条例规定的各项义务,他们就会丧失参与该项目的资格。州则通过许可、规制和契约等复合手段为具体提供护理的私人疗养院规定义务,并将从联邦获得的款项资助给这些私人疗养院,用于贴补其运营支出和偿还90%以上的适格病人的医疗费用。私人疗养院通过遵守州和疗养院所签订的旨在规制医疗服务供应的协议来获得资助。总之,在医疗补助计划项目中,美国联邦、州和私人疗养院之间建立起密切的合作与相互依赖关系。See Jody Freeman, *The Private Role in Public Governance*, New York University Law Review, Vol. 75, 2000, p. 598 - 600.

〔2〕 *Blum v. Yaretsky*, 457 U. S. 991, 1983.

在类似问题上所持的立场是如此摇摆与反复。Jackson 案所确立的基本逻辑是：如果制定法明确规定提供公用事业服务属于政府义务且私人主体提供公用事业服务的行为受到州政府的严密规制，则私人提供公用事业服务可被视为履行公共职能。在 Blum 案中，医疗补助计划是《美国社会保障法案》第 19 条规定的联邦和州政府的法定义务，按照 Jackson 案采用的制定法义务标准，私人疗养院未经病人同意便作出降低护理级别的决定显然构成了政府行为。遗憾的是，大法官伦奎斯特违背了 Jackson 案的裁判主旨，转而以更加保守的态度遵循 1978 年弗拉格兄弟公司诉布鲁克斯案所确立的更为狭隘的"政府专属职能"标准。受其影响，"正当程序的程序性保障通常被拒绝适用于监狱、福利以及社会公共服务等方面"〔1〕。例如，在 1997 年理查森诉麦克奈特案（*Richardson v. McKnight*）中，美国联邦最高法院以"矫正功能从来就不是政府独有的"为由拒绝给予私人监狱雇佣的警卫豁免权，尽管这种豁免权对于州政府雇佣的监狱警卫是不言自明的。〔2〕

（二）概括性评价

从历史的视角看，私人行为应按照何种标准被认定为政府行为与法官个人的政治立场及其所处的时代无法脱离干系，如在 20 世纪中期的民权运动时期，厄尔·沃伦（Earl Warren）法院积极地推动政府行为理论的扩张；而随着民权运动在 20 世纪 70 年代初逐渐走入低潮，加之首席大法官伦奎斯特本人思想保守，美

---

〔1〕 Alfred C. Aman Jr., *Privatization and the Democracy Problem in Globalization: Making Markets More Accountable through Administrative Law*, Fordham Urban Law Journal, Vol. 28, 2001, p. 1492.

〔2〕 See *Richardson v. McKnight*, 521 U. S. 399, 1997.

国联邦最高法院则在绝大部分案例中拒绝对私人行为进行合宪性审查,即使在这些案例中私人行为实际上是在行使公权力。恰如有学者指出的那样,"美国对私人行政可能引发责任缺失给予的回应是严格设定私人行政应受司法审查的受案标准,包括公共职能、紧密关联和行政强制标准,审慎地将公法规范拓展适用于私人主体"[1]。此外,美国联邦最高法院总是很小心地避免过分扩大政府行为的外延,在很大程度上也要归因于美国法院在政府和私人关系上一贯坚持的立场,即尽量避免国家权力过多地侵蚀个人自由。

然而,整体观察美国联邦最高法院自 20 世纪中叶以来的判决,不难看出,政府行为的外延呈现总体扩张的趋势,传统上拒绝以公法规范约束私人行为的理念正在被重新审视。尽管政府行为之判断始终缺乏统一而清晰的标准,但是公共职能标准总是或单独或与其他标准一起被法院所采纳。在公用事业服务不断向私人主体转移的过程中,除那些明确肯定私人提供公共服务的行为构成政府行为的案件之外,美国联邦最高法院的大法官们在那些拒绝对私人行为进行合宪性审查的案件中也并非意见完全一致,如上述 Jackson 案中,威廉·奥威尔·道格拉斯(William Orville Douglas)大法官从电力供应是日常必需品的角度认为爱迪生公司的供电行为系代为政府履职,而瑟古德·马歇尔(Thurgood Marshall)大法官则认为爱迪生公司的垄断地位决定了其供电行为具有政府行为属性,中断电力服务的行为应受公法约束。[2] 此外,

---

[1] 李年清:《私人行政司法审查受案标准的美国经验——兼论我国私人行政责任机制的建构》,载《法制与社会发展》2015 年第 3 期。

[2] See *Jackson v. Metropolitan Edison* Co., 419 U.S. 345, 1974.

在理查森诉麦克奈特案中,尽管美国联邦最高法院最终判决私人监狱的警察不享有豁免权,但是多数意见和少数意见的比例仅为5:4。斯卡利亚(Scalia)大法官代表其他法官发表异议,认为私人监狱所承担的职能和国家监狱的职能一样,具有公共性,这决定了在私人监狱执勤的警卫应当与在国家监狱执勤的警卫受同等的法律约束。[1]

在学理层面而言,主张私人主体承担行政法上的义务也不是什么新鲜事。例如,朱迪·弗里曼就主张:"民营化并不会像某些批评者所担心的那样危害责任性、正当程序、平等和理性等民主准则,而可能会通过预算、规制和契约等机制将这些规范拓展适用于私人主体……与其将民营化视为政府规模缩减的一种手段,毋宁认为它是将政府的范围扩展至传统上被认为属于私人领域的一种机制。"[2]埃费尔德 C. 阿曼(Alfred C. Aman)也提出"通过行政法使市场更负责任",主张为了公共利益需要让市场主体接受必要的公法约束。[3] 与此同时,亦有学者主张对私人适用行政法规范的同时,应避免将私人主体与政府完全等同,"如果我们不管什么情况下,都将私人主体视为政府,政府行为理论扩张到如此地步也会减弱我们从政治责任的角度界定何为政府的能力"[4]。

---

[1] See *Richardson v. McKnight*, 521 U. S. 399, 1997.

[2] Jody Freeman, *Extending Public Law Norms Through Privatization*, Harvard Law Review, Vol. 116, 2003, p. 1285.

[3] See Alfred C. Aman Jr., *Privatization and the Democracy Problem in Globalization: Making Markets More Accountable through Administrative Law*, Fordham Urban Law Journal, Vol. 28, 2001, p. 1477 – 1505.

[4] Sheila Suess Kenndey, *When is Private Public? State Action in the Era of Privatization and Public-Private Partnerships*, George Mason Civil Rights Law Review, March 2001, p. 207.

二、英国经验:从机构主义到功能主义

英国长期受戴雪法治理念的影响,坚持所有人平等受普通法约束的原则。英国长期奉行"巴力门至上",一切的行政权力皆来自议会成文法的授予,行政机构实施行政权力的行为不仅受到议会的政治控制,同时也受到法院普通法的控制。[1] 根据普通法面前平等之原则,私人和政府之间的纠纷解决应确保私法救济相对公法救济的优先性,为此,法院遵循"权力来源"标准来判断某一行为是否应受公法约束,即如果实施该行为的权力来源于成文法,则适用公法原则;反之,公法原则就因存在可兹适用的私法规范而被排除了。因为"权力来源"标准首先要求法院判断行为的主体是否系经议会授权而设立的行政机构,故而保罗·克雷格(Paul Graig)称为机构主义进路。[2] 随着政府职能外包日益普遍,"机构主义"进路因不支持公法对那些实际行使公共职能的私人领域进行调整,因而无法有效地回应社会现实。1987 年英王诉接管与兼并专家组案(*R v. Panel on Takeovers and Mergers, ex p Datafin*,以下简称达特芬案)以后,在公法问题的判断标准方面,英国逐渐由机构主义进路向功能主义进路转移,大量私人主体行使公权力的行为被纳入公法的调整范围。有学者指出,"如果采用功能主义的分析方法,无论从怎样的目的出发,不仅仅基于司法审查和人权保护的

---

〔1〕 See Carol Harlow & Richard Rawlings, *Law and Administration*, Cambridge University Press, 2009, p. 4.

〔2〕 参见[新西兰]迈克尔·塔格特编:《行政法的范围》,金自宁译,中国人民大学出版社 2006 年版,第 230~231 页。

目的,所有承担公共职能的私人规制者或许都可以被视为公共机构"[1]。

(一)达特芬案件及其影响[2]

达特芬案件给英国传统的"权力来源"标准造成了前所未有的冲击。该案中,被告接管与兼并专家组(以下简称专家组)是一家非法定的、实行自我管理的组织,并依据自行制定的规则来处理国有公司的兼并和收购事宜。原告达特芬公共有限公司(以下简称达特芬公司)就竞争对手在收购竞价活动中的行为向专家组提出申诉,后因不满专家组的决定而提请高等法院对该决定进行司法审查。高等法院以专家组所行使的职能并非来自议会成文法授权而拒绝受理这一请求,达特芬公司遂而求助于上诉法院。上诉法院认为,能否运用行政法原则对专家组的决定进行司法审查,取决于司法审查的受案标准是行为的权力来源还是行为产生的社会后果,并最终依据后者判决专家组是政府支持的以公共利益为目的而行使职责的组织,应当受公法的调整。由是,达特芬案件突破了权力来源标准,将公法问题的判断标准扩展至"行使公法职能或其职能行使具有公法上的后果"或者"负有公法责任"。

达特芬案是英国公法领域的重要里程碑,标志着公法问题的判断标准由权力来源进路转向功能主义的进路。功能主义进路不对权力来源作纯粹形式的考虑,而完全依赖权力实施的后果以及所影响利益的特征。在达特芬案件之前,只有议会授权成立的公

---

〔1〕 [英]科林·斯科特:《规制、治理与法律:前沿问题研究》,安永康译,清华大学出版社2018年版,第88页。

〔2〕 参见[新西兰]迈克尔·塔格特编:《行政法的范围》,金自宁译,中国人民大学出版社2006年版,第34~42页。

共机构依据授权行使的行为才需要接受公法约束。达特芬案件的判决则大大地扩展了公法的适用范围,使许多原本具有私人性质的机构也被置于公法监督之下。遗憾的是,由于"巴力门之上"的思想在英国根深蒂固,达特芬案件所欲求的突破最终成为默里·亨特(Murray Hunt)所谓的"令人失望的半成品"。后来的诸多案例表明,法院不仅明显表现出不愿意抛弃对"权力来源"标准的依赖,而且在确定那些明显属于非成文法权力的可审查性时,法院甚至求助于议会意图来使其正当化,即法院会进行如下忖思:假如行使相应权力的特定机构不存在,议会是否会创立一个类似的机构来行使其职能。

尽管如此,在公法问题的判断上,达特芬案之后还是有了明显的变化,即法院在判断一项权力是否具有属"公"性质时,已经放弃了传统上将权力来源作为唯一标准的单一的机构进路,而是有意识地将功能主义进路作为分析问题时的重要补充。法院对某一权力的功能属性及其行使后果的考察,在很大程度上推动了公法价值在那些由私人提供公用事业服务的领域内得以实现。这在下文将要提到的许多事例中可以得到充分的证明。

(二)公共职能:公用事业领域的"功能主义"

英国受国有化运动的影响,即使是公用事业服务转移至私人主体之后,公用事业服务仍然被认为是涉及公共利益的,应当受公法的调整。"某一机构不再是公共机关而成为私营企业这一事实,并不意味着先前受公法调整的活动,不再受公法调整。"[1]事实表明,英国在许多案例中都裁判履行公共服务职能的私人主体应受

---

〔1〕[英]彼得·莱兰、[英]戈登·安东尼:《英国行政法教科书》(第5版),杨伟东译,北京大学出版社2007年版,第277页。

必要的公法约束。

例如,在 1995 年的诺威电力公司诉迪克森案(*Norweb plc v. Dixon*)中,法院就指出电力公司和用户之间的用电关系并非普通的契约关系。该案中,迪克森(Dixon)于 1992 年 2 月入住曼彻斯特并与当地的公共电力供应商诺威(Norweb)公司签订了供电协议。1993 年 5 月,迪克森收到诺威公司的一封信,信中称他在曼彻斯特的另外一处住所曾欠 67,786 英镑电费,而实际上迪克森根本没在那里住过。1993 年 7 月 29 日,诺威公司的查表员造访迪克森,并在其不知情的情况下调整了迪克森的电表以便收缴所谓的欠费。直到迪克森注意到他的供电卡上电量比往常少而主动与诺威公司交涉时,才被告知 67,786 英镑欠费已经转移到他名下的账户,而诺威公司最终也查明迪克森不应为欠费负责。迪克森认为诺威公司强迫其支付“欠费”的行为违反了供电协议并使其蒙羞。法院认为,根据 1989 年《英国电力法》,因供电商与居民用户之间的供用电协议系电力供应商单方提供,其中不存在居民用户的意思表示,居民用户只能严格受制于法定条款的约束,因而不属于以意思自治为基础的“契约”。[1]

又如,在后来的格里芬等诉西南水务有限责任公司案(*Griffin & Others v. South West Water Services Ltd.*)中,法院的倾向性则更为明显。该案中,西南水务有限责任公司(South West Water Services Ltd.,以下简称西南水务公司)是西南水务公共有限责任公司的全资子公司,系西南水务局于 1989 年私有化之后更名而来。案件围绕西南水务公司是否属于国家机构以及其行为是否属于履行公共职能而展开。法院指出,判断某一主体的被诉行为是否属于

[1] See *Norweb plc v. Dixon*, [1995] 3 All ER 952, [1995] 1 WLR 636.

公共职能,不是看该主体是否受政府控制,而要看该被诉行为是否受政府控制。在判断被诉的私人行为是否受政府控制时要看该行为是否同时满足"特别权力要件"(special powers condition)和"控制要件"(control condition)。在该案中,西南水务公司系西南水务局改组而来,一方面,1991 年《英国水产业法》明确课予了其供水任务,因而具备"特别权力要件";另一方面,西南水务公司的供水特许经营权又是政府授予的,这表明西南水务公司履行供水服务必须接受的政府控制,因而具备"控制要件"。鉴于此,法院认为西南水务公司履行供水服务的行为属于公共职能。[1]

1996 年的夏洛克(Sherlock)和莫里斯(Morris)与北爱尔兰电力公司(Northern Ireland Electricity,NIE)的用电纠纷案中法院也强调了供电行为的公共职能属性。在该案中,北爱尔兰电力公司因有证据证明夏洛克和莫里斯(以下简称申请人)在电表上动了手脚导致用电额度的错误计算而中断了对他们的供电,表示在申请人补缴电费并且赔偿电表的维修费用之前,将拒绝恢复供电。两位申请人对 NIE 的指控都予以否认,声称他们从未有私自改动电表的行为,并且他们并非该房屋的原始居住人,该房屋是他们从其他人手中接管的,而电力公司在他们接管该房屋之前对他们的电表未曾查看,因而无法证明电表是否出现人为异常,且也无法直接证明电表人为异常是他们造成的(如果有人为异常的话)。审理案件的法官指出,找不到一个令人信服的理由将一个公共供电企业行使法定权力的行为从"公共职能"中予以排除,并认为电力供应属于公共职能是毋庸置疑的,NIE 作为私有化企业的性质并不能改变电力供应的公共职能属性。不仅如此,当时的法律还明确规定

---

〔1〕 See *Griffin & Others v. South West Water Services Ltd.*, [1995] IRLR 15.

NIE 应当遵从欧盟指令,供电行为在此意义上属于履行法律义务的行为。若其中断电力供应被视为私法主体的经济自由行为而免受司法审查,是与供电行为的属性不相符的。因此,作为私有企业的 NIE 中断供电的行为应受到必要的公法约束。[1]

1998 年《英国人权法》的出台对于公民获得基本公用事业服务方面的保障具有重要意义。《英国人权法》第 6 条第 3 款 b 项将公共机关界定为"所有职能具有公共性质的人",其用意在于使人权保护的范围从显而易见的公共机关扩大到其他事实上行使着公共职能的决定者。根据《英国人权法》,公共机构可以分为"核心"公共机关和"职能混合"公共机关。前者如警察局,其从事的所有活动都必须遵守《欧洲人权公约》;后者如私有化后的公用企业或受政府委托行使公共职能的私营企业,只有在履行公共职能时,才必须遵守《欧洲人权公约》。由于《英国人权法》本身并没有对公共机关的范围作出列举规定,故而法院对本条的适用范围采取广义解释还是狭义解释,始终游移不定。例如,在 2002 年的马西奇诉泰晤士水务公司案中,上诉法院认为,维护污水管道设施是被告的法定义务,因此属于履行公共职能的行为,此时被告属于《英国人权法》意义上的"公共机构"。而在同期审理的一个以私人基金会为被告的案件中,法院则退回到保守的标准中去,认为私人基金会停止经营家庭护理院的行为不属于公共职能。[2]

(三)概括性评价

自 1979 年撒切尔夫人登上英国政治舞台以来,英国的公共行

---

〔1〕 参见骆梅英:《基于权利保障的公用事业规制》,浙江大学 2008 年博士学位论文,第 112 ~ 114 页。

〔2〕 参见[英]彼得·莱兰、[英]戈登·安东尼:《英国行政法教科书》(第 5 版),杨伟东译,北京大学出版社 2007 年版,第 248 页、第 277 ~ 278 页、第 567 页。

政迈入了一个崭新的纪元,最为引人注目的特征就是以出售国有公用事业公司为主要路径的私有化迅速取代了国有化时期建立的公用事业公有制。私有化之后,英国涌现出大量私人主体行使原本属于政府公共权力,这些私人主体行使的公共权力通常来自政府的特许、委托或外包而并非成文法的直接授权,从而对以"权力来源"作为判断公法问题存在与否的标准提出了挑战。1987 年的达特芬案件标志着公法问题的判断标准向功能主义进路转移,尽管功能主义进路因英国司法固有的保守主义传统在后来的发展中有所妥协,但是正如上文许多案例表明的那样,还是有许多私人提供公用事业服务的行为基于公共职能标准被纳入了司法监督范畴。

1998 年《英国人权法》第 6 条将公共机关界定为"所有职能具有公共性质的人",则更加有利于行使公共职能的私人主体接受公法的约束。尽管有学者批评《英国人权法》的界定在法院保守立场的作用下事实上限制了《英国人权法》的保护范围,因为"法院所采取的狭窄立场,并没有为'职能混合'公共机关提供合适的判断标准……反过来,在公共职能与私人职能日益相互交织的情况下,所存在的不确定性抑制了司法审查的进一步发展"[1]。总体而言,之后的诸多案例表明《英国人权法》扩大了公法介入私营公用企业的事务范围,例如,法院判决认定由地方当局所设立的住房协会要求返还财产的行为,一所精神病院的管理人员所做出的把一名精神病人关在病房中心的决定,以及水务公司依据《英国水产业法》

---

〔1〕 [英]彼得·莱兰、[英]戈登·安东尼:《英国行政法教科书》(第 5 版),杨伟东译,北京大学出版社 2007 年版,第 279 页。

实施排水系统维护与检修的行为等都属于履行公共职能。[1]

对英国功能主义进路演变的简短考察说明:公用事业私有化在潜移默化之中推动着英国公法对私人主体实施公权力的行为施加影响。尽管有些艰难,甚至在由权力标准向功能标准转变的道路上往往进两步退一步,但是整体的方向仍然是趋向于认同私人主体履行公共职能的行为应当受到公法的约束。尤其是在涉及公用事业普遍服务的问题上,英国法院运用公法对消费者加以保护的态度则更为明朗。因而,有学者总结道:"政府契约化的事实为英国公法将其范围向原来被认为专属私法的领域扩展带来了新机会。"[2]

三、我国行政主体理论之不足及其完善

在我国行政法学理论上,行政主体是行政法义务的承担者,其外延由行政机关和被授权组织构成。"行政主体"这一词语被认为并非我国行政法学理论之首创,而是一个舶来品。在行政主体引入我国之前,行政法学界普遍以行政机关概念来统领有关对行政管理机关及行政组织法律规范的探讨与论述,但是该研究面临多重困境:其一,将行政法上的管理者囿于行政机关,其他管理者被排斥在行政法学研究的视野之外;其二,笼统地提行政机关难以区分行政机关实际上具有的行政主体和民事主体两种法律地位;其三,有的行政机关只是作为内部管理机构而存在,不具有对外管理的职权,无须行政法予以关注。这些难题促使学界积极寻找研究

---

〔1〕 参见[英]彼得·莱兰、[英]戈登·安东尼:《英国行政法教科书》(第5版),杨伟东译,北京大学出版社2007年版,第278页、第567页。

〔2〕 [新西兰]迈克尔·塔格特编:《行政法的范围》,金自宁译,中国人民大学出版社2006年版,第47页。

行政组织的新路径。1987年,在《行政诉讼法》起草和制定过程中,行政机关的法律地位以行政诉讼被告的形式被提出来,为学界对行政组织的研究提供了一个契机。适逢王名扬先生所著的《法国行政法》和日本学者南博方所著的《日本行政法》(杨建顺译)先后于1987年和1988年在国内出版,书中对法国行政主体理论和日本行政主体理论的探讨给国内当时正陷于瓶颈之中的行政组织法研究提供了一种新思路。1989年《行政诉讼法》颁布以后,行政主体成为识别行政诉讼被告的唯一标准,并逐步获得学界的普遍认同。因而,自《行政诉讼法》起草开始,行政主体与行政诉讼被告紧密地勾连在一起,被视为拥有同等的外延。[1] 这一立场在《行政诉讼法》于2014年修订时并没有改变。

应当说,行政主体概念的引入为当时我国行政诉讼立法和行政诉讼实践中被告资格的认定提供了一个客观标准,对于法院启动行政诉讼程序、监督行政活动的合法性,以及确保行政活动连续、统一地开展,发挥了十分积极的作用。但是,随着政治经济体制改革的深化,传统上由行政机关行使的职能不断向行业协会、社会自治组织、企事业单位等社会部门扩张。尽管现行《行政诉讼法》第2条以概括规定的方式明确将"法律、法规、规章授权的组织作出的行政行为"纳入了行政诉讼的受案范围,但是随着我国公共行政改革不断深化,在将来还会有越来越多的私人主体在事实上承担公共职能并行使相应公权力却不存在任何"法律、法规、规章的授权",这对以行政主体为标准识别行政诉讼被告的做法带来了实际挑战。或者说,行政诉讼被告的识别标准亟待新的完善。

---

〔1〕 参见沈岿:《重构行政主体范式的尝试》,载《法律科学》2000年第6期。

(一)行政主体理论对行政诉讼受案范围之影响

在行政主体理论之下,现行有效的法律和司法解释基本上是综合了主体因素和职权因素双重标准来认定行政诉讼的被告资格。在司法实践中,在判断某一行为是否属于行政诉讼的受案范围之时,法院往往亦会同时强调主体因素和职权因素。其中,主体因素为第一层面的判断标准,而职权因素为第二层面的判断标准,具体而言:因为私人主体的行为不受行政法约束,法院将首先判断该行为的主体是否为行政机关,如果不是行政机关则进一步判断被诉的主体是否属于法律法规规章授权的组织,如果被诉主体既不是行政机关也不是法律法规规章授权的组织,则拒绝受理对该行为提起的行政诉讼;因为在实践中无法排除行政主体以民事主体身份从事私经济活动,所以在确认行为主体属于行政主体之后,法院仍需对被诉行为之属性进行判断,即判断该行为是否属于行政主体行使行政职权的行为,行政主体所行使的不含有行政职权因素的私法行为也不受行政法约束。

还需要指出的是,以被授权组织理论判断某一非行政机关组织的行为能否纳入司法审查的监督范畴之下需要具备一个根本性前提,即存在单行法律法规规章明文规定该组织享有某种权力/权利或者职权,同时需要法官借助某种解释方法将单行法律法规规章的上述规定解释为国家法授权而非国家法对社会自治权的确认。以杨斌诉广州律协不予办理实习登记案为例。该案中,《律师法》第46条明确规定“组织管理申请律师执业人员的实习活动,对实习人员进行考核”属于律师协会应当履行的职责,但一审法院认为“律师协会对实习人员实施的只是行业自律性管理行为,并非法律、法规、规章授权组织依照其行政管理职责作出的行政行为,杨斌的诉讼请求不属于行政诉讼受案范围"[1],二审法院则认为"律师协会行使的对申请律师执业人员实习管理权是《律师法》授予的行政管理权"[2]。因此,将"单行法律法规规章对非行政机关组织享有某种权力/权利或者职权作出的规定"解释为国家法对自治权的确认还是国家法的授权对司法审查范围截然不同。

由此可见,行政主体理论不仅将那些未经单行法律法规规章授权的非行政机关组织在事实上行使社会公共职能的行为排除在司法审查之外,而且即便是存在单行法律法规规章对非行政机关组织享有某种权力/权利或者职权作出规定的情形下,也有可能基于法官之"确权论"解释而将其履行公共职能之行为排除在司法审查之外。

就现实而言,随着我国"放管服"改革的不断推进,包括工会、妇联、青联等在内的社会团体,包括律师协会、会计师协会、医师协会、足球协会等在内的行业组织,以及国企和高校等企事业单位,都在事实上行使着一定的行政管理权,如高校的招生行为、对学生的学籍管理、毕业证书的发放与学位证书的授予等,律师协会对执业律师的日常管理与惩戒,足球协会对足球俱乐部参加比赛施加资格限制……上述行为均会给被管理人的人身权和财产权造成不利影响。这类行为或因不存在单行法律法规规章的明确授权,或因法官在个案中的"确权论"解释,被拒绝适用公开、公平、理性、负责等行政法原则,也无法得到有效的司法监督,从而造成公民权利保护的真空地带。例如,在2001年10月,中国足协对广州吉利俱乐部及其有关人员在某赛事中围攻裁判的行为予以处罚,广州吉

[1] 广州市越秀区人民法院行政裁定书,(2015)穗越法行初字第413号。
[2] 广州铁路运输中级法院行政裁定书,(2016)粤71行终35号。

利俱乐部于同年12月以“侵害名誉权”为由提起民事诉讼,被告中国足协主张其与原告是非平等主体的管理与被管理之法律关系得到了法院认同。吊诡的是,长春亚泰足球俱乐部及其教练员、球员对中国足协的处罚决定不服,于2002年1月提起行政诉讼,法院则以被告不属于国家行政机关故而“不符合法律规定的受理条件”为由,裁定不予受理。[1]

值得肯定的是,高校开除学生学籍、不发放毕业证书、不授予学生学位之行为,律协对执业律师不予办理实习、年检及其他惩戒行为,已经通过司法个案的方式以及最高人民法院公布指导案例等形式被纳入了行政诉讼的受案范围。但是,法院将上述案件或者行为纳入行政诉讼受案范围的逻辑并没有突破被授权组织理论的束缚,因而那些在事实上行使着公共职能的非行政机关组织之行为仍无法被普遍纳入司法监督的范畴。随着第三部门行政和政府职能向社会转移的推进,行政法对此必须予以积极回应,并逐步让那些虽无国家法之授权但事实上承担公共职能并行使公权力的私人主体如公用事业的特许经营权主体,接受公法约束。

(二)可能的转向:公共职能标准

在公用事业特许经营的制度安排中,由于特许经营权人事实上承担了原本属于政府部门的公共任务,因此对于特许经营权人与消费者之间的纠纷是何性质不应一概而论,而应视特许经营权人的行为属性予以区别对待。“目前公法行为与私法行为之区别,纯以行为之性质为区别标准,不以行为主体为衡。凡是合法行使公权力的行为,而行为客体处于权力服从关系之地位,不问其行为

---

〔1〕 参见冯之东:《社会公权力的司法救济与民间化——以公私法域交融背景下的足球协会为研究个案》,载《南京大学法律评论》2010年第2期。

主体为国家或私人,该行为均为公法行为。”[1]因此,由特许经营权人执行公共任务引发的争议,应当通过行政诉讼解决;由特许经营权人从事私经济活动引发的争议,应当通过民事途径解决。

唯在判断特许经营权人的行为究竟是公法行为还是私法行为时,需要引入客观的标准加以衡量,英美两国的经验或可借鉴。如前文所述,面对公共行政改革所带来的公共治理模式的新变化,美国和英国的司法审查制度也在经历着自我调适,以期与社会发展保持一致。其中,最突出的特征就是两国司法审查在受案范围上逐渐放弃了传统上以识别行为主体是否为政府机关的单一标准,自觉自发地吸纳了“公共职能”作为判断被诉行为是否应纳入司法审查受案范围的评判标准。因此,建议我国在解决特许经营权人与消费者的争议问题上,对公共职能标准予以创造性地吸纳,使其成为法院在判断被诉的特许经营权人行为是否应受行政法约束时考量的重要因素。

当然,公共职能内涵本身的不确定性也是一个不容忽视的问题,这也是英美两国在决定是否要对私人主体的行为进行司法审查时犹疑和反复的重要原因,但实践中仍然通过一系列具体个案发展出一些可以通用的标准,包括:(1)如果不存在该被诉主体,则对于被诉之事务国家是否会设立相应机构自行管理;(2)国家是否为涉诉行为提供活动经费、活动场所等多种形式的资助,国家是出于何种目的给予支持以及在多大力度上给予支持;(3)在被诉事务所涉及的社会经济领域内,被诉主体是否居于垄断性的支配地位,该支配地位导致原告如不与其缔约,将无法获得同等的或者类似

[1] 翁岳生:《行政法与现代法治国家》,新北,祥新印刷有限公司1990年版,第20页。

的服务；(4)被诉行为影响的利益群体的性质、利益范围的大小以及利益性质的公私属性等。[1]

结合我国的立法实际和公用事业特许经营的实践状况，若使“公共职能”作为判断公用事业特许经营权人是否应承担行政法义务时的考量因素，可以有两条路径选择：其一，全国人大常委会对现行《行政诉讼法》第2条的规定作出解释或修改，将“法律、法规、规章授权的组织”修改为“行使公共职权”的组织；其二，最高人民法院也可以通过总结判例实践经验，通过发布指导性案例或者司法解释的方式概括出可通用的判断标准。无论何种路径，在确保特许经营权人享有必要的经济自由权限度内对其施加行政法义务，至少应当考虑以下两方面的因素：

一方面，就主体而言，需承担行政法义务的应当是在市场中居于垄断地位的特许经营权人，即特许经营权人对于所提供的公共服务享有国家授予的独占经营权，如邮政、电信等，“人民舍此无选择余地，其利用关系具有强制性质，非独占性公用事业的利用关系应认为私法行为”。[2]

另一方面，就行为而言，需遵循行政法规则的行为应当是居于垄断地位的特许经营权人提供公用事业服务的行为或与之密切相关的行为。公用事业服务属于国家的传统职能范畴，只有提供公用事业服务的行为才是履行公共职能的行为，与公用事业服务无关的行为则应视为特许经营权人的私经济活动。

---

〔1〕 See Sheila Suess Kenndey, *When is Private Public? State Action in the Era of Privatization and Public-Private Partnerships,* George Mason Civil Rights Law Review, March 2001, p. 219.

〔2〕 参见翁岳生：《行政法与现代法治国家》，新北，祥新印刷有限公司1990年版，第21页。

本章小结

政治国家与市民社会分野的重要产物就是承认政府行为与私人行为适用不同的准则。启蒙运动时期的大思想家们通过社会契约、自由平等等诸多价值理念在公共领域与私人领域之间划定了一条精准的界线。资产阶级革命取得成功之后,将上述理念写进宪法,并通过代议制、司法审查等制度架构严禁公权力侵犯私人领域。在19世纪自由主义时代,政府被当作是“必要的恶”只享有十分有限的权力,到了20世纪,个人物质文化生活需求的增长催生了行政机关的膨胀和行政裁量权的空前扩张,人们一方面享受着政府所提供的各种公共服务,另一方面则时刻提防着行政权的滥用会危害到公民自由和人权。可以说,行政法诞生之初就是“由使政府权力行使正当化的需求而促动前行的学科”〔1〕。但是,随着公用事业民营化浪潮和公私合作治理的发展,行政法迎来了一个拓展适用范围的崭新契机。

私人参与公用事业服务被许多人视为解决政府在公用事业服务方面供给能力不足的一剂良药。因为私人主体可以摆脱严格的公法控制,能够在市场竞争机制之下灵活地回应公民多样化的需求,还可以节约成本提高效率。〔2〕然而,由于私人介入公共事务挑战了政治国家与市民社会的相对分立,也挑战了传统的公私法二元区分的理论,因而公私合作注定是一个集褒扬与质疑于一身

〔1〕 Jody Freeman, *The Private Role in Public Governance,* New York University Law Review, Vol. 75, 2000, p. 545.

〔2〕 参见高秦伟:《私人主体的行政法义务?》,载《中国法学》2011年第1期。

的事物。人们所质疑的是,当私人主体越来越多地履行传统上被认为专属政府的公共职能,私人主体的行为是否也应当遵循必要的行政法价值和理念?如何在追求经济效率与保障公法责任之间进行权衡?对此,有学者认为,政府部门将公用事业委托给私人主体经营实际上为行政法向私法领域进行扩展带来了机会。英国戈登·博瑞爵士(Sir Gordon Borrie)甚至因此主张权力不应有公、私之分,都应服膺公法原则,“所有掌握权力的主体都应负责,并受良好行政之一般原则的支配”。[1] 甚至有学者激进地主张将私人主体提供公用事业服务的行为界定为行政活动,并要求“将这种行政活动中引起的争议全部纳入行政诉讼,以防止行政‘遁入私法’而失去监督”[2]。

总体而言,自20世纪40年代以来,行政法只约束政府行为这一原则在实践中被不断地突破,许多私人主体的行为都以各种理由被纳入行政法监督之下。可以肯定的是,如果私人提供公用事业服务的行为能够遵守行政法的价值和理念,则私人主体承担公共任务这一事实就不会必然导致公法责任的缺失。随着私人主体承担公共任务向深度和广度发展,公法与私法之间的区分将再泾渭分明,由此,行政法就顺理成章地获得了约束私人行为的机会。相应地,行政法的核心问题则由原来的如何约束行政裁量以限制行政机关行使权力而转变为在公与私相互依赖的情况下追问“总体责任”(aggregate accountability)应如何实现,即综合运用契约、私

---

〔1〕 “The Regwlation of Public and Private Power”[1989]PL552. 转引自[新西兰]迈克尔·塔格特编:《行政法的范围》,金自宁译,中国人民大学出版社2006年版,第48页。

〔2〕 章剑生:《现代行政法面临的挑战及其回应》,载《法商研究》2006年第6期。

人主体的内部规程、必要的程序性控制等手段要求确保政府恪尽规制职责，同时又确保私人主体承担必要的公法责任。[1]

实践中，美国采取扩大“政府行为”范围的路径将实际承担公共职能的私人主体纳入司法审查的范畴；英国则在一定程度上摒弃“权力标准”转而借助“功能主义”将私人主体提供公用事业服务的行为界定为公法行为；德国也曾采用“渗透理论”认为从事公任务的私人主体不享有完全的私法自主性而应承担必要的行政法责任（见前文汉堡电厂案）。我国公共行政改革的现实也迫切要求行政法学研究在吸纳他国有益经验的基础上，转变单一依据行政主体理论识别行政诉讼被告资格的做法，为公用事业特许经营权人接受必要的行政法约束提供有益的理论支持。

---

〔1〕 See Jody Freeman, *The Private Role in Public Governance*, New York University Law Review, Vol. 75, 2000, p. 674.

第六章

对规制的规制:公用事业特许经营中的政府责任

为了实现规模经济与有效竞争的适度平衡、公用事业普遍服务与私人主体合理利润诉求的适度平衡、自然环境资源的当代诉求与未来发展的适度平衡,政府对私人经营公用事业的活动加以规制是必要的。然而,公共选择理论和规制俘获理论警示我们,“市场失灵”之外也同样存在“政府失灵”。一方面,在我国公用事业市场化改革的过程中,私人主体几乎参与到政策制定和实施的所有环节,从而大大增加了利益寻租的概率,政府部门的工作人员为了追求个人或部门的政治利益或经济利益而与私人主体共谋损害公共利益的现象并不足为奇。另一方面,在对私人主体提供公用事业服务的行为进行规制过程中,也不排除政府部门或其工作人员利用职权向私人主体索贿或其他滥用职权而侵害私人合法权益的情形。因此,我们有必要对政府部门施加必要约束,以确保其行使规制权时既不会被私人主体俘获而背离公共利益目标,也不会侵犯私人主体的合法权益。

第一节　政府总是致力于追求公共利益吗?

"政府是公共利益的代表"这一观点受到了美国法律经济学家理查德·A. 波斯纳(Richard A. Posner)的质疑。波斯纳指出,政府通过规制市场行为以实现公共利益需要同时具备两个假设性的前提:

> 一个假设是被放任自流的市场经济极端地脆弱且很易于无效率(或者不公正)地运作;另一个假设则是政府规制几乎无须花费成本。在此假设之下,我们很容易就能够证明政府对经济领域的主要措施——工会保护、公用事业和公共承运人规制、农产品补贴、执业许可证、最低工资,甚至关税——不过是政府对于要求矫正明显且可补救的自由市场运作中存在的无效率和不公正的回应。[1]

然而,波斯纳认为这两个假设在逻辑上根本站不住脚:其一,即使是在那些传统上不受质疑的规制领域,如卫生保健、法律职业,以及药品和其他产品等,市场失灵的危险正在日益受到怀疑;

[1] Richard A. Posner, *Theories of Economic Regulation*, The Bell Journal of Economics and Management Science, Vol. 5, No. 2, 1974, p. 335 – 358.

其二,政府不用花钱就能可靠而有效率地改变市场行为这一设想也已经彻底失败。他进一步指出:

> 公共利益理论的任何版本都存在一个严重的问题,即没有包含能够将公共利益的诉求转化为立法行为的联结点或者机制。市场理论解释了个人努力如何通过引发资源有效配置的交易促进了自身的利益。公共利益理论中不存在类似的解释,即关于什么样的立法政策或者安排将实现公共福利最大化的公共认知是如何转化为立法行为的。[1]

通过经济规制以实现公共利益的论断同样无法有效回应"公共选择"理论和后来的"规制俘获"理论。美国经济学家詹姆斯·布坎南(James M. Buchanan)于20世纪60年代初在理性经济人假设的基础上创立了"公共选择"理论,他认为,所有制度都是公共选择的结果,而公共选择的过程则是各种利益集团进行理性博弈的过程。布坎南认为,公共利益根本就不存在,"既然独立的个人有其自身利益,那么,公共利益之说在我看来就是无稽之谈了"[2]。根据这一理论,规制者作为理性经济人在其行为选择方面必然是以促使自身效用最大化为导向的。

不同于"公共选择"理论所认为的规制者以追求私利为目标实施规制,"规制俘获"更加注重私人利益集团在公共政策形成过程中对规制者的影响,认为规制者会被利益集团所俘获,从而采取有

[1] Richard A. Posner, *Theories of Economic Regulation*, The Bell Journal of Economics and Management Science, Vol. 5, No. 2, 1974, p. 335 – 358.

[2] 经济学消息报社编:《追踪诺贝尔——诺贝尔经济学奖得主专访录》,中国计划出版社1998年版,第153页。

利于利益集团而非公共利益的规制措施。例如,芝加哥经济学派的乔治·施蒂格勒(George J. Stigler)在1971年发表《经济规制理论》一文中指出,经济规制理论的中心任务是解释谁是规制的受益者或者受害者,政府规制采取什么形式和政府规制对资源分配的影响。该文运用大量实证证明,受政府规制的产业并不比那些被政府放任的产业具有更高的效率和更低的价格,并就此指出,"规制通常是应产业的要求而生且主要是为了产业利益而设计和实施的"。[1] 与乔治·施蒂格勒的观点相呼应,巴里·米特尼克(Barry M. Mitnick)也认为政府规制的政策结果并不一定是公共利益和公共需求的真实反映,而是明显被私人频繁地用来服务于自身的利益。[2]

尽管和公共利益理论一样,公共选择理论和规制俘获理论也都各有其自身的问题。例如,公共选择理论忽视了理性经济人在追逐个人利益过程中也可能促进公共利益,而规制俘获理论以"一刀切"的方式认为规制不过"是政治家寻求政治目的的有关过程"[3]也有些过于绝对。但是,不可否认的是,政府规制措施未必能够在任何情况下都以保护公共利益为导向,除了因技术和认知缺陷导致的规制失灵之外,有时候政府官员以牺牲公共利益为手段来谋求个人利益或部门利益同样造成规制失灵。"国家通过由民选政治家领导的政府部门来直接进行规制,此间存在风险,这些

---

[1] See George J. Stigler, *The Theory of Economic Regulation*, The Bell Journal of Economics and Management Science, Vol. 5, No. 2, 1971, p.3 – 21.

[2] Barry M. Mitnick, *The Political Economy of Regulation: Creating, Designing, and Removing Regulatory Forms*, Columbia University Press, 1980, p.271.

[3] Kenneth J. Meier, *Regulation: Politics, Bureaucracy, and Economics*, St. Martin's Press, 1985, p.8.

规制决定可能会受短期政治利益的考量所驱使。就算是在最好的情况下，这种短期政治性也不利于被规制的市场随着时间推移走向成熟；而更糟糕的是，造成规制目标转向保护那些与民选政治家关系友善的群体利益，而非公共利益。"[1]为了确保政府部门正确地代表公共利益，固然需要政府部门在行使职权过程中遵循公开、透明、参与、说明理由等正当程序手段来增强规制措施的民主性，也可以通过政府绩效评估来提高政府规制的效能，而与规制的民主正当性、政府规制效能评估同等重要的则是事后的问责机制。基于责任的震慑性，法律责任越严苛，意味着政府规制失灵的成本就越大，政府部门将会越加谨慎地不触及法律的底线。

第二节　政府不履行规制职责的一般责任

在公用事业规制过程中，确保政府基于公共利益而对公用事业运营加以合理规制的一般责任机制大致可以概括为四类，即怠于履行规制义务的行政责任和刑事责任、行政侵权或违约的赔偿责任、构成"规制征用"时的国家补偿责任，以及领导成员在公用事业领域突发的公共事件中应承担的政治责任。

一、行政侵权或违约的赔偿责任

因政府部门对公用事业运营过程的规制所引发的赔偿责任可依责任原因的不同分为两种类型，即违法授予特许经营权或违法监督等单方行使行政权导致的侵权赔偿和违反特许经营协议的赔

---

〔1〕［英］科林·斯科特：《规制、治理与法律：前沿问题研究》，安永康译，清华大学出版社2018年版，第321页。

偿责任。

(一)违法授予特许权和违法监督的行政侵权赔偿

《行政许可法》第7条规定:"公民、法人或者其他组织……合法权益因行政机关违法实施行政许可受到损害的,有权依法要求赔偿。"第76条规定:"行政机关违法实施行政许可,给当事人的合法权益造成损害的,应当依照国家赔偿法的规定给予赔偿。"同时,根据《行政许可法》第69条第1款和第4款的规定,因行政机关下列违法的行政许可决定给被许可人的合法权益造成损失的,应当依法予以赔偿:(1)行政机关工作人员滥用职权、玩忽职守作出准予行政许可决定的;(2)超越法定职权作出准予行政许可决定的;(3)违反法定程序作出准予行政许可决定的;(4)对不具备申请资格或者不符合法定条件的申请人准予行政许可的;(5)依法可以撤销行政许可的其他情形。由此可见,如果政府部门在实施公用事业特许经营项目时,因为违法授予特许经营权导致特许经营权主体或者其他利害关系人经济损失的,构成行政侵权,应依法予以赔偿。例如,在本书上文多次提到的益民公司诉周口市政府等行政违法案中,周口市政府在没有对益民公司已经享有的燃气特许经营权做任何处理的情形下,便通过邀请招标的方式将本市的燃气特许经营权授予第三人亿星公司,最高人民法院出于公共利益之考量判决确认亿星公司的特许经营权违法但不撤销,并由周口市政府等对益民公司因此受到的损失依法予以合理弥补。[1] 假设在该案中不存在亟须保护的公共利益,则亿星公司获得燃气特许经营权会因其违法而被撤销,此时相关行政机关则需要对亿星公

[1] 参见最高人民法院行政判决书,(2004)行终字第6号。

司因此遭受的经济损失予以赔偿。

不仅行政机关违法授予特许经营权可能引发行政赔偿责任,而且根据《行政许可法》第63条的规定,如果行政机关在对公用事业特许经营权人从事特许经营的活动进行监督检查过程中,违法行使职权妨碍被特许人正常的生产经营活动,或者以向被特许人索取财物等方式谋求其他利益,给特许经营权人造成损失的,也应当承担行政赔偿责任。

(二)违反特许经营协议的违约赔偿

无论是《市政公用事业特许经营管理办法》还是《基础设施和公用事业特许经营管理办法》,都明确规定了特许经营协议应包含关于违约责任的约定。同时《市政公用事业特许经营管理办法》第29条还规定:"主管部门或者获得特许经营权的企业违反协议的,由过错方承担违约责任,给对方造成损失的,应当承担赔偿责任。"此外,住房和城乡建设部颁布的特许经营协议示范文本中,也都设有专章规定特许经营协议的违约与赔偿责任,内容大体上都包括赔偿原则、赔偿范围和免责事由等。例如,《城市供水特许经营协议(示范文本)》第11章、《城市管道燃气特许经营协议(示范文本)》第10章、《城市生活垃圾处理特许经营协议(示范文本)》第8章、《城镇供热特许经营协议(示范文本)》第18章、《城市污水处理特许经营协议(示范文本)》第8章。因此,政府部门在对公用事业特许经营项目之运营加以规制的过程中违反特许经营协议给私人主体造成损失的,应依照特许经营协议的约定承担相应的违约赔偿责任。

二、违反规制义务的行政责任和刑事责任

根据《行政许可法》第10条、第61条、第62条之规定,"行政

机关应当对公民、法人或者其他组织从事行政许可事项的活动实施有效监督”,“行政机关应当建立健全监督制度,通过核查反映被许可人从事行政许可事项活动情况的有关材料,履行监督责任”,“行政机关可以对被许可人生产经营的产品依法进行抽样检查、检验、检测,对其生产经营场所依法进行实地检查。检查时,行政机关可以依法查阅或者要求被许可人报送有关材料;被许可人应当如实提供有关情况和材料。行政机关根据法律、行政法规的规定,对直接关系公共安全、人身健康、生命财产安全的重要设备、设施进行定期检验”。具体到公用事业特许经营项目的运营过程中,政府机关的规制义务在 2015 年《基础设施和公共事业特许经营管理办法》第 41 条中得到明确体现,即“县级以上人民政府有关部门应当根据各自职责,对特许经营者执行法律、行政法规、行业标准、产品或服务技术规范,以及其他有关监管要求进行监督管理,并依法加强成本监督审查。县级以上审计机关应当依法对特许经营活动进行审计”。同时,第 56 条也规定:“县级以上人民政府有关部门应当对特许经营者及其从业人员的不良行为建立信用记录,纳入全国统一的信用信息共享交换平台。对严重违法失信行为依法予以曝光,并会同有关部门实施联合惩戒。”

为敦促政府部门妥善履行上述职责,立法通常对政府部门的主管人员和其他直接责任人员怠于履行职责、徇私舞弊、玩忽职守等行为规定了以行政处分和刑事处罚为主要形式的法律责任。例如,《行政许可法》第 73 条规定:“行政机关工作人员办理行政许可、实施监督检查,索取或者收受他人财物或者谋取其他利益,构成犯罪的,依法追究刑事责任;尚不构成犯罪的,依法给予行政处分。”同时,第 77 条规定:“行政机关不依法履行监督职责或者监督不力,造成严重后果的,由其上级行政机关或者监察机关责令改正,对直接负责的主管人员和其他直接责任人员依法给予行政处分;构成犯罪的,依法追究刑事责任。”再如,《市政公用事业特许经营管理办法》第 30 条要求主管部门及其工作人员,不依法履行监督职责或者监督不力,造成严重后果的,由对其授权的直辖市、市、县人民政府或者监察机关责令改正,对负主要责任的主管人员和其他直接责任人员依法给予行政处分;构成犯罪的,依法追究刑事责任。

三、“规制征用”的国家补偿责任

我国《宪法》第 13 条明确规定了国家对私人财产征收征用的补偿原则,即“国家为了公共利益的需要,可以依照法律规定对公民的私有财产实行征收或者征用并给予补偿”。尽管公用事业特许经营权的本质是政府为了提高公用事业服务的质量与效率而将本应由其自身承担的公共职能转移给私人主体,但是私人主体一旦获得了该特许经营权就意味着获得了一种特殊形式的财产性权利,这主要是指私人主体可以依托该特许经营权获取合理的经济性回报,因而也被法律认定为一种无形资产。例如,原交通部(已撤销,职能并入现交通运输部)1996 年发布的《公路经营权有偿转让管理办法》(已失效)第 5 条规定:“公路经营权是依托在公路实物资产上的无形资产,是指经省级以上人民政府批准,对已建成通车公路设施允许收取车辆通行费的收费权和由交通部门投资建成的公路沿线规定区域内服务设施的经营权。”根据我国《宪法》第 13 条规定的公益征收征用补偿原则,如果政府基于公共利益之需要对私人主体依法获得的公用事业特许经营权予以限制的,应当按照公益征收征用的原理予以补偿。

在这方面,美国的经验值得一提。得益于美国尊重私人财产权的历史传统,美国的规制征收制度也比较完善。根据《美国宪法修正案》第5条和第14条,非经正当法律程序,任何人的财产不得被剥夺。美国联邦最高法院首席法官罗伯茨认为,这种规定并非旨在对政府干预私人财产予以绝对禁止,相反,它只是规定了政府在对私人财产进行必要限制时应当遵循的条件,即正当法律程序。除程序要求外,如果政府为实现公共利益而对私人财产权施加限制,就视为对私人财产的征收或者征用,必须给予私人主体合理的补偿。[1] 上述规制征收理论在美国的公用事业规制领域得到了极其广泛的运用,提供公用事业服务的私人主体若因政府政策调整导致其财产利益受损或者承担预期外的负担,皆可主张规制征收补偿。例如,政府强制要求私人主体延伸公用事业服务范围、提高公用事业服务供给能力以满足用户的峰值需求量、改善公用事业服务质量增加成本投入等,规制部门都应当给予适当补偿。再如,如果在某一领域引入新的竞争者而使既有的特许经营权主体在市场上处于不利地位,这种不利地位会被视为既有的特许经营权主体因国家规制政策而承受了不合理负担,国家有义务对该不合理负担给特许经营权主体造成的损失予以补偿。[2] 有学者甚至认为,政府授予私人主体垄断性的公用事业特许经营权本身就

---

〔1〕 See Charles F. Phillips, Jr., *The Regulation of Public Utilities: Theory and Practice* (3rd ed.), Public Utilities Reports, Inc., 1993, p. 88.

〔2〕 为了扶植新进入者,使之有能力与既有的受特许企业相抗衡而采取"不对称规制"(partial deregulation),即在移除市场进入壁垒的同时却继续维持对既有的受特许企业进行价格等多方面的控制,那么既有的受特许企业就因为竞争权利受限而陷入"在位者负担",此时国家有义务视情形对公用企业的损失予以补偿。See Paul W. MacAvoy, Daniel F. Spulber & Bruce E. Stangle, *Is Competitive Entry Free? Bypass and Partial Deregulation in Natural Gas Markets*, Yale Journal on Regulation, Vol. 6, 1989, p. 209.

是对价格规制和经营公共服务的一种特殊形式的补偿。[1]

我国立法上虽然不存在明确的"规制征收"的概念,但是行政管理实践中,国家基于公共利益的需要而对公民财产权予以限制的情形并不鲜见。"比如,为环境治理,通过调整规划的方式将原本批准建设住宅的土地调整为绿地;为生态建设需要退田还渔、退田还林;为国家宏观调控,对工矿企业开采予以产能限制;为房地产市场稳定,在一定范围、期限内实施限售等。"[2]这些措施虽然不以取得私人财产所有权为目的,但事实上极大地限制了私人财产权的效用,符合规制征收的特征。在公用事业特许经营领域,当政府一方基于公共利益需要变更特许经营权,或者要求特许经营权主体在特定情形承担政府指令性任务,又或者因为政策调整损害到私人主体的预期利益时,实为规制征收的具体体现,需要政府部门依具体情形对特许经营权人予以合法合理的补偿。

(一)为维护公共利益而变更或者收回特许经营权

根据《行政许可法》第 8 条的规定,政府部门不得擅自变更或撤回已经授予私人主体的公用事业特许经营权。若因为特许经营权授予所依据的法律、法规、规章修改或者废止,或者所依据的客观情况发生重大变化,且经过公益与私益之权衡之后,认为公共利益之需要明显大于私人主体的财产利益时,行政机关方可依法变更或者撤回已经生效的公用事业特许经营权。此时变更或者收回特许经营权符合以公共利益为目的进行的规制征收,由此给特许

---

〔1〕 参见周林军:《公用事业管制要论》,人民法院出版社 2004 年版,第 84 页。

〔2〕 耿宝建、黄瑶:《管制性征收理论在行政审判中的引入与运用——以"中国天眼"建设中的管制性征收为例》,载《人民司法》2019 年第 1 期。

经营权人造成的经济损失应依法给予补偿。

(二)承担政府公益性指令任务

所谓承担政府的公益性指令任务,通常是指公用事业特许经营人应政府要求而延伸服务范围或在突发事件中或特定情况发生时,私人经营的市政公用设施因公共利益需要而依法被征用等情形。《市政公用事业特许经营管理办法》第13条对此作出了原则性要求,即"获得特许经营权的企业承担政府公益性指令任务造成经济损失的,政府应当给予相应的补偿"。原建设部令第138号《城市公共汽电车客运管理办法》[该办法已于2017年被住房和城乡建设部《关于废止〈城市公共汽电车客运管理办法〉的决定》(住房和城乡建设部第36号令)废止]第24条也规定,"发生灾害以及其他突发事件,城市公共汽电车经营者应当服从县级以上人民政府或者有关部门对车辆的统一调度、指挥,政府或者有关部门应当给予合理补偿。"此外,《城市供水特许经营协议(示范文本)》第87条有关"乙方有权因启动供水应急预案而增加的合理成本向甲方提出补偿要求,甲方应选择支付补偿金,或调整水价,或延长特许经营期限给予补偿"之规定也是规制征收补偿理论在公用事业特许经营领域的具体体现。

(三)因政策调整损害特许经营者预期利益

因政府公用事业规制政策调整,如下调价格或者收费标准等,造成特许经营权人利益减损的,构成规制征收。以城市公交为例,2005年《关于优先发展城市公共交通的意见》(已失效)要求城市公交要在兼顾经济效益和社会效益、考虑企业经营成本和群众承受能力的基础上,继续保持低票价和低成本的优势,以最大限度地吸引客流,但为了确保特许经营权人的合理收益和城市公交的持续运营，又要求政府“对公共交通实行经济补贴、补偿政策。建立规范的成本费用评价制度和政策性亏损评估制度，对公共交通企业的成本和费用进行年度审计与评价，合理界定和计算政策性亏损，并给予适当补贴。对公共交通企业承担社会福利（包括老年人、残疾人、军人免费乘车，学生和成人持月票乘车等）和完成政府指令性任务所增加的支出，定期进行专项经济补偿”。2006 年《关于优先发展城市公共交通若干经济政策的意见》（已失效）也强调，“对于实行低票价以及月票，老年人、残疾人、伤残军人等减免票政策形成的城市公共交通企业政策性亏损，城市人民政府应给予补贴”。2015 年《基础设施和公用事业特许经营管理办法》将上述做法再次予以肯定，在其第 36 条明确规定：“因法律、行政法规修改，或者政策调整损害特许经营者预期利益，或者根据公共利益需要，要求特许经营者提供协议约定以外的产品或服务的，应当给予特许经营者相应补偿。”

四、公用事业运营突发事件中领导成员的政治责任

公用事业是社会生产生活正常运行的基础，一旦突发异常，危害不容小觑。为确保公用事业服务的持续稳定，一些地方政府要求有关部门应当制定特许经营项目应急预案。以《青岛市城市公共供水突发事件应急预案》（青政办字〔2020〕22 号）为例，该预案要求市级和区级均应成立城市公共供水突发事件应急处置指挥部，负责本区域内公共供水突发事件的应急处置，并要求相关政府

部门的领导或负责人员在公用事业突发事件中应担当重要职责。[1] 然而,“徒法不足以自行”。如果没有配套的责任机制督促领导成员采取积极的态度应对公用事业运营中的突发事件,赋予其权力与职责越多,造成的危害也将越大。这种危害不仅使公民的生命、健康和财产权利遭受侵害和损失,同时也将使公民丧失对国家公权力的信任。为此,要求领导成员在公用事业服务突发事件中承担政治责任也是各国普遍采取的措施。以英国铁路行业为例,自1997年至2002年,英国铁路共计发生严重事故13起,造成59人死亡,数百人受伤。2002年5月10日,伦敦北部再次发生列车出轨的重大事故。事故发生后,在反对党和社会舆论的重大压力下,英国运输大臣斯蒂芬·拜尔斯于2002年5月28日宣布引咎辞职,以维护政府形象。[2]

我国2009年6月颁发实施的《关于实行党政领导干部问责的暂行规定》(中办发〔2009〕25号)第5条明确规定了党政领导干部因决策失误、失职、滥用职权、对突发事件处置不当等原因导致其职责范围内发生重大事故、事件、案件,造成重大损失或者恶劣影

〔1〕 在市一级层面,指挥部由市政府分管副市长任总指挥,市政府分管副秘书长、市公安局局长任副总指挥,并下辖市委宣传部、市政公用局、市水利局、青岛供电公司、各区市政府、城市供水企业等数十个成员单位。指挥部办公室则设在市政公用局,作为日常办公机构,办公室主任由市政公用局局长兼任。指挥部办公室的主要职责包括负责分析和上报预警信息;承接突发事件报告;根据现场处置指挥部对突发事件的判断和建议,向指挥部提出启动应急处置预案的建议;通知指挥部成员单位立即赶赴突发事件现场;协调各成员单位的处置工作;及时向市委、市政府报告突发事件和处置进展情况;落实市委、市政府领导关于突发事件处置的指示和批示。区级的应急处置指挥部参照市级作同等设置。由此可见,《青岛市城市公共供水突发事件应急预案》充分强调了领导成员的责任。

〔2〕 参见胡建淼等:《领导人行政责任问题研究》,浙江大学出版社2005年版,第281页。

响的，将被依法依规问责。[1] 同时，该暂行规定还详细规定了问责的程序和具体执行办法。《公务员法》第 87 条第 3 ~4 款也明确规定了担任领导职务的公务人员引咎辞职制度，即“领导成员因工作严重失误、失职造成重大损失或者恶劣社会影响的，或者对重大事故负有领导责任的，应当引咎辞去领导职务。领导成员因其他原因不再适合担任现任领导职务，或者应当引咎辞职本人不提出辞职的，应当责令其辞去领导职务”。2019 年 9 月 1 日起施行的《中国共产党问责条例》第 7 条再次强调了“党组织、党的领导干部违反党章和其他党内法规，不履行或者不正确履行职责……应当予以问责……”[2]。根据上述有关规定，地方政府或者公用事业特许经营的项目主管部门在项目招投标过程中有滥用职权或者徇私舞弊导致非法授予特许经营权、在特许经营项目运营过程中不履行监管职责、应当强制私人投资者退出公用事业项目而不予退

[1] 该条具体规定如下：“有下列情形之一的，对党政领导干部实行问责：(一)决策严重失误，造成重大损失或者恶劣影响的；(二)因工作失职，致使本地区、本部门、本系统或者本单位发生特别重大事故、事件、案件，或者在较短时间内连续发生重大事故、事件、案件，造成重大损失或者恶劣影响的；(三)政府职能部门管理、监督不力，在其职责范围内发生特别重大事故、事件、案件，或者在较短时间内连续发生重大事故、事件、案件，造成重大损失或者恶劣影响的；(四)在行政活动中滥用职权，强令、授意实施违法行政行为，或者不作为，引发群体性事件或者其他重大事件的；(五)对群体性、突发性事件处置失当，导致事态恶化，造成恶劣影响的；(六)违反干部选拔任用工作有关规定，导致用人失察、失误，造成恶劣影响的；(七)其他给国家利益、人民生命财产、公共财产造成重大损失或者恶劣影响等失职行为的。”

[2] 根据《中国共产党问责条例》第 7 条第 9 项和第 10 项，与公用事业监管相关的应当问责的事项包括“履行管理、监督职责不力，职责范围内发生重特大生产安全事故、群体性事件、公共安全事件，或者发生其他严重事故、事件，造成重大损失或者恶劣影响的”及“在教育医疗、生态环境保护、食品药品安全、扶贫脱贫、社会保障等涉及人民群众最关心最直接最现实的利益问题上不作为、乱作为、慢作为、假作为，损害和侵占群众利益问题得不到整治，以言代法、以权压法、徇私枉法问题突出，群众身边腐败和作风问题严重，造成恶劣影响的”。

出等其他行为导致公共突发事件,或者公共利益因此受到重大损害的,或者产生恶劣影响的,直接负责的领导成员应当引咎辞职或者被问责。

第三节 政府对公用事业消费者的赔偿责任

在公私合作的制度安排下,公用事业的直接给付义务转由私人主体承担,原本属于公法上的供给关系转变为私人主体与作为消费者的公用事业用户之间的私法上的合同关系。如果私人主体违反供给合同给消费者造成损害,消费者固然可以通过私法途径寻求救济。然而,正如有学者所指出的,"如果完全由'私方'以民事责任的形式来承担责任,则无异于是国家推卸责任而'遁入私法'"[1]。因此,为防止政府"遁入私法",除课予其必要的规制义务之外,还需考虑的问题是:当私人主体已经对消费者的损害做出了补救,受害人还能否主张损害系由政府部门未能有效履行规制义务而造成的并请求国家赔偿?

一、日本经验:公权力本来归属与国家责任之承担[2]

学者杜仪方通过研究日本社会福利领域的相关判例,认为近年来日本对于公私合作中国家责任的承担在认识上有所转变。具体而言,日本于20世纪70年代开始试点社会福利领域的公私合作改革,行政机关通过购买服务的形式将部分自身领域的福利给付

[1] 刘飞:《试论民营化对中国行政法制之挑战——民营化浪潮下的行政法思考》,载《中国法学》2009年第2期。

[2] 杜仪方:《公私协作中国家责任理论的新发展——以日本判决为中心的考察》,载《当代法学》2015年第3期。

事务转移给私人主体来完成,由于社会福利的受众持续增加而导致财政经费不足,加之私人主体所提供的服务质量参差不齐,日本社会福利领域相继出现多起涉及公私合作损害责任认定的案件。在20世纪90年代的多起案件中,法院以"公权力行使"作为判断国家是否要承担责任的主要因素,即主要考虑从事公共服务的私主体之行为是否属于行使公权力。在"公权力行使"的具体判断方面,日本法院曾出现过"强制论"(私主体的行为是法律课予该主体的强行性义务)、"特有论"(私主体所行使的是"国家或者地方公共团体的特有事务")、"政府指挥监督论"(国家或地方公共团体对"私主体的业务作出了具体的指挥和监督"),以及综合判断论等标准。总体而言,这一时期日本地方法院以否定国家在公私合作中的赔偿责任为主流趋势,并得到了理论界的高度附和。[1]

2005年,日本最高法院在一起由地方公共团体将建筑物的确认权限交由民间检查机关行使但结果导致损害的案件判决中,肯定了对建筑物具有建筑确认权限的地方公共团体应承担国家赔偿责任。2007年1月25日,日本最高法院在一个因民营儿童养护设施未尽到对入园儿童的人身保护而引发纠纷的案件中明确提出"权力本来归属"要素来判定国家在公私合作中的赔偿责任。该案大致案情如下:原告由于母亲罹患疾病使得其出生后无法在家获得养育,遂于4岁时被送入被告都道府县所设立的民营儿童养护设施A学园。原告在8岁时的某个下午,遭到A学园4名儿童约半小时的殴打,致膜下出血等外伤,住院治疗后仍留下脑机能障碍等后遗症。在上述暴行发生过程中,学园职员虽然曾注意到一名

〔1〕 参见杜仪方:《公私协作中国家责任理论的新发展——以日本判决为中心的考察》,载《当代法学》2015年第3期。

儿童在踢原告,但未予干涉。原告主张A学园的职员基于《日本民法》承担民事侵权赔偿责任,同时主张A学园负责人及职员对入园儿童所行使的养育监护职责属于该县所承担的公权力范围,故而该县应基于职员的行为过失承担国家赔偿责任。[1]

法院遵循如下逻辑在该案中适用了"权力本来归属"标准:首先,A学园虽然是民营的儿童养护设施,但是其行使的养育监护行为具有高度的公共性,不属于纯粹的私经济行为;其次,根据《日本儿童福利法》的相关规定,监护人无法养育的儿童、受虐待的儿童以及孤儿的入托费用及入托后的最低生活保障费用由都道府县支付,都道府县也可以根据监护人的负担能力对监护者征收全部或部分费用;最后,作为儿童的终极监护人,国家或地方公共团体应对有需要的儿童负有养育监护责任,在该案中,当本来应由都道府县承担的养育监护权限转由民营儿童养护设施承担时,其实质是一种公权力的让渡。综上所述,法院得出都道府县应当对民间儿童养护设施的养育监护行为所造成的侵权后果承担国家赔偿责任。在该案中,日本最高法院以权限是否"本来"归属于国家或地方公共团体为标准来判断公权力主体是否应承担国家赔偿责任,显著扩大了国家赔偿责任的范围,从而能够更有利于保护受害者的权益。日本最高法院的态度引发了巨大的争论,有学者认为这是公私合作中国家赔偿责任走向复兴的标志。[2]

---

〔1〕 参见杜仪方:《公私协作中国家责任理论的新发展——以日本判决为中心的考察》,载《当代法学》2015年第3期。

〔2〕 参见杜仪方:《公私协作中国家责任理论的新发展——以日本判决为中心的考察》,载《当代法学》2015年第3期。

二、公用事业特许经营中的国家赔偿责任之构成

我国公用事业特许经营改革过程中，拷问公私合作中国家赔偿责任的案例时有发生。例如，据《南方都市报》报道，2016 年 4 月 1 日 21 时许，在深圳市宝安区石岩街道罗租社区老村祠堂旁边，一名 9 岁男童触碰到路灯杆之后触电，经医院抢救无效身亡。据社区工作站负责人介绍，事故原因初步认定为装备老化导致短路造成触电。事故发生后，在街道办事处的协调下，死者家属和路灯管养有限公司就赔偿事宜达成一致。[1] 事件发生之后，深圳市各电视频道和各大网媒皆有相关报道，其中的聚焦点之一就是死者家属是否可以向有关监管部门主张国家赔偿？

就理论而言，公私合作中国家赔偿责任的确立是敦促行政机关履行规制义务、防止行政机关借助公私合作逃避其人权责任的重要机制。遗憾的是，我国 2012 年修正《国家赔偿法》不仅没有对公共设施致害的国家赔偿责任做出专门规定，而且“学界盼望和呼吁已久的将怠于履行职责致害赔偿（又称不作为致害赔偿）问题明文写入该法的设想，还是没能如愿”[2]，所以我们似乎很难从立法上寻求公私合作中国家承担赔偿责任的依据。然而，毋庸置疑的是，在公共服务任务向私人转移之后，行政机关对私人提供公共服务的行为负有监管职责或曰规制职责，若其怠于履行职责导致损害发生，可以构成行政不作为侵权从而承担国家赔偿责任，在理论上是可以证成的。具体来说，公私合作中国家赔偿责任的成立必

[1] 参见刘颖、徐龙晨、陈文才：《深圳 9 岁男童触碰路灯杆身亡》，载《南方都市报》2016 年 4 月 3 日，A6 版。

[2] 沈岿：《论怠于履行职责致害的国家赔偿》，载《中外法学》2011 年第 1 期。

须满足两大条件:其一,公民、法人或者其他组织因私人主体未能勤勉、审慎地履行公共服务义务而遭受了生命、身体、健康或者重大财产损害;其二,根据一般社会常识,行政机关对私人主体履行公共服务义务之行为怠于规制与上述损害结果之间存在因果关系,行政机关怠于履行规制义务在本质上构成行政不作为侵权。下文仅就行政不作为侵权之构成展开说明。

对于一般情形下的行政不作为之成立,以李某与山东省广饶县交通局不履行法定职责及行政赔偿纠纷案为例。该案基本案情如下:李某的丈夫常甲(受害人)于2003年12月11日驾驶摩托车送常乙(受害人)上学,摩托车在公路行驶途中被公路上堆放的猪粪滑倒,致使常乙和常甲被随后驶来的小型拖拉机碾压死亡。根据道路交通事故责任认定书,公路上堆放的猪粪是导致该交通事故发生的原因之一,李某遂起诉广饶县交通局并要求其承担国家赔偿责任。法院认为广饶县交通局应承担必要的赔偿责任,其基本逻辑如下:第一,“依据《中华人民共和国公路法》第四十三条的规定,广饶县交通局负有做好公路保护工作,保障公路完好、安全和畅通的职责”;第二,“涉案公路上堆放的猪粪,持续时间长达十余天,已影响到了公路的安全和畅通,成为一种安全隐患”,表明被告对损害结果的发生具有预见可能性,如果涉案公路猪粪系刚堆放不到10分钟,则损害的发生对于广饶县交通局来说就是“无法预见和回避”的,此时就不应认定堆放的猪粪构成公路管理的瑕疵;第三,如果广饶县交通局在合理的时间内使涉案猪粪早些被清理,则有可能避免受害人伤亡的不幸结果,即广饶县交通局怠于履行职责与损害发生存在一定因果关系。因此,法院认为“广饶县交通局客观上未能消除该隐患,应认定广饶县交通局未尽到对该公路的管理养护职责,已构成行政不作为……应承担相应的行政赔偿责任”。[1]

综上所述，行政机关怠于履行职权需满足以下条件：(1)行政机关负有相应的职权；(2)对于损害结果之发生，行政机关应具有在其专业和经验范围内的预见可能性；(3)行政机关有足够的时间、人力、物力、财力等避免损害结果的发生。[2] 具体到公用事业特许经营运行过程中，行政机关怠于履行规制义务的判断逻辑是，行政机关根据利害相关人或者社会一般公众的举报或者自我查明，认定私人主体未能提供有效的公共服务并因此有危害公民、法人或者其他组织利益之虞，行政机关应当及时督促私人主体改正不良服务，或者在私人主体履行不能的情况下自行排除妨害、消除危险；根据立法或者行政惯例，行政机关能及时采取有关措施防止危害发生或避免危害扩大，但行政机关未能采取有效措施。

三、国家赔偿责任与民事责任能否并存

对于公用事业特许经营中民事赔偿责任与国家赔偿责任能否并存的问题，有学者认为，“行政机关及其工作人员不履行或者拖延履行法定职责行为，或者在履行职责时未尽到合理注意义务，是致害的间接原因的，受害人应首先向直接致害的第三人索赔。第三人无赔偿能力的，国家负补充赔偿责任”[3]。在前述日本的判例中，法院在承认国家赔偿责任的同时，否认了民事责任。法院认为，损害赔偿制度的本来目的就是对损害进行填补，从被害人救济

---

〔1〕 山东省东营市中级人民法院行政判决书，(2004)东行终字第53号。

〔2〕 参见胡建淼、杜仪方：《依职权行政不作为赔偿的违法判断标准——基于日本判例的钩沉》，载《中国法学》2010年第1期。

〔3〕《北京大学宪法与行政法研究中心对〈国家赔偿法〉修正案(草案)的意见》。

的角度来看，既然该案法院已经认定地方政府的国家赔偿责任，那么损害救济就应已经完成。同时，对私主体可能因此逃脱制裁的看法也是多虑的，因为对其制裁完全可以通过《日本国家赔偿法》第1条第2款所规定的追偿权得以实现，严重者也可通过吊销行政许可等手段予以补充。但也有学者对该案判决结果加以质疑，认为在公、私主体进行协作过程中，应该根据分工之要求分享成果并分担所产生的责任。[1]

辅助性原则表明，在公用事业特许经营模式下，私人主体负有直接地提供有效公共服务的义务，政府仅负有辅助性的担保义务，即保证私人主体提供的公共服务有效。由此，公众消费者、私人主体和政府之间构成类似债权人、债务人和保证人之间的关系，私人主体未能提供有效服务即违反公用事业服务合同并因此对公众消费者负有违约之债，公众消费者应首先追究违约人的责任，只有从违约人处不能获得合理报偿时，才能追究保证人的补充责任。换言之，在公私合作中，政府义务是辅助性的，责任也应是辅助性的。同时，政府在向受害人赔偿之后，有权向私人主体追偿。

本章小结

恰如被尊为美国宪法之父的詹姆斯·麦迪逊（James Madison）所言："如果人人都是天使，就不需要任何政府了；如果是天使统治

〔1〕 参见杜仪方：《公私协作中国家责任理论的新发展——以日本判决为中心的考察》，载《当代法学》2015年第3期。根据《日本国家赔偿法》第1条第2款，公务员有故意或重大过失时，国家或者公共团体对该公务员具有求偿权。[日]南博方：《行政法》（第6版·中文修订版），杨建顺译，商务印书馆2020年版，第146页。

人，就不需要对政府有外来的或内在的控制了。”[1]政府之所以对公用事业的私人运营予以规制，是因为存在市场失灵，需要防止私人主体基于对私利的追逐而放弃普遍服务义务；然而，“‘市场失灵’与‘私法失灵’之外也同样存在‘规制失灵’或政府失灵”[2]。理由就在于：其一，根据理性经济人假设，组成政府部门的官员作为理性经济人有可能为谋取个人或部门政治利益、经济利益而懈怠或滥用职权；其二，规制俘获的存在，导致某些规制措施不过是政府和经营公用事业的私人主体合谋的结果，其制定之初就脱离了对公共利益的追求；其三，因为政府官僚机构在设计良好规制措施方面的能力不足，或者人才、资金、机制等必要的资源与能力的缺乏，导致规制措施要么因为过于宽松而起不到相应效果，要么规制超过必要限度而损害了公用事业的合理利润；其四，即使是在规制目的和规制措施都正当的情况下，也会因为具体实施过程中这样那样的问题而导致规制目的无法实现。因此，有必要建立一定的责任机制督促政府部门恰当地履行规制职责，这些责任机制包括政府违反规制义务的行政责任和刑事责任，公用事业服务突发事件中领导成员的政治责任，政府部门侵权或违约的赔偿责任、构成“规制征用”时的行政补偿责任以及因政府怠于履行规制义务导致消费者利益受损时的侵权赔偿责任等。这些责任机制在督促政府履行对公用事业规制义务的实践中或单独发生作用或同时发生作用。

---

〔1〕［美］汉密尔顿、［美］杰伊、［美］麦迪逊：《联邦党人文集》，程逢如等译，商务印书馆1995年版，第264页。

〔2〕［英］安东尼·奥格斯：《规制：法律形式与经济学理论》，骆梅英译，中国人民大学出版社2008年版，第30页。

余论:行政法的疆域及理论重心的转移

英国行政法学者哈洛指出,那种从“出生到死亡”都由政府一揽子全包的福利时代“很大程度上已经一去不复返了。国家,至少在观念上正在经历衰落。国家直接干预市场、指导经济发展,主要公用事业都属于公有这样的日子已经屈指可数了。公有服务行业一个接一个地走向解体;私有化以及立约外包已俨然成为今天的新秩序”。[1]随着传统上应由国家一力承担的公共任务越来越多地假手于私人主体来完成,在“公”与“私”严格界分的法制体系下,原本属于行政法调整范围的事项转而被认为应当适用私法的规则,即所谓“公法遁入私法”。一直以来,“公法遁入私法”造成的

---

〔1〕 [英]卡罗尔·哈洛:《国家责任:以侵权法为中心展开》,涂永前、马佳昌译,北京大学出版社2009年版,第12页。

公共责任缺失及其引发的一系列社会经济问题,受到广泛关注。本书无心无意叩问公共任务私人化和放松规制的正当性,而是旨在勾画一幅针对公共任务私人化的政府规制图景。为此,本书以作为政府职能社会化之重要表现的公用事业特许经营制度为关注点,并着眼于我国公用事业特许经营制度的立法与实践,讨论了我国公用事业特许经营的制度内涵,以及市场准入、项目运营和市场退出中的行政法作用,检视了该制度对传统行政法产生的冲击以及行政法应作出的能动回应。这种回应不仅使行政法为公用事业特许经营提供制度上的矫正与支持,同时也促使行政法学研究再次审视自身的疆域及其理论重心的转向问题。

一、公法与私法的二元划分

在我们划定行政法学的研究疆域之前,必须回溯到最原始的"公"与"私"的界分问题。时下追溯公私法二元区分之历史的论著,几乎无一例外地认为首次明确提出这一区分的是古罗马法学家乌尔比安(Domitius Ulpianus)。乌尔比安提出:"规定罗马之国事者为公法;规定私人利益者为私法。"〔1〕乌氏的思想得到当政者查士丁尼(Iustinanus I)大帝的认可,后者编著的《法学总论》开篇便言明:"法律学习分为两个部分,即公法和私法,公法涉及罗马帝国的政体,私法则涉及个人利益。这里所谈的私法,包括三部分,由自然法、万民法和市民法的基本原则所构成。"〔2〕然而,罗马法上的公私法区分与现代意义上的公私法区分在具体内涵和理论价

〔1〕 刘兆年:《西方国家公私法述评》,载《法律学习与研究》1986 年第 8 期。

〔2〕 [古罗马]查士丁尼:《法学总论》,张企泰译,商务印书馆 2017 年版,第 6 页。

值上并不尽然相同。一方面，今人所言之“公法”，其本质在于控制国家公权力以保障私权利不受侵犯，罗马法则宣称公法以维护国家的基本秩序和稳定为目的，凡“君主喜欢的东西就具有法律效力”“君主不受法律约束”。[1] 另一方面，罗马法提出公私法的区别“是为了把公法搁置一旁不问，法学家们谨慎地不在这危险的禁区中冒险”[2]，从而造成罗马私法在统治阶级的重视下日益发达完善的同时，罗马公法则裹足不前的状况。在这种状况下，公私法的二元区分现实意义并不紧迫。

直到启蒙运动时期，现代公法观念才开始生根萌芽。首先，启蒙运动的思想家们主张权利是与生俱来的，先于国家并高于国家而存在。由于个人相对于国家处于弱势地位，所以为了限制国家权力对个人自由横加干涉，必须创造出一套法律制度对国家权力予以限制，这种使命就自然地交给了公法。其次，自由平等的思想使人们逐渐意识到居于统治地位的掌权者也应当和普通公民一样接受法的约束，而“只有当统治者也有义务服从法律这一观念被接受后，公法才有可能作为现实而不仅仅是理想的存在；从而公法与私法的划分才真正具有了实际意义”[3]。最后，社会契约论有关国家是公民为结束自然状态而缔约的产物这一理论假说暗含了

---

〔1〕［意］朱塞佩·格罗索：《罗马法史》，黄风译，中国政法大学出版社 1994 年版，第 378 页。

〔2〕［法］勒内·达维德：《当代主要法律体系》，漆竹生译，上海译文出版社 1984 年版，第 59 页。

〔3〕金自宁：《公法/私法二元区分的反思》，北京大学出版社 2007 年版，第 37 页。

"市民社会先于国家"的思想,[1]承认人们需要借助国家权力维持良好生存状态的同时也应提防国家权力过于强大而损害公民权。这一时期,资产阶级为了获取更多财富而迫切渴望自由,社会旧阶层则为维护腐朽而对资产阶级极力压制。于是,"其热望个人自由者,亟欲扩大意思自治、契约自由之范围,故强调私法之特性。而犹存旧日专制国家之绝对统治观念,仍以国家和人民关系为权力服从关系……"[2]这是公、私法二元划分理论发轫的必要前提。

公法最终作为可与私法相提并论的科学理论则是市民社会与政治国家相互分立的产物。在格奥尔格·威廉·弗里德里希·黑格尔(Georg Wilhlem Friedrich Hegel)看来,市民社会是与国家相分离的社会组织形式,是私人利益的总和,是政治国家的对立面。马克思批判地继承了黑格尔的市民社会理论,认为在资本主义生产关系中,生产和交换的过程脱离了国家的政治控制成为独立且高度自由的、排斥国家权力介入的私人领域(市民社会),及至生产和交换构成社会生活的全部内容,市民社会和政治国家之间的关系发生了彻底的转变,市民社会不再是政治国家附属,反而,政治国家的成立需要依赖市民生活,政治国家的全部内容建构都需要建立在市民社会的基础之上。[3] 资产阶级革命取得成功之后,则将保障私权、自由平等、社会契约等理念写进宪法,并通过制定宪法确立代议制、司法审查等制度以严禁政府行为侵犯私人领域。由此,"不仅国

---

〔1〕 参见邓正来:《导论:国家与市民社会—— 一种社会理论的研究路径》,载邓正来、[英]J. C. 亚历山大编:《国家与市民社会—— 一种社会理论的研究路径》,中央编译出版社1999年版,第1页。

〔2〕 林纪东:《行政法》,台北,三民书局1994年版,第21页。

〔3〕 参见金自宁:《公法/私法二元区分的反思》,北京大学出版社2007年版,第41~42页;王继军:《公法与私法的现代诠释》,法律出版社2008年版,第28页。

家立于个人之外,与个人为对立的存在,社会亦立于国家之外,与国家为对立的存在,故规律个人与国家之法(公法),与规律个人与个人关系之法(私法,亦即所谓狭义社会生活之法),迥然不同"[1]。

与宪法相比,行政法的历史则更为短暂。根据通行的行政法学教科书,严格意义上的行政法自19世纪末期法国行政法院制度的最终确立[2]而产生,并随着"行政国家"的兴起而逐渐发展为独立的法律部门。[3] 在19世纪末期以前,政府作为"必要的恶"受到形式法治主义的严格限制,政治国家只是市民社会的守夜人。例如,在英国,"直到1914年8月,除了邮局和警察以外,一名具有守法意识的英国人可以度过他的一生却几乎没有意识到政府的存在"[4];在德国,"自由市民阶层纷纷反对以君主及其公务员机器为表现形式的国家管制和监督,要求将国家行政的活动范围严格限制到为保护公共安全和秩序、消除危险所必要的限度内"[5]。进入20世纪之后,情况则有了天壤之别:在英国,政府从"守夜人"转而"对公民从摇篮到坟墓都予以监督,保护他们的生存环境,在不同的时期教育他们,为他们提供就业、培训、住房、医疗机构、养

[1] 林纪东:《行政法》,台北,三民书局1994年版,第21页。

[2] 1889年著名的卡多案件标志着法国行政法院制度的最终确立,因为自该案以后,"在涉及行政机关决定的任何事务上,可以直接诉至参事院,行政机关丧失了对申诉的初审权"。参见[英]L.赖维尔·布朗、[英]约翰·S.贝尔、[法]让一米歇尔·加朗伯特:《法国行政法》(第5版),高家伟、王锴译,中国人民大学出版社2006年版,第44页。

[3] 参见姜明安主编:《行政法与行政诉讼法》(第3版),北京大学出版社、高等教育出版社2007年版,第5页。

[4] Sir William Wade & Christopher Forsyth, *Administrative Law*, 9th *ed.*, Oxford University Press, 2004, p. 3.

[5] [德]哈特穆特·毛雷尔:《行政法学总论》,高家伟译,法律出版社2000年版,第16页。

老金"[1]；在德国，"日益增长的个人需要和要求——正如现代平等主义工业社会的发展及其问题——要求国家在社会中更加活跃。国家要提供个人需要的社会安全，要为公民提供作为经济、社会和文化等条件的各种给付和设施（如水、电和煤气、交通管理、废水和垃圾清理、卫生保障、医院和养老院、学校和其他培训设施、剧院、博物院和体育设施等）；最后，为了保证社会公平，保持或者促进经济结构的繁荣，国家还必须对社会和经济进行全面的干预"[2]。

二、行政法范围的扩张

随着行政疆域的急剧扩大，行政法的适用范围也迅速扩张。实际上，行政法自产生不久便表现出了对私人领域的强大渗透力，不自觉地对原本纯粹属于私法所调整的社会关系施加干预和控制，典型例证即契约不再绝对自由。1804 年，《法国民法典》确立了契约自由的神圣地位，然而，契约自由原则自 19 世纪后半期就逐渐受到了"社会本位"原则的限制。第一，国家基于对社会利益的保护，开始"强迫"当事人订立合同或者按照一定的方式和内容订立合同，以至于"代替"当事人起草合同，如法律规定租赁合同中租金的限额标准、雇佣合同中受雇人的工作时间和对消费者权益的保护等。第二，为了确保交易安全，合同的内容及其法律效果的确定由一味地探求当事人的内心意志转而主要仰赖对合同条款本身的含义判断。第三，法院在处理合同纠纷时，尊重当事人意思自治

---

［1］ Sir William Wade & Christopher Forsyth, *Administrative Law*, 9th ed., Oxford University Press, 2004, p. 3 – 4.

［2］ ［德］哈特穆特·毛雷尔：《行政法学总论》，高家伟译，法律出版社 2000 年版，第 17 页。

不再是约束法官对合同条款进行解释的唯一戒律，维护社会公正日渐成为合同解释时更为重要的因素。[1] 美国法学家格兰特·吉尔莫（Grant Gilmore）曾在《契约的死亡》一书中悲观地写道："如果说19世纪契约的存在和发展的确是事实，而此后的50年里它逐渐奄奄一息并趋于死亡则亦是不争的事实。"[2] 至1900年《德国民法典》问世，短短不到一百年的时间内，行政法范围的扩张已经致使契约自由的含义发生了意想不到的变化。

行政法范围的扩张还表现为行政手段日益多元化，尤其是行政机关对私法规则和手段的借用更是从侧面反映出行政法疆域的扩大。当国家行政的范围由秩序行政扩展至给付行政时，由于给付行政通常不需要强制，因此传统上以命令——服从为主要特征的权力手段在执行给付任务时便显得有些不合时宜。相比之下，体现平等、协商等精神的私法规则或者手段则更易于实现行政给付所设定的目标。"公法和私法同样是法，在规律人与人之间的意思及利益之点是具有共同的性质的。"[3] 行政法将民法的诚实信用原则内化于整个行政法体系之中并延伸出政府诚实守信原则就是成功例证。与此同时，"私法领域有充分之法律条文足资应用（如民法法典），且受私法自治、契约自由原则之支配，容易取得相对人之合作，便于达成行政上之目标，自有其优点"[4]。因此，当

[1] 参见尹田：《法国现代合同法：契约自由与社会公正的冲突与平衡》，法律出版社2009年版，第33～37页。

[2] [美]格兰特·吉尔莫：《契约的死亡》，曹士兵、姚建宗、吴巍译，中国法制出版社2005年版，第3页。

[3] [日]美浓部达吉：《公法与私法》，黄冯明译，中国政法大学出版社2003年版，第71页。

[4] 吴庚：《行政法之理论与实用》（增订八版），中国人民大学出版社2005年版，第23页。

国家给付行政的范围越广,行政契约、行政指导等带有非权力色彩的行政方式得以发挥作用的空间就越大。

晚近的公共行政改革又为行政法扩张其适用范围提供了新的历史机遇。自19世纪末20世纪初,人类社会进入行政国家[1]时代以来的很长一段时期内,国家拒绝求助于私人机构来管理公共事务,理由在于"国家认为没有盈利目的的机构所提供的无私合作对于该机构而言是一个危险的势力和权力的来源"[2]。然而,随着国家任务的急剧膨胀所造成的权力滥用及对民主和人权的威胁、官僚主义、腐败和效率低下等问题日益突出,历史的车轴在20世纪70年代后期发生了转向,限缩行政管理的疆域开始成为各国公共治理改革的目标。在国家财政不堪重负而社会对提高公共服务质量的呼声却日渐高涨的20世纪70年代末80年代初,以公共职能社会化为主要内容的公共行政改革迅速在世界范围内蔓延。其中,公用事业领域不仅是这一改革的切入口,同时也是改革发展最为迅速的领域。如果说国家行政疆域的扩大造成政治国家吞没市民社会的危险,那么公用事业特许经营的普遍化则是一场逆袭,它带来的是市民社会秩序向政治国家的伸展。正因如此,许多学者担心公用事业特许经营这一制度会造成行政法范围的萎缩。事实相反,公用事业特许经营带来了行政法范围的再一次扩张,具体而言:

在公用事业特许经营的制度安排之中,政府部门的责任并没有因公用事业服务义务向私人主体转移而彻底消失,而只是在形

---

[1] 有关行政国家的解释见姜明安主编:《行政法与行政诉讼法》(第7版),高等教育出版社、北京大学出版社2019年版,第8页。

[2] [法]莫里斯·奥里乌:《行政法与公法精要》,龚觅等译,辽海出版社、春风文艺出版社1999年版,第445页。

式上发生了转变,即由原来的直接给付责任转变为对私人给付的担保与规制责任,该担保与规制职责的行使无疑要遵守行政法规范的要求。对于直接提供公用事业服务的私人主体而言,既然事实上行使了原本属于政府部门的职能,那么其行为就应当受制于与该项公共职能相一致的行政法价值和理念,并在必要时接受司法审查。为此,各国都在尝试改变传统上以单一的行为主体标准来判断行政法问题的做法,转而更多地关注行为本身是否具有公权力性质及其社会效果。恰如有学者所说:"披上了技术外衣的公共权力,仍然是公共权力,只是采取了更为精巧的运作方式而已。"[1]由此看来,行政法并没有因公用事业特许经营而减少对政府部门的约束,反而将原本不受其约束的私人主体纳入了监督范围。"合作化的多元主义社会和合作国家并非改变了社会与国家之间的'距离'、与'不混同'以及'不同一'原则,而是对国家和社会互相渗透、互相交叉的全新描述。"[2]这无疑是行政法范围再一次不容否认的扩张!

三、行政法研究方向的变革

公用事业特许经营制度被越来越多的国家和地区所接受,不仅在事实上扩大了行政法的范围,同时也导致私人主体在行政法上的法律地位和公共任务在私人与国家之间的配置关系随之发生了深刻的变化,并促使行政法研究方向的变革。这种变革至少体现在以下三个方面。

---

〔1〕 金自宁:《公法/私法二元区分的反思》,北京大学出版社2007年版,第77页。

〔2〕 [德]恩斯特-哈绍·里特尔:《合作国家——对国家与经济关系的考察》,赵宏译,载《华东政法大学学报》2016年第4期。

第一,行政法学核心概念的变化。传统行政法学体系是以基本权利保障为宗旨所建构起来的,"强调行政行为的适法性与个人权利保护,因而传统行政法的基本精神就是防止干预行政侵害人民基本权利"[1]。由此出发,"……行政法学对行政活动的法形式的归纳整理,不仅是宪法上法治国家原则的形式性要求,而且在方法论上是保障法治国家合理性的要求……"[2]因此,行政处分或曰行政行为长期以来构成了传统行政法学的核心概念。但是,公共任务社会化之后,行政的手段由以高权命令为特征的行政处分转变为以合意为基础的行政手段,并由此产生了诸多复杂的社会关系和法律关系。例如,在公用事业特许经营的制度安排中,政府部门、公用事业特许经营权人与公用事业的消费者三方之间存在错综复杂的多边法律关系:政府部门与私人主体之间不仅基于特许经营协议存在合作关系,而且基于行政特许存在监督与被监督关系;公用事业服务的消费者与政府部门之间基于代理关系存在监督与被监督关系;公用事业服务的消费者与私人主体除基于消费存在买卖合同关系,还基于二次代理存在监督与被监督的公法关系。总之,公共任务向私人主体转移以及相伴而生的行政手段之多样化"已非以行政行为形式为主轴的行政法学所能充分掌握"[3],迫使传统上以"行政行为"为支点构建起来的行政法学在

---

〔1〕 参见赖恒盈:《行政法律关系论之研究——行政法学方法论评析》,台北,元照出版有限公司2003年版,第60页。

〔2〕 此为德国学者W.迈耶的观点。详见鲁鹏宇:《行政法学理构造的变革——以大陆法系国家为观察视角》,吉林大学2007年博士学位论文,第57页。

〔3〕 张桐锐:《合作国家》,载翁岳生教授祝寿论文集编辑委员会编辑:《当代公法新论(翁岳生教授七秩诞辰祝寿论文集)》(中),台北,元照出版有限公司2002年版,第580页、第578页。

核心概念的选择上面临转型。[1]

第二,注重行政法学分论对总论的反哺。行政法分论长久以来在行政法学研究中处于被忽视的状态。以公共任务社会化为代表的现代社会议题使“传统行政法总论以行政行为形式理论为核心架构的封闭公法体系,逐渐无法适应日益复杂的行政现象和社会多元利益冲突”[2]。行政法总论欲突破困境,就需要通过加强对行政法分论的研究,进而“从各种相关的解决可能性与规范尝试中,为行政处理的具体状况找出典型形态,并为行政法总论找出建制原则”[3]。作为行政法的重要部门法之一,公用事业法的健全和完善对于行政法总论的影响是全面且深刻的。以我国行政法为例,在行政组织法领域,提供公用事业服务的私人主体法律地位之变化亟待行政组织法变更传统的行政主体理论,重视公共职能标准对判断行政主体的作用,并将私人主体有条件地纳入行政法的监督之下;在行政程序法领域,随着契约成为公用事业特许经营的主要规制手段,协商在行政决策程序中的地位将日渐提升;在行政救济法领域,不仅私人主体行使公共职能的事实要求行政诉讼改变其受案标准并借此扩大行政救济的范围,而且政府部门与私人主体之间的契约规制关系也迫切要求行政合同诉讼制度的完善。概言之,新的行政疆域和行政现象的出现需要行政法基本原则、行

[1] 参见黄宇骁:《行政法学总论阿基米德支点的选择》,载《法制与社会发展》2019 年第 6 期;赵宏:《法律关系取代行政行为的可能与困局》,载《法学家》2015 年第 3 期;鲁鹏宇:《论行政法学的阿基米德支点——以德国行政法律关系论为核心的考察》,载《当代法学》2009 年第 5 期。

[2] 鲁鹏宇:《行政法学理构造的变革——以大陆法系国家为观察视角》,吉林大学 2007 年博士学位论文,第 75 页。

[3] [德]施密特·阿斯曼:《秩序理念下的行政法体系建构》,林明锵等译,北京大学出版社 2012 年版,第 139 页。

政组织法、行政行为与行政程序法,以及行政监督与救济法的积极回应,也需要行政法对依法行政和行政效能之关系进行重新考量,从而平衡其作为“管理者”和“监控者”的二元乃至多元角色。[1]

第三,行政法学研究方法的转向。基于公私法二元划分理论的传统行政法学研究基本上是一个自己提出问题并自己解决的封闭体系,不注重与社会实际和其他学科的交流。随着全球化、信息化、民营化、公私合作和风险社会的到来,行政法学闭门造车的研究方法将被迫终结,否则将会因固守僵化而丧失生命力。新的时代背景要求行政法学研究方法应从如下几个方面实现自我革新:要注重汲取他国有益的制度经验和法治理念为我所用,回应全球化不断加深的要求,与国际接轨;要关注公共行政领域的新变化,回应现代社会的需求,适应信息社会开放和发展的需要;要不断吸纳私法的原则和精神来应对日益复杂的行政法律关系,顺应民营化和公私合作带来的公私不断融合的趋势;要向经济学、行政学、公共政策学等各种社会科学开放,在实现自我完善的同时与其他学科合作,共同应对现代社会的各种风险。例如,本书所研究的公用事业特许经营就是一个异常复杂的制度架构,不仅属于典型的公私法融合领域,需要公私法的共同作用;而且是一个典型的跨学科问题,涉及法学、经济学、行政学、政治学、管理学等多个学科领域,需要多学科的综合治理。

---

〔1〕 参见沈岿:《监控者与管理者可否合一:行政法学体系转型的基础问题》,载《中国法学》2016 年第 1 期;沈岿:《论行政法上的效能原则》,载《清华法学》2019 年第 4 期;李洪雷:《面向新时代的行政法基本原理》,载《安徽大学学报(哲学社会科学版)》2020 年第 3 期;宋华琳:《中国行政法学总论的体系化及其改革》,载《四川大学学报(哲学社会科学版)》2019 年第 5 期。

四、必要的警惕

最后,尚需反思的问题是:行政法的疆域是否会无限制扩张?回答这一问题,仍需回到作为公私法二元划分基础的政治国家与市民社会的分立关系。从历史上看,行政法范围的扩张是在政治国家将其触角向市民社会延伸的过程中实现的:在19世纪自由法治国时代,市民社会极度自由,行政职能受到严格的限制,政府不过是市民社会的"守夜人",行政法的作用领域极为有限;自20世纪初期至20世纪中叶的近半个世纪里,各国以提升全民福祉为由加强对社会经济的全面干预,国家行政职权的范围膨胀到极致,行政法的作用范围亦随之扩大并发展为相对成熟的理论学科;20世纪70年代末80年代初开始,各国为减轻财政负担并提高公共治理的效率,又逐渐将行政任务向私人主体转移,开启了市民社会与政治国家通力合作的新时代。有学者指出,上述过程"并不是国家——社会之间不分彼此地齐头并进,而是政治国家不断强化的同时市民社会陷入迷雾"[1]。

那么,市民社会是否会因为政治国家的不断侵蚀而趋于消亡,并导致私法的毁灭和行政法的寡头治理?就目前而言,答案是否定的:其一,在理论上,不仅现代民主政治国家建立的初衷是实现个人自由,其制度构建也是为了防止国家公权力侵犯个人自由,而政治国家不断强化的目的也是在个人无法自求多福的时候为公民自由提供更强力的保障;其二,实践证明,公共职能向私人主体的转移表明政治国家在提供公共服务方面对市民社会具有强烈的依

---

〔1〕 金自宁:《公法/私法二元区分的反思》,北京大学出版社2007年版,第77页。

赖性,而放松规制也在无形中培育了更加成熟的、独立的、可与政治国家分庭抗礼的市民社会。然而,无论如何,行政法学者应当对行政法范围的不断扩张保持警惕,并将如何防止政治国家无限制地侵蚀市民社会、如何确保政治国家和市民社会在相互融合的同时又不失各自的独立性,以及如何确保有效的社会自治和公民自由,作为未来行政法学研究的重要课题。只要作为公私法二元划分基础的政治国家与市民社会之界线不会消失,行政法的疆域自然就有其界限。

参考文献

一、中文著作

[1]财政部政府和社会资本合作中心编著:《PPP示范项目案例选编》(第1辑),经济科学出版社2016年版。

[2]陈无风:《公用事业公私合作的法律机制和争议解决实证研究》,中国人民大学出版社2019年版。

[3]陈新民:《德国公法学基础理论》,山东人民出版社2001年版。

[4]陈新民:《行政法学总论》,台北,三民书局1997年版。

[5]陈新民:《中国行政法学原理》,中国政法大学出版社2002年版。

[6]陈新民:《公法学札记》,法律出版社2010年版。

[7]仇保兴、王俊豪等:《中国市政公用事业监管体

制研究》,中国社会科学出版社 2006 年版。
[8]崔建远主编:《合同法》(第 3 版),北京大学出版社 2016 年版。
[9]范振国:《公共利益的法律界定与限制研究》,吉林大学出版社 2011 年版。
[10]付金存:《中国城市公用事业公私合作机制与政府规制研究》,中国社会科学出版社 2016 年版。
[11]顾功耘主编:《当代主要国家公私合作法》,北京大学出版社 2017 年版。
[12]韩世远:《合同法总论》(第 3 版),法律出版社 2016 年版。
[13]何海波:《行政诉讼法》(第 2 版),法律出版社 2016 年版。
[14]胡建淼等:《领导人行政责任问题研究》,浙江大学出版社 2005 年版。
[15]贾英健:《公共性视域——马克思哲学的当代阐释》,人民出版社 2009 年版。
[16]姜明安主编:《行政法与行政诉讼法》(第 7 版),北京大学出版社、高等教育出版社 2019 年版。
[17]金自宁:《公法/私法二元区分的反思》,北京大学出版社 2007 年版。
[18]经济学消息报社编:《追踪诺贝尔——诺贝尔经济学奖得主专访录》,中国计划出版社 1998 年版。
[19]井敏:《PPP:公私合作提供公共服务机制研究》,中国社会科学出版社 2020 年版。
[20]赖恒盈:《行政法律关系论之研究——行政法学方法论评析》,台北,元照出版有限公司 2003 年版。
[21]李惠宗:《行政法要义》,台北,元照出版有限公司 2007 年版。
[22]李嘉娜:《市政公用事业监管的行政法研究》,中国政法大学出

版社 2012 年版。
[23]李亢:《PPP 的法律规制——以基础设施特许经营为中心》,法律出版社 2017 年版。
[24]李楠楠:《基础设施领域公私合作契约关系研究》,经济科学出版社 2017 年版。
[25]李以所:《德国公私合作制促进法研究》,中国民主法制出版社 2013 年版。
[26]李震山:《行政法导论》(第 7 版),台北,三民书局 2009 年版。
[27]梁凤云:《新行政诉讼法讲义》,人民法院出版社 2015 年版。
[28]梁慧星:《民法学说判例与立法研究》(第 2 辑),国家行政学院出版社 1999 年版。
[29]梁慧星:《民法总论》(第 2 版),法律出版社 2001 年版。
[30]梁慧星:《为权利而斗争——梁慧星先生主编之现代世界法学名著集》,中国法制出版社 2000 年版。
[31]廖义男教授祝寿论文集编写委员会编:《新世纪经济法制之建构与挑战——廖义男教授六秩诞辰祝寿论文集》,台北,元照出版有限公司 2002 年版。
[32]林纪东:《行政法》,台北,三民书局 1994 年版。
[33]林纪东:《行政法新论》,台北,三民书局 1985 年版。
[34]林晓言:《基础设施的民营化》,方志出版社 2005 年版。
[35]藺耀昌:《行政契约效力研究》,法律出版社 2010 年版。
[36]刘东霞:《行政法上的新财产问题研究》,中国社会科学出版社 2018 年版。
[37]刘轩:《日本国有企业的民营化与制度创新》,中国社会科学出版社 2020 年版。
[38]刘学谦、杨多贵、周志田:《可持续发展前沿问题研究》,科学出

版社 2010 年版。
[39]罗豪才、宋功德:《软法亦法——公共治理呼唤软法之治》,法律出版社 2009 年版。
[40]马海涛等主编:《政府与社会资本合作(PPP)项目绩效管理:理论与实践》,中国财政经济出版社 2021 年版。
[41]马英娟:《政府监管机构研究》,北京大学出版社 2007 年版。
[42]毛寿龙、李梅:《有限政府的经济分析》,上海三联书店 2000 年版。
[43]全国人大法工委国家法室编:《〈中华人民共和国行政许可法〉释义与实施指南》,中国物价出版社 2003 年版。
[44]《世界各国宪法》编辑委员会编译:《世界各国宪法(欧洲卷)》,中国检察出版社 2012 年版。
[45]宋亚辉:《社会性规制的路径选择:行政规制、司法控制抑或合作规制》,法律出版社 2017 年版。
[46]孙淘、魏济民等:《法国 PPP 的立法与实践》,中国政法大学出版社 2017 年版。
[47]谭克虎:《美国铁路业管制研究》,经济科学出版社 2008 年版。
[48]唐清利:《公私权模糊领域的合作治理研究》,法律出版社 2017 年版。
[49]王继军:《公法与私法的现代诠释》,法律出版社 2008 年版。
[50]王军:《美国行政机关认定标准及变迁》,上海人民出版社 2019 年版。
[51]王俊豪:《英国政府管制体制改革研究》,上海三联书店 1998 年版。
[52]王俊豪等:《中国城市公用事业政府监管体系创新研究》,中国社会科学出版社 2016 年版。

[53]王俊豪等:《中国公用事业发展报告 2020》,中国建筑工业出版社 2021 年版。
[54]王名扬:《法国行政法》,北京大学出版社 2007 年版。
[55]王名扬:《美国行政法》,中国法制出版社 1995 年版。
[56]王守清:《政企合作(PPP):王守清核心观点(2017 - 2020)》,中国电力出版社 2021 年版。
[57]王锡锌:《公众参与和行政过程——一个理念和制度分析的框架》,中国民主法制出版社 2007 年版。
[58]王锡锌:《行政程序法理念与制度研究》,中国民主法制出版社 2007 年版。
[59]翁岳生编:《行政法》,中国法制出版社 2002 年版。
[60]翁岳生:《行政法与现代法治国家》,新北,祥新印刷有限公司 1990 年版。
[61]翁岳生教授祝寿论文集编辑委员会编辑:《当代公法新论(翁岳生教授七秩诞辰祝寿论文集)》(中),元照出版有限公司 2002 年版。
[62]吴庚:《行政法之理论与实用》(增订八版),中国人民大学出版社 2005 年版。
[63]吴思:《潜规则:中国历史中的真实游戏》,云南人民出版社 2002 年版。
[64]席恒:《公与私:公共事业运行机制研究》,商务印书馆 2003 年版。
[65]信春鹰主编:《中华人民共和国行政诉讼法释义》,法律出版社 2014 年版。
[66]邢鸿飞、徐金海:《公用事业法原论》,中国方正出版社 2009 年版。

[67]杨汉平:《政府采购法律制度理论与实务》,西苑出版社 2002 年版。
[68]杨建顺:《日本行政法通论》,中国法制出版社 1998 年版。
[69]杨建顺主编:《比较行政法——给付行政的法原理及实证性研究》,中国人民大学出版社 2008 年版。
[70]杨解君编:《法国行政合同》,复旦大学出版社 2009 年版。
[71]杨科雄、郭雪:《行政协议法律制度的理论与实践》,中国法制出版社 2021 年版。
[72]杨立新:《债与合同法》,法律出版社 2012 年版。
[73]尹田:《法国现代合同法:契约自由与社会公正的冲突与平衡》,法律出版社 2009 年版。
[74]于安编著:《德国行政法》,清华大学出版社 1999 年版。
[75]于安:《外商投资特许权项目协议(BOT)与行政合同法》,法律出版社 1998 年版。
[76]余晖、秦虹主编:《公私合作制的中国试验》,上海人民出版社 2005 年版。
[77]余凌云:《行政法讲义》(第 3 版),清华大学出版社 2019 年版。
[78]余凌云:《行政契约论》,中国人民大学出版社 2000 年版。
[79]余凌云主编:《全球时代下的行政契约》,清华大学出版社 2010 年版。
[80]俞可平主编:《治理和善治》,社会科学文献出版社 2000 年版。
[81]袁文峰:《公私合作在我国的实践及其行政法难题研究》,中国政法大学出版社 2018 年版。
[82]詹镇荣:《公私协力与行政合作法》,台北,新学林出版股份有限公司 2014 年版。
[83]詹镇荣:《民营化法与管制革新》,台北,元照出版有限公司

2005 年版。
[84]张一雄:《公私合作行政行为形式选择之理论与实践》,东南大学出版社 2018 年版。
[85]张知本:《宪法论》,中国方正出版社 2004 年版。
[86]赵晓力主编:《宪法与公民》,世纪出版集团、上海人民出版社 2004 年版。
[87]赵长茂、李东序主编:《市政公用事业市场化改革的依据与路径》,中共中央党校出版社 2008 年版。
[88]中国铁建股份有限公司法律合规部编著:《基础设施建设项目投融资业务法律风险梳理及合规操作指引》,法律出版社 2021 年版。
[89]周建亮:《城市基础设施民营化的政府监管》,同济大学出版社 2010 年版。
[90]周林军:《公用事业管制要论》,人民法院出版社 2004 年版。
[91]朱少平主编:《中华人民共和国政府采购法释义》,中国物价出版社 2002 年版。
[92]邹东涛、秦虹等:《社会公用事业改革攻坚》,中国水利水电出版社 2006 年版。
[93]邹焕聪:《公私合作(PPP)法律问题研究》,人民出版社 2017 年版。
[94]最高人民法院民事审判第二庭编:《最高人民法院商事审判指导案例合同卷》(下),中国法制出版社 2011 年版。

二、中文期刊和文集

[1]步兵:《论行政契约之效力状态》,载《法学评论》2006 年第 4 期。

[2]步兵:《行政契约中的特权及其控制》,载《东南大学学报(哲学社会科学版)》2006 年第 5 期。
[3]蔡立辉:《西方国家政府绩效评估的理念及其启示》,载《清华大学学报(哲学社会科学版)》2003 年第 1 期。
[4]陈越峰:《城市空间利益的正当分配:从规划行政许可侵犯相邻权案切入》,载《法学研究》2015 年第 1 期。
[5]程军、王彬彬、王海滨:《基于"公民宪章"运动的英国公共服务标准化建设与启示》,载《大众标准化》2014 年第 6 期。
[6]单晓玉:《银川市政府"一女许两夫"百亿特许经营权争夺战》,载《财新周刊》2018 年第 17 期。
[7]单薛勇:《论中国公共事业管理的内涵价值与体制构建》,载《经济研究参考》2003 年第 91 期。
[8]杜仪方:《公私协作中国家责任理论的新发展——以日本判决为中心的考察》,载《当代法学》2015 年第 3 期。
[9]范进学:《定义"公共利益"的方法论及概念诠释》,载《法学论坛》2005 年第 1 期。
[10]高俊杰:《论民营化后公用事业规制的公益目标》,载《现代法学》2014 年第 2 期。
[11]高俊杰:《新〈行政诉讼法〉下的行政合同诉讼》,载《财经法学》2016 年第 2 期。
[12]高俊杰:《政府特许经营协议项目运行中的行政纠纷及其解决机制——一种框架性分析》,载《当代法学》2016 年第 2 期。
[13]高秦伟:《私人主体的行政法义务?》,载《中国法学》2011 年第 1 期。
[14]葛昀:《中国城市水务市场化改革反思》,载《绿叶》2009 年第 12 期。

[15]耿宝建、黄瑶:《管制性征收理论在行政审判中的引入与运用——以“中国天眼”建设中的管制性征收为例》,载《人民司法》2019 年第 1 期。
[16]关保英:《论行政合作治理中公共利益的维护》,载《政治与法律》2016 年第 8 期。
[17]韩宁:《行政协议判断标准之重构——以“行政法上权利义务”为核心》,载《华东政法大学学报》2017 年第 1 期。
[18]韩志锋、郝雅风等:《发改委团队 1 万多字英法 PPP 调研报告首度曝光》,载《建筑市场与招标投标》2016 年第 4 期。
[19]胡德胜:《水人权:人权法上的水权》,载《河北法学》2006 年第 5 期。
[20]胡建淼、杜仪方:《依职权行政不作为赔偿的违法判断标准——基于日本判例的钩沉》,载《中国法学》2010 年第 1 期。
[21]胡敏洁:《作为治理工具的契约:范围与边界》,载《中国行政管理》2015 年第 1 期。
[22]黄宇骁:《行政法学总论阿基米德支点的选择》,载《法制与社会发展》2019 年第 6 期。
[23]价格变动对居民生活影响研究课题组:《公共事业产品价格变动对城镇低收入家庭生活影响的研究》,载《数据》2011 年第 7 期。
[24]金成波:《信息与规制事务办公室:美国行政立法的看门人》,载《国家行政学院学报》2016 年第 5 期。
[25]江必新:《行政协议的司法审查》,载《人民司法(应用)》2016 年第 34 期。
[26]柯坚:《论污染者负担原则的嬗变》,载《法学评论》2010 年第 6 期。

[27]黎军:《论通过行业协会实现公众参与》,载《政治与法律》2006 年第 4 期。
[28]李丹阳:《当代全球行政改革视野中的公私伙伴关系》,载《社会科学战线》2008 年第 6 期。
[29]李洪雷:《面向新时代的行政法基本原理》,载《安徽大学学报(哲学社会科学版)》2020 年第 3 期。
[30]李慧:《外资水务十年检讨》,载《瞭望新闻周刊》2014 年第 16 期。
[31]李年清:《私人行政司法审查受案标准的美国经验——兼论我国私人行政责任机制的建构》,载《法制与社会发展》2015 年第 3 期。
[32]李显冬:《市政特许经营中的双重法律关系——兼论市政特许经营权的准物权性质》,载《国家行政学院学报》2004 年第 4 期。
[33]李训民:《公法契约之控制——从公私合伙架构谈起》,载《行政法学研究》2012 年第 1 期。
[34]李延铸:《论行政特许经营协议》,载《四川行政学院学报》2013 年第 3 期。
[35]梁风云:《公私合作协议的公法属性及其法律救济》,载《中国法律评论》2018 年第 4 期。
[36]林莉红、马立群:《作为客观诉讼的行政公益诉讼》,载《行政法学研究》2011 年第 4 期。
[37]林明锵:《ETC 判决与公益原则》,载《月旦法学杂志》2006 年第 134 期。
[38]刘飞:《试论民营化对中国行政法制之挑战——民营化浪潮下的行政法思考》,载《中国法学》2009 年第 2 期。

[39]刘权:《作为规制工具的成本收益分析——以美国的理论与实践为例》,载《行政法学研究》2015 年第 1 期。
[40]刘兆年:《西方国家公私法述评》,载《法律学习与研究》1986 年第 8 期。
[41]罗豪才、宋功德:《公域之治的转型——对公共治理与公法互动关系的一种透视》,载《中国法学》2005 年第 5 期。
[42]马英娟:《监管的语义辨析》,载《法学杂志》2005 年第 5 期。
[43]毛锐:《二战后英国国有化运动述评》,载《探索与争鸣》2007 年第 3 期。
[44]彭錞:《公共企事业单位信息公开的审查之道:基于 108 件司法裁判的分析》,载《法学家》2019 年第 4 期。
[45]彭峰:《国际法与比较法视野中的水权研究》,载《长江流域资源与环境》2010 年第 3 期。
[46]冉克平:《论强制缔约制度》,载《政治与法律》2009 年第 11 期。
[47]沈岿:《监控者与管理者可否合一:行政法学体系转型的基础问题》,载《中国法学》2016 年第 1 期。
[48]沈岿:《论怠于履行职责致害的国家赔偿》,载《中外法学》2011 年第 1 期。
[49]沈岿:《论行政法上的效能原则》,载《清华法学》2019 年第 4 期。
[50]沈岿:《重构行政主体范式的尝试》,载《法律科学》2000 年第 6 期。
[51]石淑华:《中国公用事业市场化改革的公平性分析——低收入家庭可承受能力的视角》,载《东南学术》2011 年第 2 期。
[52]石佑启、曾鹏:《公共事业民营化的行政法规制》,载《武汉大

学学报(哲学社会科学版)》2012 年第 5 期。
[53]史绪广:《行政公益诉讼运行中的难点》,载《中国检察官》2017 年第 9 期。
[54]宋华琳:《美国行政法上的独立规制机构》,载《清华法学》2010 年第 6 期。
[55]宋华琳:《中国行政法学总论的体系化及其改革》,载《四川大学学报(哲学社会科学版)》2019 年第 5 期。
[56]孙铭宗:《论 PPP 模式下国家赔偿责任的归属——以日本最高法院裁判为例》,载《财经法学》2017 年第 1 期。
[57]王贵松:《行政协议无效的认定》,载《北京航空航天大学学报(社会科学版)》2018 年第 5 期。
[58]王敬波:《论政府行为作为行政协议诉讼中的不可抗力》,载《华东政法大学学报》2020 年第 4 期。
[59]王敬波:《司法认定行政协议无效的标准》,载《中国法学》2019 年第 3 期。
[60]王克稳:《政府业务委托外包的行政法认识》,载《中国法学》2011 年第 4 期。
[61]王文宇:《行政判断与 BOT 法制——以 ETC 案及京站案为例》,载《月旦法学》2007 年第 142 期。
[62]王晓红:《公用事业产品价格上涨对城镇低收入家庭的影响》,载《中国物价》2007 年第 9 期。
[63]吴卫军、石俊峰:《论行政接管的法律规制》,载《行政法学研究》2006 年第 1 期。
[64]席涛:《法律、监管与市场》,载《政法论坛》2011 年第 3 期。
[65]席涛:《谁来监管美国的市场经济——美国监管体制的演变:从命令—控制到成本—收益分析》,载《国际经济评论》

2004 年第 6 期。
[66]肖晓军、吕景春:《公私合作制在中国目前公用事业市场化中面临的问题——以特许经营制度为例》,载《开发研究》2006 年第 5 期。
[67]谢晖:《论规范分析方法》,载《中国法学》2009 年第 2 期。
[68]辛柏春:《BOT 项目协议的法律性质》,载《行政与法(吉林省行政学院学报)》2005 年第 5 期。
[69]邢鸿飞:《政府特许经营协议的行政性》,载《中国法学》2004 年第 6 期。
[70]徐孟洲:《论政府和社会资本合作关系的经济法调整》,载《中国法律评论》2017 年第 1 期。
[71]薛冰:《个人偏好与公共利益的形成——兼论阿罗不可能定理》,载《西北大学学报(哲学社会科学版)》2003 年第 4 期。
[72]严益州:《论行政合同上的情势变更——基于控权论立场》,载《中外法学》2019 年第 6 期。
[73]杨明、曹明星:《特许经营权:一项独立的财产权》,载《华中科技大学学报(社会科学版)》2003 年第 5 期。
[74]姚小林:《论我国应急法制的比例原则》,载《法学杂志》2008 年第 4 期。
[75]易军、宁红丽:《强制缔约制度研究——兼论近代民法的嬗变与革新》,载《法学家》2003 年第 3 期。
[76]于安:《论政府特许经营协议》,载《行政法学研究》2017 年第 6 期。
[77]于安:《我国 PPP 合同的几个主要问题》,载《中国法律评论》2017 年第 1 期。
[78]于立深:《行政契约履行争议适用〈行政诉讼法〉第 97 条之探

讨》,载《中国法学》2019 年第 4 期。

[79]余凌云:《论对行政契约的司法审查》,载《浙江学刊》2006 年第 1 期。

[80]余凌云:《论行政协议无效》,载《政治与法律》2020 年第 11 期。

[81]俞可平:《治理和善治:一种新的政治分析框架》,载《南京社会科学》2001 年第 9 期。

[82]湛中乐、刘书燃:《PPP 协议中的法律问题辨析》,载《法学》2007 年第 3 期。

[83]张定淮:《英国"公民宪章"运动的现状与前景》,载《深圳大学学报(人文社会科学版)》1996 年第 1 期。

[84]张莉:《谈法国行政协议纠纷解决》,载《人民司法(应用)》2017 年第 31 期。

[85]张璐晶、马铭悦:《PPP 立法进行时:政府能否一票否决?》,载《中国经济周刊》2018 年第 28 期。

[86]章剑生:《现代行政法面临的挑战及其回应》,载《法商研究》2006 年第 6 期。

[87]章志远、李明超:《公用事业特许经营立法问题研究——以若干地方性法规为分析样本》,载《江苏行政学院学报》2009 年第 6 期。

[88]章志远、黄娟:《公用事业特许经营市场退出法律制度研究》,载《学习论坛》2011 年第 6 期。

[89]章志远:《公用事业特许经营及其政府规制——兼论公私合作背景下行政法学研究之转变》,载《法商研究》2007 年第 2 期。

[90]赵宏:《法律关系取代行政行为的可能与困局》,载《法学家》2015 年第 3 期。

[91]赵京国:《英国“公民宪章”运动对我国推行行政服务标准化的启示》,载《湖北函授大学学报》2014年第7期。
[92]植宪编著:《论行政契约与私法契约之判断——以“ETC契约之公、私法性质争议”为例》,载《法观人月刊》2007年第9期。

三、中文译著

[1][德]K.茨威格特、[德]H.克茨:《比较法总论》,潘汉典等译,法律出版社2003年版。
[2][德]格奥尔格·耶里内克:《主观公法权利体系》,曾韬、赵天书译,商务印书馆2022年版。
[3][德]恩斯特-哈绍·里特尔:《合作国家——对国家与经济关系的考察》,赵宏译,载《华东政法大学学报》2016年第4期。
[4][德]路德维希·费尔巴哈:《费尔巴哈哲学著作选集》(下卷),荣震华等译,生活·读书·新知三联书店1962年版。
[5][德]哈特穆特·毛雷尔:《行政法学总论》,高家伟译,法律出版社2000年版。
[6][德]汉斯·J.沃尔夫、[德]奥托·巴霍夫、[德]罗尔夫·施托贝尔:《行政法》(第1卷),高家伟译,商务印书馆2002年版。
[7][德]克劳斯·奥菲:《福利国家的矛盾》,郭忠华等译,吉林人民出版社2006年版。
[8][德]路德维希·艾哈德:《来自竞争的繁荣》,祝世康、穆家骥译,商务印书馆1983年版。
[9][德]马克斯·韦伯:《经济与历史支配的类型》,康乐等编译,广西师范大学出版社2010年版。
[10][德]米歇尔·施托莱斯:《德国公法史——国家法学说和行政学》(1800—1914),雷勇译,法律出版社2007年版。

[11][德]施密特·阿斯曼:《秩序理念下的行政法体系建构》,林明锵等译,北京大学出版社2012年版。

[12][德]施密特·阿斯曼等:《德国行政法读本》,于安等译,高等教育出版社2006年版。

[13][法]古斯塔夫·佩泽尔:《法国行政法》(第19版),廖坤明、周洁译,国家行政学院出版社2002年版。

[14][法]莱昂·狄骥:《公法的变迁法律与国家》,郑戈、冷静译,辽海出版社、春风文艺出版社1999年版。

[15][法]勒内·达维德:《当代主要法律体系》,漆竹生译,上海译文出版社1984年版。

[16][法]卢梭:《社会契约论》,何兆武译,商务印书馆2003年版。

[17][法]莫里斯·奥里乌:《行政法与公法精要》,龚觅等译,辽海出版社、春风文艺出版社1999年版。

[18][法]让·里韦罗、[法]让·瓦利纳:《法国行政法》,鲁仁译,商务印书馆2008年版。

[19][古罗马]查士丁尼:《法学总论》,张企泰译,商务印书馆2017年版。

[20][古希腊]亚里士多德:《政治学》,吴寿彭译,商务印书馆1965年版。

[21][美]E. S. 萨瓦斯:《民营化与公私部门的伙伴关系》,周志忍等译,中国人民大学出版社2002年版。

[22][美]E. 博登海默:《法理学:法律哲学与法律方法》,邓正来译,中国政法大学出版社2004年版。

[23][美]J. 格里高利·西达克、[美]丹尼尔·F. 史普博:《美国公用事业的竞争转型:放松管制与管制契约》,宋华琳等译,上海人民出版社2012年版。

[24][美]保罗·萨缪尔逊:《经济学》(上卷),高鸿业译,商务印书馆1979年版。

[25][美]查尔斯·弗里德:《契约即允诺》,郭锐译,北京大学出版社2006年版。

[26][美]戴维·奥斯本、[美]特德·盖布勒:《改革政府:企业精神如何改革着公营部门》,周敦仁译,上海译文出版社1996年版。

[27][美]丹尼尔·F.史普博:《管制与市场》,余晖等译,上海三联书店、上海人民出版社1999年版。

[28][美]丹尼斯·A.朗蒂内利:《发展的伙伴:公私机构在提供公共服务中的合作》,李津逵节译,载《开放导报》2004年第6期。

[29][美]格兰特·吉尔莫:《契约的死亡》,曹士兵、姚建宗、吴巍译,中国法制出版社2005年版。

[30][美]汉密尔顿、[美]杰伊、[美]麦迪逊:《联邦党人文集》,程逢如等译,商务印书馆1995年版。

[31][美]杰瑞·L.马肖:《行政国的正当程序》,沈岿译,高等教育出版社2005年版。

[32][美]凯斯·R.桑斯坦、[美]史蒂芬·霍尔姆斯:《权利的成本——为什么自由依赖于税》,毕竟悦译,北京大学出版社2004年版。

[33][美]理查德·D.宾厄姆等:《美国地方政府的管理:实践中的公共行政》,九州译,北京大学出版社1997年版。

[34][美]迈克尔·D.贝勒斯:《程序正义——向个人的分配》,邓海平译,高等教育出版社2005年版。

[35][美]诺内特、[美]塞尔兹尼克:《转变中的法律与社会——迈

向回应型法》,张志铭译,中国政法大学出版社1994年版。
[36][美]乔治·弗雷德里克森:《公共行政的精神》,张成福等译,中国人民大学出版社2003年版。
[37][美]小罗伯特·B.埃克伦德、[美]罗伯特·F.郝伯特:《经济理论和方法史》(第4版),杨玉生、张枫林等译,中国人民大学出版社2001年版。
[38][英]约翰·伊特韦尔、[美]默里·米尔盖特、[美]彼得·纽曼编:《新帕尔格雷夫经济学大辞典》(第4卷),陈岱孙主编译,经济科学出版社1992年版。
[39][美]詹姆士·N.罗西瑙:《没有政府的治理》,张胜军、刘小林等译,江西人民出版社2001年版。
[40][美]詹姆斯·M.布坎南、[美]戈登·塔洛克:《同意的计算——立宪民主的逻辑基础》,陈光金译,中国社会科学出版社2000年版。
[41][日]美浓部达吉:《公法与私法》,黄冯明译,中国政法大学出版社2003年版。
[42][日]米丸恒治:《私人行政——法的统制的比较研究》,洪英、王丹红、凌维慈译,中国人民大学出版社2010年版。
[43][日]南博方:《行政法》(第6版·中文修订版),杨建顺译,商务印书馆2020年版。
[44][日]田中二郎:《公法契约的可能性》,肖军译,载《行政法学研究》2002年第1期。
[45][日]植草益:《微观规制经济学》,朱绍文等译,中国发展出版社1992年版。
[46][新西兰]迈克尔·塔格特编:《行政法的范围》,金自宁译,中国人民大学出版社2006年版。

[47][意]朱塞佩·格罗索:《罗马法史》,黄风译,中国政法大学出版社 1994 年版。
[48][英]A. C. L. 戴维斯:《社会责任:合同治理的公法探析》,杨明译,中国人民大学出版社 2015 年版。
[49][英]弗里德里希·奥古斯特·冯·哈耶克:《通往奴役之路》(修订版),王明毅等译,中国社会科学出版社 1997 年版。
[50][英]L. 赖维尔·布朗、[英]约翰·S. 贝尔、[法]让—米歇尔·加朗伯特:《法国行政法》(第 5 版),高家伟、王锴译,中国人民大学出版社 2006 年版。
[51][英]安东尼·奥格斯:《规制:法律形式与经济学理论》,骆梅英译,中国人民大学出版社 2008 年版。
[52][英]彼得·莱兰、[英]戈登·安东尼:《英国行政法教科书》(第 5 版),杨伟东译,北京大学出版社 2007 年版。
[53][英]达霖·格里姆赛、[澳]莫文·K. 刘易斯:《公私合作伙伴关系:基础设施供给和项目融资的全球革命》,济邦咨询公司译,中国人民大学出版社 2008 年版。
[54][英]弗里德利希·冯·哈耶克:《法律、立法与自由》(第 1 卷),邓正来等译,中国大百科全书出版社 2000 年版。
[55][英]霍布斯鲍姆:《极端的年代:1914—1991》(上),郑明萱译,江苏人民出版社 1999 年版。
[56][英]卡罗尔·哈洛、[英]理查德·罗林斯:《法律与行政》,杨伟东等译,商务印书馆 2004 年版。
[57][英]卡罗尔·哈洛:《国家责任:以侵权法为中心展开》,涂永前、马佳昌译,北京大学出版社 2009 年版。
[58][英]科林·斯科特:《规制、治理与法律:前沿问题研究》,安永康译,清华大学出版社 2018 年版。

[59][英]亚当·斯密:《国富论》,唐日松等译,华夏出版社 2005 年版。
[60]世界银行:《1994 年世界发展报告:为发展提供基础设施》(电子版),毛晓威等译,中国财政经济出版社 1994 年版。

四、学位论文

[1]毕洪海:《合作行政法:现代公共治理的一种法律框架》,北京大学 2009 年博士学位论文。
[2]鲁鹏宇:《行政法学理构造的变革——以大陆法系国家为观察视角》,吉林大学 2007 年博士学位论文。
[3]骆梅英:《基于权利保障的公用事业规制》,浙江大学 2008 年博士学位论文。
[4]吴志红:《公用事业规制法研究》,苏州大学 2012 年博士学位论文。
[5]席涛:《美国管制:从命令控制到成本收益分析》,中国社会科学院 2003 年博士学位论文。
[6]杨欣:《变革与回应:民营化的行政法研究》,中国政法大学 2006 年博士学位论文 。
[7]周游:《担保行政:公用事业公法治理模式探析》,苏州大学 2011 年博士学位论文。

五、裁判文书

[1]安徽省高级人民法院行政裁定书,(2011)皖行终字第 00017 号。
[2]安徽省高级人民法院行政判决书,(2019)皖行终 1092 号。
[3]成都市龙泉驿区人民法院行政判决书,(2016)川 0112 行初

66 号。
[4]广西壮族自治区南宁市中级人民法院行政判决书,(2014)南市行一初字第 25 号。
[5]贵州省高级人民法院民事判决书,(2013)黔高民商初字第 6 号。
[6]河南省高级人民法院民事判决书,(2002)豫法民二初字第 30 号。
[7]河南省高级人民法院行政裁定书,(2018)豫行终 2995 号。
[8]河南省高级人民法院行政判决书,(2003)豫法行初字第 1 号。
[9]河南省三门峡市中级人民法院行政裁定书,(2010)三行终字第 6 号。
[10]湖北省荆门市中级人民法院行政裁定书,(2016)鄂 08 行初 13 号。
[11]湖南省临澧县人民法院民事判决书,(2010)临民一初字第 1280 号。
[12]江苏省徐州市中级人民法院民事判决书,(2010)徐民终字第 846 号。
[13]江西省新余市中级人民法院民事判决书,(2007)余民二终字第 02 号。
[14]辽宁省辽阳市宏伟区人民法院行政判决书,(2003)宏行初字第 3 号。
[15]山东省东营市中级人民法院行政判决书,(2004)东行终字第 53 号。
[16]天津市宝坻区人民法院行政判决书,(2014)宝行初字第 0013 号。
[17]郑州铁路运输中级法院行政判决书,(2018)豫 71 行初

490 号。
[18]最高人民法院行政判决书,(2004)行终字第6号。

六、报纸资料

[1]段文:《市场中的竞争永远都不会过多》,载《21世纪经济报道》2003年10月28日,第5版。
[2]梁凤云、金诚轩:《法国行政合同制度及诉讼实践》,载《人民法院报》2016年12月9日,第8版。
[3]刘颖、徐龙晨、陈文才:《深圳9岁男童触碰路灯杆身亡》,载《南方都市报》2016年4月3日,A6版。

七、网络文献

[1][美]克里斯·爱德华兹(Chris Edwards):《谁是美国基础设施的所有者?》,李蔚然译,载微信公众号"思想库报告"2017年6月20日,https://mp. weixin. qq. com/s/OM7TMIRcVJL3t11i8zZkgg。
[2]刘世坚:《PPP立法与配套制度体系刍议》,载微信公众号"水木ESG"2016年8月17日,https://mp. weixin. qq. com/s/B9evXjMThW63FOFAOCwWxw。
[3]《国家发展改革委法规司举办特许经营协议争议解决国际研讨会》,载国家发展和改革委员会网,https://www. ndrc. gov. cn/fzggw/jgsj/fgs/sjdt/201703/t20170331_1107032. html。
[4]天和智库(北京)经济研究所:《关于PPP的调研报告》,载微信公众号"黄桷树金融"2015年12月23日,https://mp. weixin. qq. com/s/j－ESRSKqGIronHqU808CyQ。
[5]杨嵩、杨茜、袁帅:《英国PFI/PF2重大调整调查报告》,载微信公众号"济邦咨询"2018年12月17日,https://mp. weixin. qq.

com/s/Es1XQDgcDHcLZjhKKsIVnA。

[6]邢旭:《PPP模式中社会资本方退出机制研究》,载政府采购信息网2016年12月20日,http://www.caigou2003.com/ll/ndts/2678797.html。

[7]《"政府与社会资本合作协议纠纷解决国际研讨会"顺利举行》,载微信公众号"行政审判案例研究基地"2018年6月5日,https://mp.weixin.qq.com/s/Eg6ptVvWCuVtEi417KGXpQ。

[8]喻文光:《PPP立法中的八大重点问题探讨》,载微信公众号"中国政府采购杂志"2017年8月28日,https://mp.weixin.qq.com/s/WpFxMRNBTV3-05Np_0Y7Mg。

八、英文文献

[1] A. C. L. Davies, *The Public Law of Government Contracts*, Oxford University Press, 2008.

[2] Alfred C. Aman Jr., *Privatization and the Democracy Problem in Globalization: Making Markets More Accountable through Administrative Law,* Fordham Urban Law Journal, Vol. 28, 2001.

[3] Alfred Edward Kahn, *The Economics of Regulation: Principles and Institutions*, MIT Press, 1988.

[4] Barry M. Mitnick, *The Political Economy of Regulation: Creating, Designing, and Removing Regulatory Forms,* Columbia University Press, 1980.

[5] *Blum v. Yaretsky,* 457 U. S. 991, 1983.

[6] Carol Harlow & Richard Rawlings, *Law and Administration,* Cambridge University Press, 2009.

[7] Cass R. Sunstein, *After the Rights Revolution: Reconceiving the*

Regulatory State, Harvard University Press, 1993.

[8] Charles F. Phillips, Jr., *The Regulation of Public Utilities: Theory and Practice(3rd ed.)*, Public Utilities Reports, Inc., 1993.

[9] Charles L. Black, Jr., *The Supreme Court*, 1996 *Term – Foreword: "State Action", Equal Protection, and California's Proposition* 14, Harvard Law Review, Vol. 81, 1967.

[10] Colin Campbell, *Does Reinvention Need Reinvention? Lessons from Tmncated Managerialism in Britain*, Governance, Vol. 8, No. 4, 1995.

[11] Craig M. Bradley, *Untying the State Action Knot*, Journal of Contemporary Legal, Issue 7, 1996.

[12] Dennis A. Rondinelli, *Privatization, Governance, and Public Management: The Challenges Ahead*, Business and the Contemporary World, Vol. 10, No. 2, 1998.

[13] Emanuel S. Savas, *The Key to Better Government*, Chatham House Publishers, 1987.

[14] Ernest Gellhorn & Richard J. Pierce, Jr., *Regulated Industries in a Nutshell*, West Publishing Co., 1982.

[15] Erwin Chemerinsky, *Rethinking State Action*, Northwestern University Law Review, Vol. 85, 1985.

[16] *Flagg Brothers Inc. v. Brooks*, 436 U. S. 149, 1978.

[17] Florence A. Heffron, *The Administrative Regulatory Process*, Longman, 1983.

[18] Garrett Hardin, *The Tragedy of the Commons*, Science, Vol. 162, No. 3859, 1968.

[19] George J. Stigler, *The Theory of Economic Regulation*, The Bell

Journal of Economics and Management Science, Vol. 2, No. 1, 1971.

[20] *Griffin & Others v. South West Water Services Ltd.*, [1995] IRLR 15.

[21] Harold Demsetz, *Why Regulate Utilities?*, Journal of Law and Economics, Vol. 11, No. 1, 1968.

[22] J. Gregory Sidak & Daniel F. Spulber, *Deregulatory Takings and the Regulatory Contract: The Competitive Transformation of Network Industries in the United States,* Cambridge University Press, 1998.

[23] *Jackson v. Metropolitan Edison Co.*, 419 U. S. 345, 1974.

[24] James E. Anderson, *Public Policymaking: An Introduction*, Houghton Mifflin Company, 2003.

[25] Jeffrey D. Greene, *How Much Privatization?*, Policy Studies Journal, Vol. 24, No. 4, 1996.

[26] Jody Freeman, *Extending Public Law Norms Through Privatization*, Harvard Law Review, Vol. 116, 2003.

[27] Jody Freeman, *Private Parties, Public Functions and the New Administrative Law,* Administrative Law Review, Vol. 52, 2000.

[28] Jody Freeman, *The Contracting State*, Florida State University Law Review, Vol. 28, No. 155, 2000.

[29] Jody Freeman, *The Private Role in Public Governance,* New York University Law Review, Vol. 75, 2000.

[30] Joes M. Fernadez Martin, *The EC Public Procurement Rules: A Critical Analysis*, Clarendon Press, 1996.

[31] John Rawls, *A Theory of Justice*, Harvard University Press, 1972.

[32] Joseph A. Joyce, *A Treatise on Franchises*, Banks Law Publishing Co., 1914.

[33] Joseph P. Tomain & Sidney P. Shapiro, *Analyzing Government Regulation,* Administrative Law Review, Vol. 49, 1997.

[34] Keith M. Howe & Eugene Rasmussen, *Public Utility Economics and Finance,* Prentice – Hall, 1982.

[35] Kenneth J. Meier, *Regulation: Politics, Bureaucracy, and Economics,* St. Martin's Press, 1985.

[36] Leif Levin, *Self – interest and Public Interest in Western Politics*, Oxford University Press, 1991.

[37] Louis D. Brandeis, *Other People's Money and How the Bankers Use It,* Frederick A. Stokes Company Publishers, 1914.

[38] Mark A. Jamison & Stanford V. Berg, *The Regulation of Utilities Infrastructure and Services,* The World Bank and the Public Private Infrastructure Advisory Facility (PPIAF), 2004.

[39] *Marsh v. Alabama,* 326 U. S. 501, 1946.

[40] Martin Meyerson & Edward C. Banfield, *Politics Planning and the Public Interest: The Case of Public Housing in Chicago*, The Free Press, 1955.

[41] Matthew Bishop & John Kay, *Does Privatization Work? Lessons from the UK,* London Business School, 1988.

[42] Nathan Clazer, *The Limits of Society Policy*, Harvard University Press, 1988.

[43] *New York ex rel. New York & Queens Gas Company v. McCall,* 245 U. S. 345, 1917.

[44] *New York ex rel. Woodhaven Gaslight Company v. Public Service*

Commission, 269 U. S. 244, 1925.

[45] Nicholas Awortwi, *Getting the Fundamentals Wrong: Woes of Public – Private Partnerships in Solid Waste Collection in Three Ghanaian Citie,* Public Administration and Development, Vol. 24, Issue. 3, 2004.

[46] Niles M. Hansen, *Unbalanced Growth and Regional Development,* Economic Inquiry, Vol. 4, No. 1, 1965.

[47] *Norweb plc v. Dixon,* [1995] 3 All ER 952, [1995] 1 WLR 636.

[48] OECD, *The OECD Report on Regulatory Reform: Synthesis,* Organization for Economic Co-operation and Development, Paris, 1997.

[49] Paul Schiff Berman, *Cyberspace and the State Action Debate: The Cultural Value of Applying Constitutional Norms to "Private" Regulation,* University of Colorado Law Review, Vol. 71, 2000.

[50] Paul W. MacAvoy, Daniel F. Spulber & Bruce E. Stangle, *Is Competitive Entry Free? Bypass and Partial Deregulation in Natural Gas Markets,* Yale Journal on Regulation, Vol. 6, 1989.

[51] Pierre Guislain, *The Privatization Challenge: A Strategic, Legal and Institutional Analysis of International Experience,* World Bank Publications, 1997.

[52] Richard A. Posner, *Theories of Economic Regulation,* The Bell Journal of Economics and Management Science, Vol. 5, No. 2, 1974.

[53] Richard Stillman, *Public Administration: Concepts and Cases,* Houghton Mifflin Company, 2004.

[54] *Richardson v. McKnight,* 521 U. S. 399, 1997.

[55] Sanford V. Berg & John Tschirhart, *Natural Monopoly Regulation: Principles and Practice,* Cambridge University Press, 1988.

[56] Sheila Suess Kenndey, *When is Private Public? State Action in the Era of Privatization and Public - Private Partnerships,* George Mason Civil Rights Law Review, March 2001.

[57] *Shelley v. Kraemer,* 334 U. S. 1, 1948.

[58] Sir William Wade & Christopher Forsyth, *Administrative Law,* 9th *ed.,* Oxford University Press, 2004.

[59] Stephen G. Breyer, *Regulation and its Reform,* Harvard University Press, 1982.

[60] Tony Prosser, *Law and the Regulators,* Clarendon Press, 1997.

[61] Tony Prosser, *Theorising Utility Regulation,* Modern Law Review, Vol. 62, March 1999.

[62] Victor P. Goldberg, *Relational Exchange: Economics and Complex Contracts, American Behavioral Scientist,* Vol. 23, No. 3, 1980.

[63] *Youngstown Sheet & Tube Co. v. Sawyer,* 343 U. S. 579, 1952.

后　记

于我而言，以行政法视角研究公用事业特许经营的中国实践，属无心插柳。2009 年 9 月，我有幸成为北京大学法学院湛中乐教授指导的硕士研究生，一年后，经本人申请和学院考核转成直博生，仍然师从湛老师。受湛老师学术思想之影响，我一度考虑将教育行政法领域作为博士论文选题方向。博士一年级时，暮春的某个没有课的下午，我去北大图书馆“乱翻书”，一本不知是被有意还是无意夹放在法学类书架上的经济学书籍《公私合作制的中国试验：中国城市公用事业绿皮书 NO. 1》(余晖、秦虹主编，世纪出版集团、上海人民出版社 2005 年版)闯入我的视线。我随手翻阅，却被其内容吸引，并直觉上认为，公用事业特许经营制度实践中出现的若干问题与我申请直博之时撰写的读博士计划中对公有公共设施致害赔偿的许多思考有关联和共通之处。之后，我花费许多时间搜集、阅读了相关的经济学类和法学类书籍，兴趣有增无减。学期末，我向湛老师汇报我本学期学习情况和阶段性思考，他欣然同意我以公用事业特许经营制度作为博士论文的选题方向。

本书是以我的博士论文为基础修改完善而成。2014 年 6 月，我的博士学位论文《公用事业特许经营的行政法规制》通过答辩之后，我将主要研究精力放在行业自治、教育行政法领域，萌生将博士论文修改出版之意，已是2020 年了。期间，我国的公用事业特许经营发生了非常大的变化，相关法治建设也有了很大程度的完善，这给公用事业特许经营的行政法研究带来了许多新问题，即便是原有的一些问题，也需要从新视角来加以思考。于是，我不得不立足新的时代背景，对博士论文进行结构上的调整和内容上的修改、更新和完善，以便本书能更好地契合时代需求。

一方面，公用特许经营实践的制度变化是显而易见的，这些变化为本书创作提供了新的研究对象和研究素材。另一方面，相关的立法和制度也得到了较大的完善，给我的既有研究带来了巨大的冲击，有关公用事业特许经营的多元化规制、规制程序、规制内容等都需要更新完善，甚至在特许经营协议效力和纠纷解决方面，我既有的思考几乎需要全部推倒重来。

回顾这一漫长的过程，我得到了许多师友、亲朋的支持和帮助，在此表达诚挚的谢意。

感谢我的导师湛中乐教授。湛老师豁达宽厚、学识渊博、治学严谨，对待学生宽严相济、因材施教，为人为学都对我产生了深刻的影响。就我的博士论文而言，他从选题方向到篇章结构再到行文规范，都给了我宝贵的意见，使我的写作事半功倍。博士毕业后，湛老师仍通过微信、电话等鼓励和督促我认真治学、不可懈怠，早日将博士论文修改完善出版。谆谆教导，言犹在耳，在我前进的道路上,既是鞭策,也是激励。

感谢沈岿教授对我的指导和鼓励。我在写作博士论文的过程中,曾多次就论文结构和具体观点求教于沈老师,他的每一次点拨都轻而易举地化解了我的困惑,使许多难题迎刃而解。感谢北京大学宪法与行政法研究中心的罗豪才教授、姜明安教授、王锡锌教授、王磊教授、陈端洪教授、张千帆教授和甘超英教授,各位老师在学习和生活各方面都给予了我诸多帮助。感谢时任北京大学宪法与行政法研究中心秘书的叶元生老师,得益于她对日常工作有条不紊的安排,我可以按部就班地推进博士论文写作并顺利答辩。

感谢徐靖教授、宋华琳教授、王瑞雪副教授、苏宇教授、何海波教授、陈国栋教授、杨尚东副教授、胡玉桃助理研究员、王怡助理研究员、黎军教授、骆梅英教授、金自宁教授、宋明教授、曹旭东教授、李明超副教授、赵力副教授等诸位师友在本文写作过程中所给予的各种支持和帮助。感谢李曼琪同学对本书注释和参考文献的整理。

感谢我的家人。感谢父母对我一如既往的支持。感谢我的爱人罗平,作为本科同班同学,不觉间我们已相识相知近十八载,无论求学还是择业,他都始终如一地支持我,不仅是我遇到困难和羁绊时的精神支柱,还是我在学术研究上最好的帮手。无论是本文的写作还是其他研究课题,他都是我的第一读者,在行文表述和观点论证方面总能给出好的意见或者建议。感谢我的儿子罗高泽,即便在他极度渴望我能够离开电脑桌陪他玩一会儿的时候,他也不会大声哭闹惹我心烦意乱,而是会懂事地跟我说:"妈妈,我再给你十分钟把这一段敲完就来陪我,可以吗?"本书付梓之际,即将迎来他五岁生日,我想告诉他:"宝贝,在你出生前,我努力的理由有无数个,而你出生后,为你树立好的榜样则是我努力向上的唯一理由。”

感谢法律出版社的李天一女士，她对本书的校对专业又严谨，指出了其中不少遗漏和谬误，极大地提升了本书的质量。

高俊杰

2023 年 4 月于深圳大学明律楼